智慧课堂教育理论与实践

董 君　陈晓琴 徐瑞玲 ◎ 著

吉林出版集团股份有限公司
全国百佳图书出版单位

图书在版编目（CIP）数据

智慧课堂教育理论与实践 / 董君，陈晓琴，徐瑞玲
著. -- 长春 : 吉林出版集团股份有限公司，2021.3
ISBN 978-7-5581-9863-2

Ⅰ．①智… Ⅱ．①董… ②陈… ③徐… Ⅲ．①高等职
业教育－计算机辅助教学－教学研究 Ⅳ．①G718.5
②G434

中国版本图书馆 CIP 数据核字(2021)第 053001 号

ZHIHUI KETANG JIAOYU LILUN YU SHIJIAN
智慧课堂教育理论与实践

著　　者/董君　陈晓琴　徐瑞玲

出 版 人/吴文阁
责任编辑/朱子玉
责任校对/王　红
封面设计/博健文化
开　　本/787mm×1092mm　1/16
字　　数/340千字
印　　张/16
印　　数/1-500册
版　　次/2022年8月第1版
印　　次/2022年8月第1次印刷

出　　版/吉林出版集团股份有限公司
发　　行/吉林音像出版社有限责任公司
地　　址/吉林省长春市净月区福祉大路5788号出版大厦A座13层
电　　话/0431-81629660
印　　刷/三河市嵩川印刷有限公司

ISBN 978-7-5581-9863-2　　定价/50.00元

前　言

　　随着信息化技术的高速发展,当前的高职教育模式逐渐发生变化,高职院校教学中逐渐采用智慧课堂教学模式。这种智慧课堂教学模式的互动化、智能化特征非常鲜明,能够满足学生的个性化学习需求。在高职课前、课中以及课后等几个教学环节设计合适的教学课程能够打造高效智慧课堂,优化课堂教学环境,充分发挥智慧课堂教学的作用,提高课堂教学质量。

　　本书共分十二章,介绍了智慧课堂的产生背景与基本理念;阐述了智慧课堂信息化环境下的平台构建以及智慧课堂教学的心理环境构建;研究了智慧课堂分别在教师教学以及学生学习过程中的应用;探究了智慧课堂未来的发展方向;列出了智慧课堂在高职几门代表性科目中的实践应用;尔后对中学历史智慧的教育展开分析;对智慧历史课堂的构建、智慧教育在历史教学模式中的应用以及智慧历史教师的专业发展分别进行阐述。希冀能为智慧课堂在我国高职教育中的应用理论与实践贡献出自己的微薄之力。

作　者
2020 年 8 月

目　录

第一章　智慧课堂的产生背景

第一节　传统教学模式的现状与弊端

随着教育信息化发展的不断深入、信息技术与学校教学融合的深化,课堂教学越来越成为学校教育信息化关注的焦点。课堂作为教学活动的主要场所,是学校育人的主渠道,也是"班级授课制"的核心。在当今信息技术广泛应用的时代,在社会各界对学校人才培养的质量和教学效果愈加关注甚至不乏质疑之声的大背景下,我们确实有必要对传统的课堂教学进行认真的反思和剖析。

一、传统课堂教学的景象

(一)课堂与课堂教学

提起课堂,人们都非常熟悉。在现代社会,凡是接受过学校教育的人,对课堂和课堂教学都有深刻的印象和体会。我们不妨来描绘一下那些十分熟悉的课堂景象。看起来确实不错的典型景象是:教师认真投入地讲授,学生聚精会神地听课和积极踊跃地举手发言,还有一些学生主动到黑板上答题、板书……一切尽在精心的预设和实施过程之中。

过去人们对课堂概念的理解也是明确、没有歧义的。所谓课堂,简单地说,就是进行教学活动的场所,是学校育人的主渠道。我们习惯上也认为在教室进行的教学活动就是课堂,它是教师传道授业、学生获取知识的场所。传统课堂的教室一般配有黑板、教鞭、粉笔、讲台和一排排整齐的课桌、座椅等,并逐步配备了现代教学技术设备,如早期的幻灯机,后来发展到包括教师用的多媒体电脑、投影仪、用于教师演示课件的投影幕布,或者电子白板,等等。

而传统意义上的课堂教学,则是学校教育中普遍使用的一种教学方式,它是教师在教室里给学生传授知识和技能的全过程。相对"个别教学"而言,我们把课堂教学也称作"班级上课制"。

具体来讲,传统的课堂教学是这样一种教育组织形式:把年龄和知识程度相同或相近的学生,编成固定人数的班集体;按国家或省行政区域统一制定的学科教学大纲所规定的教学内容,组织教材和选择适当的教学方式;根据学校固定的时间表,向全班学生进行授课;按照统一的课程标准进行考试评价。一般来说,传统课堂教学主要包括教师复习并提问已学过的知识、教师讲解新知识、学生巩固练习新知识等阶段,采用的教学方法通常有教师讲解、一问一答、教具演示、课件演示、案例分析、讲练结合,等等。

(二)传统课堂教学的典型风貌

教育科学出版社曾经出版了一本书,书名叫《精彩课堂的预设与生成》,该书对传统课堂教学的典型风貌给予了一个精彩的描述。

1.课堂上,教师把预先准备好的教案中的知识讲给学生,学生聚精会神地聆听教师的每一句话。

2.教师永远是知识的权威,学生只是储存知识的容器。

3.课堂教学的热烈气氛主要是教师的设问和学生异口同声的回答。

4.课堂教学的理想效果永远是教师按部就班地完成了预定的教学内容。

5.理想班级的突出特点就是安静。在课堂上没有教师声音的时候,你能听到的更多的是学生一字不漏地熟读课文的声音或笔在作业本上发出的沙沙声……

这样的描述听起来很精彩、很生动,但是,课堂教学的本质应该是如此吗?传统的课堂教学是否真正有效呢?有没有不如人意的局限性?在新的技术发展背景下传统课堂教学是否需要改变?需要什么样的改变?随着社会各界对学校的人才培养和教学质量越来越关注,人们已经对学校里长期不变的课堂教学方式及效果提出了许多质疑之声。或许我们已到了必须对传统课堂教学进行认真反思的时候了。

▌二、传统课堂教学存在的弊端

我国的课堂教学深受中国传统文化以及凯洛夫教育思想的影响,基本上是以知识的传授为主,以学科、教师、课堂为中心是我国课堂教学的基本特征。这种采用同样的教学目标、教学模式的方式,导致形成了同样的教学结果。虽然这种教学方式在一定程度上有其优点———在课堂上给教师带来很大的方便,能在较短的时间内传递较多的知识,但是在经济全球化、教育国际化、知识信息化的今天,这种教学模式遭到了极大的批判,越来越多地暴露出了它的局限性。当课堂教学的知识本位成为一种理念主导课堂的时候会产生一系列的连锁反应:首先,这种理念控制的是教师,教师以教材和教参为原型制订教学计划表和教案,一切和知识无关的内容不会出现在课堂上;其次,控制的是学生,学生学习的内容也被固定在知识的怪圈里;再次,控制的是评价方式,及格率成为评价教师教学效果的标准,分数成为评价学生学习效果的标准。事实上,课堂教学应该教给学生"美好""纯洁""善良"。学生能够引以为荣的不是分数,而是智慧。"传统课堂教学是一种以知识为本位的教学,这种教学在强化知识的同时,从根本上失去了对人的生命存在及其发展的整体关怀,从而使学生成为被肢解的人,甚至被窒息的人。"这样的课堂无疑存在种种弊端。

(一)教学内容过分强调书本知识

1.强调书本知识的原因

为什么在课堂教学中会过分强调书本知识? 笔者认为有以下两点原因。

第一,书本知识本身具有价值。一方面书本知识(或者说是间接知识)可以开阔眼界、丰富思想;另一方面知识具有功利价值。在古代,书本知识是学子们登上仕途的敲门砖。在现代,知识被赋予了更多的商品价值,掌握越多的知识意味着可能获得更多的社会财富,没有知识的人是最可怕的。

第二,书本知识比起智慧更容易获得。书本知识是一种显而易见的东西,相对智慧来说它更容易获得,有时通过机械记忆便可获得,而智慧的获得要经过学生与环境的相互作用与主动探究。如果要在这两者之间做一个选择,显然,人们更倾向于获得直接整理出来的间接知识。另外,知识获得的多少能直接和以后从事的工作的薪水挂钩,而智慧对薪水没有这种直接的影响。在这种观念的影响下,人们盲目追求知识,丧失了对智慧的追求。

2.过分强调书本知识的表现

当这种知识至上的观念折射到课堂,教师就会将一切以知识为准绳进行评判,与知识无关的问题、话题会被一一带过。甚至教师会认为引出与课堂知识无关话题的学生都是坏学生、不认真的学生,这种学生会遭到教师甚至其他同学的厌弃。教师仅仅关注学生有没有在认真听讲、上完课有没有长进,而不会去关注学生的生活状况。

课堂不仅仅是传授知识的地方,更是学生生活的地方,特别是中小学生,可以说他们的成长是在课堂中发生的。在课堂中过分注重知识的结果就是将教书和育人分离开来,将原本轻松和谐的课堂氛围变得机械僵硬,从而使课堂失去了人文魅力,使学习失去了原本的意蕴,影响学生全面而自由地发展。在这种课堂下一切都围绕考试转,分数成为教师的法宝、学生的命根。学生在课堂上学到的是抽象的知识,受到热捧的是考试内容,而不是智慧。因此,我们应该改变传统的课堂教学,尊重课堂的整体性,不再把课堂教学过程理解成单一的知识传授的过程,而应注重情感、态度、价值观的生成以及智慧的生成,让传授知识服从、服务于学生智慧的发展。

(二)教学主体中的教师绝对权威

在课堂上,到底谁才是主体,谁才是学习的主人? 这个问题的答案在传统课堂上是毫无疑问的:教师是主体,教师是权威。教师说什么都是对的,这种观念也深深地根植于笔者童年的观念里。下面的案例是笔者小学课堂的亲身经历,能很好地证明在课堂上学生是如何以教师为中心、以教师的话为真理的。

课堂相当于一个大家庭,在知识课堂中教师是这个大家庭的主人。无论是教室的布置、座位的编排、同桌的选择,还是班级规章制度的制定,都由教师一手包办。学生只是被管理的对象。在这种权威观念下学生也习惯于被管理,"听话的好孩子"似乎是每个学生追求的目标。以教师为本位的师生关系主要表现在两方面:一是在课堂上教师的绝对主导与权威;二是在课堂以外的学生生活中的教师权威。

在课堂上,以教师为本位的教学关系,表现为教师以教为中心,学生的学以教为中心,围绕教转。教师决定了教学的内容和教学的进度,学生不用对自己的学习做任何的计划,只需要消化教师教的每一堂课,能够做出教师布置的课堂作业,在考试的时候能够考出教师满意的分数,那么就可以说你是一个好学生,教师也是一个好教师。课堂上的主体是教师而不是学生,学生不需要通过自身的操作来达到掌握知识的目的,只须记住教师教的每一个间接知识就可以。在这种情况下,学生会产生一种严重的客体感,认为课堂上自己只是一个接受知识的机器,丧失了学习的主动性、自主性、创造性,更提不上达到智慧的产生与发展以及自身人格的独立。在课外,教师的地位仍然是高高在上的,因此,教师和学生无法形成亦师亦友的和谐师生关系。有多少的问候是学生发自内心的,而不是简单地遵循《小学生守则》? 教师为了维护自己的权威也不会去和学生做朋友,特别是中小学的教师,他们不想打破在学生心中所谓的"尊严"。

要实现传统课堂向智慧课堂的转变,必须实现课堂教学中主体的转移,由教师本位、教师权威向学生主体、学习共同体转移。强调以学生为本位并不是否认教师的主体性,而是要摆正两个主体的位置和关系。在教学中,学生主体是归宿、是核心,教师主体是为其服务并受其制约的,教师的主体性只有在成全学生的主体性的过程中才能得到体现。只有实现了学生主体地位的转移,才能让学生在课堂上体会到通过自己探索得到知识的快乐,才能让学生对课堂感兴趣,进而促进智慧的生成与发展。

(三)教学过程的程序化

教学过程的程序化是指教师上课时严格遵循教案的过程。整个课堂生活都是预先设定的,如以什么方式导入、提问以及应答学生的提问,在导入的时候应该讲什么,在上新课的时候该讲什么等。这些都已经详细备录在教案里。教案甚至能够详尽地列举出教师的提问和学生的各种回答。整个课堂的45分钟像一个已经设计好的程序,只要教师在开始的时候一按 Enter 键,整个程序就能顺利实行,毫无意外,万无一失。在这种课堂上,教师最怕的就是出现和预设不一样的课堂情况。当学生问出一些教师认为是偏离课堂教学的问题的时候,教师会认为这个学生是在捣乱,教师不能机智地回答学生的问题。教师的任务是要把整堂课都控制在教案上,不容许出现和预设不一样的课堂情形。衡量一堂课是不是好课的标准是:所有的课堂程序是否紧扣课堂教学目标。这种程序化的教学模式在课堂中往往呈现这样一种状态。

传统课堂典型风貌的素描:①在课堂上,教师像是经过彩排一样,把教案上已经准备好的知识完整地教给学生,学生的理想状态是全身心地听教师的每一句话。②教师的目的只有一个,就是将已经存在于自己脑中的知识统统转移到学生的头脑中,学生的目的就是装下已学的知识。③活跃的课堂教学气氛的表现形式是学生们能够异口同声地回答教师的提问。④理想的课堂教学是教师踩着下课铃的钟声顺利地完成教学任务。⑤好的、理性的班级的突出特点就是安静。当教师没有在上课的时候,除了学生一字不漏地熟读课文的声音或者笔在作业本上发出的沙沙的声音之外,你听不到其他的声音。

在这样的课堂模式中学生何谈创造的发展、智慧的生成,学生只是装载知识的容器罢了。一个好学生的评价标准就是他在课堂上听教师的话,如教师所期望的那样回答教师抛出的问题,一起配合教师演完、演好这堂课的教案,而不是去节外生枝,问一些与课堂教学内容无关的问题或者是故意扰乱课堂秩序。

当然,我们不能把这种课堂批判得一无是处。这样的教学模式能够让学生更直接、更快地掌握教学目标,达到知识的快速增长。在某个时期,它是我们教学推崇的真理,赫尔巴特的四段教学法(明了、联想、系统、方法)使我们看到了班级授课的另一片天。随着学习苏联模式的到来,凯洛夫的五步教学法(组织教学、复习导入、讲授新课、巩固新知识、布置作业)一直统治着我们的课堂,被每个教师奉为教学的最佳模式,不得不说五步教学法是符合我们的认知特点和学习特点的。先是组织教学,复习上节课内容,达到让学生复述的目的,加深对知识的意义识记或者机械识记。开始讲课之前用导入的方式来引入新课,而不是直接开始新课。这样一方面能够让学生的注意力有个缓冲期,给新课的讲授做一定的心理准备;另一方面,可以让学生对新知识有一个认知停靠点。最后的巩固练习和布置作业就是对学习过的知识的增强的另一种形式。当事物第二次出现在面前的时候,记忆能够对它进行第二次的加工,这样就能起到增强记忆的作用。而这恰恰符合知识课堂的目标追求。

但是我们更应该看到这种模式使我们的教学陷入了一种死板中,它变成一个模子。不论什么样的授课内容,教师都可以按照这一套来实行,这种模式使我们的课堂变得封闭,过分的预设阻碍了生成的发展,学生学到的只有课本知识,课堂变成一种纯粹的教书的场所。要打破这种僵化和过分的预设,必须让我们的课堂开放。把课堂可能发生的一切纳入我们的考虑范围,当然这并不是说教师不需要备课了,教学目标还在,只是需要用一种更柔性的方式让目标实现,"随风潜入夜,润物细无声"是实现教学目标最高、最好的境界。课堂教学不应当是一个线性的规范,也不应拘泥于预先设定的固定不变的程序。在课堂中教师应有足够的智能应付随时出现的课堂情况,而不是想着如何抑制教案中没有预设的情况。课堂教学的本质是通过学习具体的课堂教学内容,来培养学生的自主学习能力和创新素质,使学生和教师的生命力、创造力能够得到充分的发挥,最终达到教师和学生智慧的共生。

(四)学生学习方式的僵化

在现有的学校教育中,我们不难发现,考试、分数几乎成为衡量学生学习情况的唯一标准,教育的方方面面无不是依赖考试、分数而活。对学生而言它们制约着其课堂学习的重点,造成其学习内容的狭隘、片面、僵化,影响其学习的时间分配,限制其学习方法的选择。为了能在考试中获得高分,学生的学习方式慢慢僵化:面对数学就采用题海战术;面对英语就采用背诵的学习方式;面对语文写作就采用背诵优秀范文的方式。为什么学生的学习方式会如此僵化? 它存在以下原因。

首先,学生对课堂参与的兴趣低。走进课堂,我们发现,课堂的参与度并不能令人满意,这表现在:总是有固定的学生参与,大多数学生对教师所提问题的回馈度并不高,教师会经常面临有问无答的尴尬局面(且这种局面在越高的年级,表现得越为突出和明显),等等。其次,批判性思维的缺乏。身心俱在成长中的青少年,需要学会批判思维来辨明是非和方向,在知道某一个知识是什么之后,还要知道为什么,这样才能判断自己所学到的这一知识的正误,进而深化自己思维的发展能力。遗憾的是,在一些课堂上,我们所看到的学生并非如此,他们并没有形成批判思维,反而小小年纪就思维僵化,甚至一切以教师的讲授为标准,而非思考知识本身。

课堂的形成是为了传授能够让人类延续下去的知识,学生才是课堂的主体。因此,在肯定知识教育价值的同时,我们也应该看到现代社会需要的不仅仅是死记硬背的"知识人",更需要的是鲜活生动的"智慧人"。而智慧课堂是一种促进人的生命发展的课堂,它不只是注重掌握知识、发展智力、提高学生的投入热情,更注重促进完整的人的生成和成长。然而我们观察发现,现有的课堂远没有达到这一点,因此我们急需智慧之策,把课堂从知识导向智慧。

▌三、新形势下传统课堂面临的困境

所谓传统课堂是指以知识系统传授为目的的课堂。传统课堂是精英教育时代的产物,它是教师掌控的课堂,教师是课堂的主人,学生是知识的接受者。传统课堂在精英教育时代发挥了让学生获取知识并成为有别于普通劳动者的精英阶层的作用。然而,随着知识经济社会的到来、高等教育大众化的不断推进以及信息网络技术的发展,传统课堂已不再适应新的教育形势。

（一）传统的知识授受观与创新人才培养理念格格不入

知识经济时代强调创新,培养具有创新能力的高素质人才是知识经济时代对教育的要求,它体现在教学中就是要激发学生的自主性,培养学生的批判思维能力,让学生具有创新意识和创新能力。然而,传统课堂教学观是一种以授受式为主的教学观,在这种教学观下的教学主要由教师向学生传授人类已经积累的知识与经验,学生是接受式学习,不能对知识持有怀疑态度,更不能对其进行批判。学生参与课堂的程度是有限的,他们仅在认可现有知识的基础上紧跟教学进度来理解、接受知识,因此,学生的自主性很难被激发,久而久之,他们便养成了被动接受的习惯,对来自书本和教师的知识都持一种本能的接受态度,认为它们是正确和标准的,学生不再具有独立的人格和批判思维能力,更无法谈及创新意识和能力的培养。

（二）传统的统一化教学无法满足大众化阶段人才培养多样化的要求

传统课堂是高度统一化的教学,它对同一个专业的所有学生提出统一的培养要求,采用统一的教学模式,确立统一的评价标准。这种教学以教师讲授为主,基本适应精英教育阶段学生培养的要求,但在大众化教育阶段,为了让每个学生都能够参与学习,激发学生的求知欲望,教育必须关注人才培养的多样化和特色化,进行因材施教。显然,这是传统统一化的教学所无法胜任的。

（三）信息技术的发展使知识的获取可以超越课堂

传统课堂旨在传授系统知识,然而这种价值在今天陡然下降。以慕课为代表的大规模的视频在线课程不断发展,网络覆盖面和网络技术不断强大和进步,智能手机、平板电脑被广泛应用,各种各样的搜索软件也在产生和发展,这一切都为信息获得提供了便利,都在挑战课堂在知识传授中的地位。网络所承载的知识内容的丰富性和趣味性、学习时间的自由性也在深深地吸引着学生,学生已不再需要单纯通过课堂获取知识。因此,传统课堂的吸引力逐渐消减。

四、"翻转课堂"对传统课堂的挑战

（一）传统课堂标准化的知识观受到挑战

不同的教学观最终体现的是不同的知识观。传统课堂的知识观认为,知识应该表征一个现存的、孤立的、独立于认识者的真实世界,而且只有当知识正确反映这个独立世界时才被认为是真实的。既然知识是客观的、独立于认识者的,那么自然是有标准答案的,是不能随意建构。因此,传统课堂的知识都是专家根据知识的脉络遵循一定的逻辑结构编纂的,学生学习和接受这些象征着权威、科学的系统知识。表面看起来学生掌握了标准化知识,但其实学生感受到的知识是空的、"高大上"的,没有与现实生活联系起来的,学生不知如何将知识转化为能力以促进个人发展。"翻转课堂"基于学生的需要和思考建构知识,以事实证明知识是可以个性化的,学生有能力建构知识。

(二)传统课堂知识授受式教学观受到挑战

观念是行动的向导,"翻转课堂"无论是教学顺序的颠倒还是教学手段的革新,其最终都体现了一种教学观的转变。传统课堂注重教学的知识传承价值,视教学为教师引导学生获取知识的特殊认识过程,在教学操作上,强调教学过程的标准化、程序化、规范化和精确化,视教学活动为可精确预设、程序化操作的标准流程。"翻转课堂"强调学生通过主动探索建构知识,教学过程是遵循学生思维和对问题的理解来帮助学生解答疑惑、建构知识的过程,不具有规范化和程序化的操作流程,教学结果是不可预设的。"翻转课堂"这种开放式的教学颠覆了传统课堂教学以标准程序传授知识的观念。

(三)教师的教学能力受到挑战

教师的教学能力主要表现为三个方面:所教学科的知识(能教)、教育专业的知识和能力(会教)、教育专业精神(愿教)。传统课堂教师的教学能力主要体现在具有对学生负责的精神、具备专业知识和演讲能力。在"翻转课堂"中,教师不仅要讲解知识,更要启发、引导学生,组织学生进行讨论,因此教师不仅要具备专业知识,还需要对知识有深层次的把握和理解,能够将理论联系实际,具备良好的沟通能力、组织协调能力,更需要有对教学的激情。如视频材料的制作就不仅要求教师能够在较短时间内完整地呈现知识,突出重点,更重要的是所组织的教学内容能够引发学生思考,激发学生的问题意识,这就需要教师具有深厚的专业功底、良好的引导能力以及理论联系实际的能力。课堂教学过程的答疑和讨论要求教师能够激发学生的学习热情并以良好的组织能力保证讨论有效,甚至要求教师具备跨学科的知识背景来回答学生的问题。而这一切的前提就是教师对教学要有激情,如若教师兴致不高,学生自然无精打采、萎靡不振。这种对教学能力的要求对于教师是极大的挑战。

(四)教师的信息素养受到挑战

信息技术已经渗透到现实生活的各个角落,包括教育领域,MOOCs的出现就是一个典型例证。"翻转课堂"的出现与信息技术和网络的发展息息相关,它所体现的教学顺序的颠倒、个性化教学皆因信息技术的发展而成为可能,视频材料的制作更体现较高的技术要求,信息技术所带来的视觉和听觉感受也是传统教学所不能比拟的,可以说是信息技术催生了"翻转课堂"。信息技术的巨大作用对教师的信息素养提出了较高的要求,传统教师用一支粉笔、一本教材就可以组建课堂的教学模式已经发生了变化,教师若不能积极主动地应对这种挑战则将面临巨大困惑,将会导致其教学效率不高,知识更新频率较低。因此,教师只有不断提高信息素养才可能应对挑战,吸引学生。

从以上分析可以看出,传统课堂存在明显的局限性,其根本原因在于我们采取的"以教师为中心"的基本理念和教学方式,课堂是由教师主宰和控制的,学生始终处于被动的地位。虽然各类学校多年来一直反对"以教师为中心"的教学观,倡导"以学生为中心"的教学观,但传统的授课方式不可能做到这一点。后来又有人提出了"教为主导、学为主体"的"双主"教学理念(以教师为中心→以学生为中心→双主体),提出将课堂还给学生、让学生自己成为学习的主人,这种理念固然不错,可事实上这在传统的"班级授课"教学模式下也是做不到的,因为缺乏必要的条件和手段来保障"双主"教学理念的实施。传统的课堂教学客观存在着与生俱来的局限性。这一困境如何破解?依靠传统的方式能否解决这些问题?它们已经引起了教育理论界和实践工作者的深思,国内外许多学者均对此进行了积极的探索,提出了一些新的学习技术及理论,其中最有代表性的是互联网时代的建构主义学习理论。

第二节　建构主义学习理论对教育的启示

我们不妨从建构主义学习理论的分析来获得一些启发。事实上,建构主义是当代教育和学习理论的一场革命。自 20 世纪 90 年代以来,建构主义学习理论逐渐成为互联网时代的核心教育理论。建构主义是现代学习理论在历经行为主义、认知主义之后的进一步发展,它对现代网络化教学过程与教学资源的设计、开发与应用,将产生革命性的影响,并具有普遍的指导意义。

一、建构主义学习理论的特点

(一)建构主义"学习"的含义

建构主义学习理论相较过去的学习理论对"学习"有不同的定义。建构主义认为,学习是获取知识的过程,知识不是通过教师传授得到的,而是学习者在一定的情境(即社会文化背景)下,借助其他人(包括教师和学习伙伴)的帮助,利用必要的学习资料,通过意义建构的方式而获得的。由于学习是在一定的情境下,借助其他人的帮助,即通过人际间的协作活动而实现的意义建构过程,因此建构主义认为"情境""协作""会话"和"意义建构"是学习环境中的四大要素或四大属性。在学习过程中帮助学生建构意义就是要帮助学生对当前学习内容所反映的事物的性质、规律以及该事物与其他事物之间的内在联系有较深刻的理解。这种理解在大脑中的长期存储形式就是关于当前所学内容的认知结构。

由这一"学习"的定义可知,学习的质量是学习者建构意义能力的函数,而不是学习者重现教师思维过程能力的函数。换句话说,获得知识的多少取决于学习者根据自身经验去建构有关知识的意义的能力,而不取决于学习者记忆和背诵教师讲授内容的能力。这与我们对学习的传统理解是完全不一样的。在众多教育理论中,只有建构主义理论特别强调学习者的自主建构、自主探究和自主发现(在教师和学习伙伴的帮助下),并要求将这种自主学习与基于情境的合作式学习、基于问题解决的研究性学习结合起来,因而特别有利于学习者创新意识、创新思维与创新能力的培养。

(二)建构主义的学习环境

建构主义学习理论的一大特色是突出"学习环境"的构建与应用。建构主义认为,学习者的知识是在一定情境下,借助他人的帮助,如人与人之间的协作、交流,利用必要的信息等,通过意义的建构而获得的,因此必须为学习者构建有利于意义建构的学习环境。理想的学习环境应当包括情境、协作、会话和意义建构四个部分。

1.情境。学习环境中的情境必须有利于学习者对所学内容的意义建构。在教学设计中,创设有利于学习者建构意义的情境是最重要的环节或方面。

2.协作。协作应该贯穿于整个学习活动过程中。教师与学生之间、学生与学生之间的协作,对学习资料的收集与分析,假设的提出与验证,学习进程的自我反馈和学习结果的评价以及意义的最终建构都有十分重要的作用。

3.会话。会话即交流,是协作过程中最基本的方式或环节。从某种意义上说,协作学习的过程就是会话。学习小组成员之间必须通过会话来商讨如何完成规定的学习任务、达到意义建构的目标,怎样更多地获得教师或他人的指导和帮助等。

4.意义建构。意义建构是教学过程的最终目标。在学习过程中帮助学生建构意义就是要帮助学生对当前学习的内容所反映事物的性质、规律以及该事物与其他事物之间的内在联系有较深刻的理解,形成学生自己的认知结构。

(三)建构主义教学模式的主要特征

在教育教学实践中,实施建构主义教学模式和教学方法,对改进网络环境下的教学和学习具有十分重要的意义。建构主义教学模式的关键特征有以下三个方面。

1.强调以学生为中心。建构主义不仅要求学生由外部刺激的被动接受者和知识的灌输对象转变为信息加工的主体、知识意义的主动建构者,而且要求教师要由知识的传授者、灌输者转变为学生主动建构意义的帮助者、促进者。这对传统的教学理论、教学观念提出了挑战,我们必须彻底摒弃以教师为中心、强调知识传授、把学生当作知识灌输对象的传统教学模式,教师应当在教学过程中始终"以学生为中心",采用全新的、与建构主义学习环境相适应的新的教学模式和教学方法。

2.突出要素教学模式。建构主义的教学模式可以概括为以学生为中心,将学习的自主权还给学生,让学生成为自己学习的主人,在整个教学过程中由教师担任组织者、指导者、帮助者和促进者的角色,利用情境、协作、会话等学习环境要素充分发挥学生的主动性、积极性和首创精神,最终达到使学生有效地实现对当前所学知识的意义建构的目的。

3.基于现代技术环境的教学方法。在建构主义的教学模式下,目前已开发出的比较成熟的教学方法主要有支架式教学、抛锚式教学、随机进入式教学等,现代信息技术的发展及其在学校教育教学中的广泛应用,能够非常好地满足建构主义对教学环境提出的较高要求。利用当今多种新媒体、新技术和智能设备等,能够创造和展示各种趋于现实的学习环境,更好地为学生提供学习资源信息,增进师生间、生生间的沟通交流,有利于开展协作、会话和探究,帮助学习者知识意义的建构。

二、建构主义学习理论的观点

(一)建构观

什么是建构呢?"建构"一词本来用于建筑或木器加工中,指为了某种目的而把已有的零件、材料制成某种结构。建构,还有"假设建构"的意思,指一种抽象的不能直接观察到的概念或观念的假设实体,其存在是为了解释某些可观察到的现象。

在这里,"建构"的定义采用皮亚杰的术语,指个体心理发生从自身与外界事物之间的接触点开始循着由外部和内部所给予的两个交互作用的方向,从一个较初级的结构逐步转化为较复杂的结构的过程。这一概念包含了三方面的内容:第一,心理的发生是通过主客体的相互作用实现的;第二,相互作用的过程是内外双重建构的过程;第三,认知结构是从初级向高级持续建构的动态发展的无限过程。建构过程在于学习者通过新旧知识经验之间反复的双向的相互作用,来形成和调整自己的经验知识结构。在这一过程中,一方面,学习者对当前信息的理解需要以原有的知识经验为基础;另一方面,对原有知识经验的运用又不只是简单地提取和套用,个体同时需要依据新经验知识对原有经验知识本身做出某种调整和改造,即同化和顺应的两方面的统一。

建构主义与客观主义相对,客观主义认为世界是客观真实的,关于世界的知识和结构都有可靠完善的体系。对于学生来说,其目的就是获取知识;对于教育者来说,其任务就是传递知识,帮助学生了解真实的世界,解释各种事件;学习的结果是假设学习者会复制一个和所教内容一样的认知体系。以客观主义为指导的教学,主要表现为高效、清晰地传递信息,学生为信息的接受者。

然而从建构主义的观点来看,知识是不能传递给被动的接受者的。如果说学生不能从讲授中学到知识,那么,建构主义未免太幼稚了;事实上,我们所有人都从讲授中学到过东西,而且学到过很有价值的东西。建构主义告诉我们,教师的讲授表面上好像是在传递知识,但实际上只是在促使学生自己建构他们自己的知识而已。学生自己从他们所听到的话语、所见到的形象、所感觉到的刺激中建构他们自己的意义,不是因为我们说过,学生就像我们所计划的那样学到了东西,学生所学到的东西也许与我们所计划的完全不同。

智慧课堂教育理论与实践

建构主义关于认识的建构性原则是极为重要的思想。承认认识或学习是主体主动建构的过程,是从认识论上阐明了认识或学习的机制———建构是人认识世界、了解世界的方式,不管是哪种类型的学习活动,如果不是建立在主体积极建构的基础上,那它就不能促进学习者有意义地理解,就必然是机械的、形式的和死记硬背的。学习的"建构"观是批驳某些教师的"填鸭式教学""题海战术""杯桶理论"等的有力武器。

建构主义学习理论具有其他学习理论无法比拟的优点。①该理论从认识论的高度揭示了学习的建构性原则,强调了认知主体的能动性。不管你的讲课如何头头是道、无懈可击,教学技能如何娴熟,如果得不到学生主体的积极参与,有意义的建构学习是不会发生的。以"建构"概念取代"反映"概念更能体现学习的本质特征。"反映"是从客体的角度来看问题,强调的是认知内容的客体性和符合性,而"建构"是从主体的角度看问题,指出了认识是主体对客体进行选择、建构的过程。②建构主义学习理论揭示了学习的动态性和无限性。一方面,主体按照自身的认知结构同化客体、顺化客体、建构客体,使认知客体的内容不断地丰富与创新;另一方面,客观世界的不断发展和认识的不断深入又使主体扩展了自己的知识容量,提高了认识能力,这种建构既是主体的建构又是客体的建构。③它引起了知识的层级化(认知派观点:学习结果是按知识水平的高低而形成的层级系统)向网络化思维模式的转变。

当然,认知主体和认知客体之间相互缠绕、相互作用,共同构成一个动态的相互作用的网络,二者不可分割。在强调建构主体性的同时,不要忽略建构的客体性,不要在认识的建构观上犯形而上学的错误,这也是当代哲学大师们在认知辩证法上的要求。

(二)学习观

学习是学习者主动地建构内部心理表征的过程,它不仅包括结构性的知识,而且包括大量的非结构性的经验背景。加州大学的教育心理学家维特罗克提出的学生学习的生成过程模式较好地说明了这种建构过程。

建构主义学习理论认为,学生的学习可以分为初级知识学习与高级知识学习两个水平。初级知识学习又称入门性学习,其方式主要是接受、理解和记忆,其内容是结构良好领域的学科知识,由事实、概念、原理或定律组成,彼此之间存在着严密的逻辑关系和层次结构。但是,这些知识比较抽象,是对复杂的外在世界的现实加以过分简化的产物,具有一定的片面性、机械性、静止性和孤立性。学生仅仅学了这些入门性的知识，还不能灵活地、综合地应用它们解决实际问题，因此还需要进行高级知识学习。高级知识学习的内容是结构不良领域的知识，即应用到每一个实例中时，这些知识具有一定的特定性、差异性和复杂性。高级知识学习就是通过大量反复的案例分析和实际问题的解决活动来把握在同一案例中各知识之间关系的复杂性与不同案例中同一知识的意义和用法的差异性，从而达到灵活应用知识、推导新知识、广泛迁移知识的目的。知识是为问题解决服务的，它是活的，因不同问题而有所差异，它不是确定无疑的、一成不变的。知识的应用无法通过抽象规则而学会，必须通过一个一个实际问题或案例的解决活动及其反思活动而逐渐掌握。应用知识解决问题的能力正是在问题解决活动中不断形成和发展起来的。

根据建构主义学习理论对初级知识学习和高级知识学习的分类，传统意义上的"掌握基础知识"似乎停留在入门性的初级知识学习的水平上，也就是说，学习不仅包括结构良好领域知识的学习，还包括结构不良领域知识的学习，建构主义更强调后一种学习。在其看来，学习过程不只是简单的信息输入、加工、存储和提取，而是在新旧经验之间双向的、反复的相互作用中的知识再创造的过程；学习不只是个体行为，而且具有社会性，学习是在个体、群体、社会的相互作用中变得丰富、全面的过程。传统教学的弊端正是在于混淆了高级知识学习和初级知识学习的界限，将初级知识学习的学习策略（如练习、反馈、强化）不合理地推向高级知识学习阶段。这使得在科学教育中我们经常看到一些学生虽然可以背诵概念的正确定义，但缺乏实质性的理解。显然，在解决复杂问题、未知问题，培养高级知识学习的认知策略方面，建构主义方法论和认知情境理论更为适合，尽管其在传递信息效率上，可能不如客观主义方法。

建构主义学习理论认为，学习的实质是学习者通过新旧知识经验之间的双向的相互作用来形成、充实或改造自己经验体验的过程；学习既是学习者个人的建构活动，同时是学习共同体的合作建构过程，通过学习者的合作而使理解更加丰富和全面；学习并不只是学习者获得供日后提取出来用以指导活动的图式，更是学习者建构丰富的、有着经验背景的概念，从而在面临新的情境时，能够灵活地建构起用于指导活动的图式。学习必须是积极性的、建构性的、累积性的、目标指引性的、诊断性的和反思性的。学习也应是社会性的、情境性的。

(三)知识观

对知识的看法在建构主义学习理论中有举足轻重的地位，建构主义认为，知识既不是客观的东西（经验论），也不是主观的东西（活力论），而是个体与环境交互作用的过程中逐渐建构的结果，知识与社会中的个体和环境形成了密不可分的联系。笔者在参阅有关文献的基础上从五个方面来谈对知识的看法。

1.知识的建构性

所有的建构主义，尤其是其中的激进建构主义宣称，知识是由认知主体积极主动建构的,建构是通过新旧经验的互动实现的;认知的功能是适应,它应有助于主体对经验世界的组织。这也就是说知识是建构的,但是这种建构不是漫无边际地胡乱建构,而是受到广泛选择与严格限制的。

知识并不是对现实的准确表征,它只是一种较为可靠的解释、假设,它不是问题的最终答案,相反,它会随着人类的进步不断被"革命"掉,并随之出现新的假设。科学知识包含真理性,但这不是唯一的标准答案,它只是对现实的一种可能更正确的解释。知识并不是说明世界的真理,而是个人经验的合理化。知识不可能以实体的形式存在于具体个体之外。知识是围绕关键概念而形成的网络结构,或称作大观念结构,而不是层级结构。

知识是学习者基于自己的经验针对具体情境进行的再创造,学习者对知识的学习只能靠他自己的建构来完成,学习者对知识的获取不是被动接受而是主动建构。知识建构有三种途径:活动性学习、观察性学习和符号性学习。由于事物存在的复杂多样性、学习者学习情感存在一定的特殊性以及个人先前经验的独特性,每个学习者对事物的建构是不同的,学习者的知识建构是多元化的。

2.知识的社会性

个人与社会是知识的又一个十分重要的维度。前者认为知识是居于个体内部的,而后者则认为知识是包含在团队或共同体之中的。知识的这一维度正是通过个人与社会之间表现为互动、中介、转化等的张力形式构建一个完整的、发展的知识观。在建构主义中,激进建构主义正是从个人的角度接近学习和认知的,重点描述的是个人方面的心理。社会取向的建构主义理论强调了知识的社会本质:知识的基础是语言知识,而语言是一种社会建构,语言的意义是通过社会性的相互依赖而获得的;语言的意义依赖于语境;人类知识对某一领域知识真理的确定和判定起着关键作用等。

知识的社会建构是一个互动过程,即个人的"主观知识"经过人际交往的社会过程(如与他人协调、受到他人评判等),通过发表而转化为使他人有可能接受的"客观知识",而个人所具有的"主观知识"其实质就是内化了的、再建构的社会性知识。根据建构主义观点,个人根据自己的经验所建构的知识对外部世界的理解是不同的,存在着局限性,通过意义的共享和协调,才能使理解更加准确、丰富和全面,也就是说知识是合作掌握的。

3.知识的情境性

知识的情境性和知识的去情境性是对知识看法的一个重要维度。关注知识的情境性是揭示知识本质的一个新视角。情境学习理论认为知识的意义和身份都是在互动中建构的,而这种建构受到更广泛的情境脉络的影响。学生在学校中学习知识的方式导致"惰性知识"的产生,学生在学校中所学习的知识仅仅是为了考试做准备,而不是为了真正解决实际问题。在无背景的情境下获得的知识,经常是呆滞的和不具备实践作用的。布朗、可林斯和杜吉德指出:知识是具有情境性的,知识是活动、背景和文化产品的一部分,知识正是在活动中,在其丰富的情境中,在文化中不断被运用和发展着。必须抛弃概念是独立实体这个想法,而应该把它们看作工具,只有通过应用它们才能完全理解。

4.知识的复杂性

简单性与复杂性是一对矛盾。对于知识的复杂性问题,斯皮罗等人认为,知识可以被划分为良构领域的知识和非良构领域的知识。所谓良构领域的知识,是指有关某一主题的事实、概念、规则和原理,它们是以一定的层次结构组织在一起的。非良构领域的知识则是将良构领域的知识应用于具体问题情境中时产生的知识,即有关概念应用的知识。非良构领域的知识具有概念的复杂性和实例的不规则性。

知识无法被传递,传递的是信息。长期以来,人们并不区分信息与知识,因此常常混淆了稳定的、结构良好的、客观的信息与不稳定的、结构不良的、主观的知识。实际上,日常生活中,这种混同于信息的知识只能被"看作"简单的知识。建构主义学习理论更关注复杂知识的学习与掌握。简单知识观就是把知识看成可以以某种方式记录下来的,可以以某种形式捕捉到的,可以积累、加工、储存和分配的,因此,知识是可以分割的,是可以以语言和符号方式明示的,是可以以现成的方式打包并加以传递的。据此,教学就是对这种简单知识的传递、传授、传播,而学习就是通过对所教知识的复制与同化来获得知识。然而,我们会发现知识实际上要比信息复杂得多。与客观的、相对稳定的、结构良好的信息概念不同,知识总是和认知者相关,与认知者在特定情境中的求知过程相联系,知识总是包括认知者对知识的建构与理解以及所有这一切发生的情境脉络。因此,知识是主观的、不稳定的、结构不良的,是与其形成的情境脉络紧密联系的,知识是难于直接获取或传递给他人的,传递的是信息。复杂知识的主要特征就是结构的开放性、不良性,知识的建构性、协商性和情境性。根据知识的复杂性,知识是不可能以现成的、孤立的方式掌握的,掌握这种复杂知识就需要掌握组织成系统的知识的不同方面。知识的这种复杂性来源于我们所面对的并作为一员生活在其中的世界的复杂性与普遍联系性,以及作为认知者的每一个人的认知建构的独特性。

5.知识的默会性

重视明确知识(explicitknowledge)与默会知识(tacitknowledge)的区分,特别是重视对知识默会维度的研究,以及进一步探索作为明确知识与默会知识互动、转化而形成的知识的完整统一体,这一知识观的研究使人们对知识有了更深入的认识,使长期以来仅仅或主要关注明确知识研究的学习理论在实际应用上出现了转机。对知识的默会性的研究告诉我们:生活中存在着大量的默会性知识,但它们常常被学习者忽视。例如,学习者观察一个专家、一个更有经验的实践者的现场经验性操作,看出其中的门道,从而"无师自通"。正如他人所说,有些领悟是"只可意会,不可言传"的,有些感受是"妙不可言"的。在获取默会性知识的过程中,观察性学习起着重要作用。

(四)真理观

在建构主义者那里,"真理"被"合理"或"可行"所取代。其最重要的理由就是:如果谈到的真理是指现实世界的真实反映或摹本的话,我们就必须相信自己能看出或想象出那"真实"的世界是个什么样子,我们就必须设想一个先于我们的注意、感知和思维而存在的世界。然而,我们却不能超越经验的范围赋予"存在"任何意义。因为对我们来说,"存在"基本的含义是对空间和时间的占有,但正如康德(Kant)所说,空间和时间不过是我们经验的形式,而不属于超越经验客观存在的现实,我们无法离开空间和时间去观察事物。我们所要做的只是形成一个理论,相对合理地解释我们是怎样获得生活中用到的那些知识的。经验都是主观的、个体的,而不可能是对本体论现实的客观反映。这就好比一张地图,它永远不可能准确地反映地形,而只能是一张符合主体需要的地图。

由于我们不可能证明所得到的知识的客观真理性,因此我们应当用"合理性""适应性"概念去取代"真理性"概念。认识的最终目的并不存在于对客观真理的追求,而主要是出于一种实用的考虑,认识的目的是提高主体适应环境的生存力。从生物学的观点看,学习的目的是使动物更好地适应变化着的环境,人也是如此。由于各个主体具有不同的认知结构,所以就同一个认识对象,各个主体相应的认识活动也不可能完全一致。正如当今激进建构主义著名学者冯·格拉塞斯费尔德用其"钥匙原理"为建构主义学习理论关于真理的论述做的形象比喻:为了通过一扇门,钥匙有很多,只要能开锁,我们就认为钥匙是合适的,而没有必要去寻找一把匹配得分毫不差的唯一的最好的钥匙。

按照建构主义的观点,科学并不揭示世界的真理,而是对我们可能的行为给予很好的说明,让我们更好地交流和行动。用"有生存力"取代"真理",或者说真理的标准应是"生存力",强调知识若有助于解决问题或能够提供有关经验世界的一致性解释就是适当的,就是"有生存力"的,因此一切知识都是个体在认知过程的基础上,在跟经验世界的对话中建构起来的。建构主义者认为,不存在绝对知识或真理,所有知识都与特定的背景相联系,并随背景而改变。一般认为,激进建构主义的科学进步观是积极的,但其真理观是比较消极的,容易走向不可知论的极端。

建构主义不承认绝对真理,这与费耶阿本德的观点是一致的,费耶阿本德告诉我们,人类对绝对真理的强求,不论听起来多么崇高,往往都以专制而告终。

(五)学生观

传统教学往往会认为教学与学生原有的经验知识无关:学生是一张白纸;知识是二元的(知道与不知道);学生是理想化的(具有良好的动机、自主性)。建构主义者强调,学习者并不是空着脑袋走进教室的,在日常生活中,在以往的学习中,他们已经形成了丰富的经验,小到身边的衣食住行,大到宇宙、星体的运行,从自然现象到社会生活,他们几乎都有一些自己的看法。而且,有些问题即便他们还没有接触过,没有现成的经验,但当问题一旦呈现在面前时,他们往往也可以基于相关的经验,依靠他们的认知能力(理智),形成对问题的某种解释,这并不都是胡乱猜测,而是从他们的经验背景出发而推出的合乎逻辑的假设。教学不能无视学生原有的经验与知识,而是应该将学生的原有知识经验作为新知识的生长点,引导学生从原有的知识经验中"生长"出新的知识经验,教学并不是简单地"告诉"就能奏效的。学习是学习者在新旧经验之间双向的、反复的相互作用中积极主动地建构自己的知识的过程。

建构主义者强调学生经验世界的差异性,每个人在自己的活动和交往中形成了自己的个性化的、独特性的经验(经历),每个人有自己的兴趣和认知风格,所以,在具体问题面前,每个人都会基于自己的经验背景形成自己的理解,每个人的理解往往着眼于问题的不同侧面。每个学习者由于经验背景的差异,对问题的理解常常各异;学习者可以在一个学习社群之中相互沟通、相互合作,形成对问题的丰富的多角度的理解。因此,学习者的差异本身便构成了一种宝贵的学习资源。学习不只是个体行为,而且具有社会性,学习是在个体、群体、社会的相互作用中变得丰富、全面的过程。学习要发挥学习者的积极性、主动性、建构性,要利用好学习的情境、对话与协作等环境要素。

总之,一方面,学生是拥有自己的原有知识经验、信念、认知策略、元认知能力、记忆力、情绪态度、动机(需要、兴趣)、认知风格、认知意志等诸多方面的知识建构的主体;另一方面,学生的知识建构是以个体主体为基础通过学生主体间以及师生主体间的平等对话、交流、合作、互动以及观察性学习等和谐的活动来促进学生主体的知识建构。

(六)教师观

建构主义学习理论提倡在教师指导下的以学生为中心的学习。与建构主义学习理论、建构主义学习环境相适应的教学模式可概括为:"以学生为中心,在整个教学过程中教师起到组织者、指导者、帮助者和促进者的作用,利用情境、协作、会话等学习环境要素充分发挥学生的积极性、主动性和首创精神,最终达到使学生有效地实现对当前所学知识的意义建构的目的。"在这种模式中,学生是知识意义的主动建构者,而不是外界刺激的被动接受者;教师是教学过程的组织者、指导者,意义建构的帮助者、促进者,而不是知识的传授者、灌输者;教材所提供的知识不再是教师传授的内容,而是学生主动建构意义的对象;媒体也不再是帮助教师传授知识的手段、方法,而是用来创设情境、进行协作学习和会话交流的认知工具,即作为学生主动学习、协作式探索的认知工具。在这种模式下,目前已开发出的、比较成熟的教学方法主要有:支架式教学、抛锚式教学、随机进入式教学等。一句话,教师是在促使学生主体共同体和谐融洽地建构他们自己的知识的过程中起主导作用的促进者;主体性教师是实现建构教学与学习的前提条件。

(七)现实观

"现实"这一概念对不同认识流派而言有不同的含义。激进建构主义所理解的"现实"是主观经验现实,而不是实证主义所理解的本体论意义的客观现实(客观实在)。它并不否定本体论意义上的客观现实的存在,但它只关注经验现实,因为它认为,我们所能够认识的只能是我们经验所能达到的"经验现实",而客观现实是什么样的,我们是无从知晓的。

(八)意义观

这里的意义是"价值、作用、用途、可应用性"的意思,指学习内容和学习过程对学习者而言有价值、有作用,具有可应用性。传统的通过为考试而教、为考试而学的方式习得的东西,大多数只有在考试中才有价值、有作用,至少是只有在考试中才能最好地体现其价值和作用。但是建构主义学习要使学习的目的真正对学习者理解世界、解决问题、发展自我构成意义,真正要使学习的过程成为学习者主动参与的活动过程。

高级知识学习的理念与维特根斯坦和杜威等人对知识意义的理解是一脉相承的,知识的意义存在于对知识的运用之中,不存在于对概念的简单的核心定义之中。

建构主义是与客观主义相对立的,它强调,意义不是独立于我们而存在的,个体的知识或意义是由个人建构起来的。知识或意义不是简单由外部信息决定的,对事物的理解不仅取决于事物本身,事物的感觉刺激(信息)本身并没有意义,意义是由人建构起来的;它同时取决于我们原来的知识经验背景。不同的人由于原有知识经验的不同,对同一种事物会有不同的理解。社会建构主义的核心论点是:只有当个人建构的独有的主观意义和理论跟社会和物理世界"相适应"时,个人才有可能得到发展,发展的主要媒介是通过交互作用导致的意义的社会协商。杰根(K.J.Gergen)认为:语言的意义是通过社会性的相互依赖而获得的;语言的意义依赖于语境。

(九)社会观

主要受维果斯基的影响,建构主义者强调社会性相互作用在学习中的重要意义,可以说,这是建构主义学习理论的一种重要倾向。虽然个体对新现象和观念必须建构自己的意义,但建构意义的过程总是在一定的社会情境中进行的。

建构主义认为每个学习者都有自己的经验世界,不同的学习者可以对某种问题形成不同的假说和推论,而学习者可以通过相互沟通和交流、相互争辩和讨论合作完成一定的任务,共同解决问题,从而形成更丰富、更灵活的理解。同时,学习者可以与教师、学科专家等开展充分的沟通。这种社会性相互作用可以为知识建构创建一个广泛的学习社群,从而为知识建构提供丰富的资源和积极的支持。合作学习是当前很受研究者重视的体现学习中社会性相互作用的学习形式。

(十)理解观

建构主义认为,所谓知识理解或知识建构是指人们根据已有的图式对信息做了重新组织,这里信息组织包括新信息的组织和新旧信息的组织。从这个意义上讲,知识理解是受到记忆中的已有知识系统所支撑的,准确地说,是在原有图式所提供的知识框架之内,人们才能获得对当前信息的理解。根据图式理论,新信息的表层意义随时间的推移会被遗忘,而深层的意义已经融进了原先的图式。学习者对知识意义建构要经过"模糊"到"精确",而后又达到更高层次上的"模糊"。也就是说,学习者的理解是一种接近,而不能是"穷尽"。学习者以自己的方式建构对事物的理解,因而不同的人看到的是事物的不同方面,不存在唯一的标准理解。建构主义观点认为,世界是客观存在的,但对世界的理解和赋予意义却是由每一个人决定的,我们是以自己的知识经验为基础来建构现实的,我们每个人的经验都是由自己的头脑创建的。因此每个人的经验及对经验的信念是有差异的,这也导致了对外部理解的差异。

以往的学习理论(比如奥苏伯尔的"认知同化理论")一般侧重于从同化的一方面来解释学习过程,强调以原有的知识为基础来理解和记忆新知识,而对原有知识经验因为新知识而发生的顺应则重视不够。由于这一缺陷,研究者往往把同化等同于理解或意义的获得,好像学生理解了新知识,也便接受了新知识,也就同化到了自己的认知结构之中了。实际上,理解不仅包括同化,而且还包括顺应,不仅是新知识经验的获得,同时意味着已有知识经验的改造。理解新知识,是要分析新知识的合理性、有效性,从而形成自己对事物的观点,形成自己的"思想",相信新知识,相信新知识的合理性和有效性。真正地理解,不仅意味着学生"知道"某种知识,而且意味着"相信"它,相信这一说法的合理性和有效性,使新知识真正与已有的知识经验一体化,成为自己的经验,并在实践中应用它。例如,学生可能记住了某个结论,考试时按照这一说法答题,但他并不能真正把它变成自己的经验结构的一部分,在实际情况面前,他还是按自己的经验行事,这就是没有真正理解。

(十一)情境观

传统教学对学习基本持"去情境"的观点,认为知识一旦从具体情境中抽象出来,成为概括性的知识,它就具有了与情境的一致性,反映了具体情境的"本质"。因此,对这些概括性知识的学习可以独立于现场情境之外而进行,而学习的结果可以自然地迁移到各种真实情境中。知识的去情境观被认为是形而上学的,因而受到建构主义学习理论的批判。实际上,情境总是具体的,总是千变万化的,抽象概念、规则的学习无法灵活适应具体情境的变化,学习者常常难以用学校中获得的知识解决现实世界中的真实问题。研究表明,专家的知识是"条件化、情境化"的———它包括对知识应用情境的具体要求。因而,当今的建构主义者强调学习的情境性,强调把所学的知识与一定的真实性任务情境挂起钩来,提倡在教学中使用真实性任务,让学生通过一定的合作来解决情境性问题,以此来建构能灵活迁移、应用的知识经验。

情境性学习理论认为,在非概念水平上,活动和感知比概括化具有更重要的认识论意义上的优越性,所以,人们应当把更多的注意力放在活动和感知上。布朗(J.S. Brown)等人提出,"情境通过活动合成知识",即知识是情境化的,并且在一定程度上是它被应用于其中的活动、背景和文化的产物。布朗等人强调要把学习者和实践世界联系起来,因而案例形式的教学要比抽象的规则教学好得多。莱夫(JeanLave)认为知识的意义是在互动中建构的,这一建构受到其所在的更广泛的情境脉络的极大影响。

在通常情况下,我们的传统教育过于忽略这些背景对于校内所学知识的影响。与现场的学习相反,教室有些过于确定、过于规则了,教师把真实的知识加工和问题解决的过程隐藏到了课前的备课中,而学生所能看到的只有最后的知识序列,因而无法从中获得适应性的、情境性的知识。建构主义认为,学习者要想完成对所学知识的意义建构,即达到对该知识所反映事物的性质、规律以及该事物与其他事物之间联系的深刻理解,最好的办法是让学习者到现实世界的真实环境中去感受、去体验(即通过获取直接经验来学习),而不是仅仅聆听别人关于这种经验的介绍和讲解。

学习与情境怎样密切相连取决于知识是如何获得的(Eich,1985)。一项经常被用到的教学技巧是让学习者对学习中的例子进行精细加工,以便下次提取。不过练习具有这样的潜能,它使得在其他情境中提取教学材料变得棘手,因为当学习者用学习材料情境中的细节来详细解释新材料时,知识尤其容易受到情境制约(Eich,1985)。也就是说,训练虽然可以调整人的行为反应,但却"遗忘"了反应主体对未来意外事件的理解力。可以说,情境性学习的观点突出了学习的具体性和非结构性的一面。

▍三、影响知识建构的诸多因素

我们承认了认知的建构性,就要考虑如何进行知识建构。南京师大的丁家永先生在《试析影响学习者知识建构的三大因素》中提出了影响学习者知识建构的三大因素:学生现有的知识经验、学生的信念、学习环境。笔者认为影响学生学习建构的因素有很多,除上述因素之外,还包括学生的认知策略、学生的元认知水平、学生的学习迁移能力、学生的记忆力、学生的情绪态度、学生的动机(需要、兴趣、期望)、学生的认知风格、学生的意志等诸多方面。认识影响知识建构的诸多因素对于改进认知主体的知识建构的质量有积极的意义,我们可以根据各个因素对知识建构的影响情况来调整认知主体的活动,改进认知主体的知识建构的质量。

(一)学习环境(社会方面的和自然方面的)对知识建构的影响

学习环境可以分为直接学习环境和周围支持环境,我们将直接学习环境概括为一种支持学习者进行建构性学习的各种学习资源的组合,其中学习资源不仅包括信息资源、认知工具、人类教师等资源,还包括任务情境资源,任务情境在学习环境中起着集成其他各种学习资源的作用。也有人认为建构主义学习环境包含情境、协作、会话等要素。

从知识建构的角度来讲,人们不能以孤立、抽象的形式建构与记忆知识意义。学习总是发生在一定的环境中,认知与环境形成了一种必然的联系。皮亚杰早就观察到婴儿实际上是在寻求环境刺激来促进智力发展的。学习环境不仅影响学习者对原有知识的回忆和对现在所学知识的理解,也影响学习者对学习策略的选择和应用。学习环境还为知识建构提供重要的信息资源,学习环境在一定程度上促进或抑制着知识建构的发生和进行。

我们不可能脱离环境孤立地教会学生知识和技能,只有通过各种有意义的环境来引导和促进学生知识和技能的发展,尽量给学生从事学习活动的素材和机会,才能使其在活动中获得并表达自己对学习内容的理解。从学习环境设计的角度来看,能促使学习者知识建构的学习环境就是适宜的环境。从这个意义上说,创设学习环境不应将复杂的"真实环境"简单化,也不应该只考虑关键的因素,重要的是要使学习者逐步学会在真实的环境中解决问题,从而促进学习者在真实环境中的知识运用。提供学习环境的目的并不只是要让学习者拥有更多的知识,而是要让学习者在提供的学习环境中进行探索、建构。现在所倡导的探究式学习就是一种注重学习环境、注重学生自主建构、注重参与的学习方式。

（二）学习者原有知识经验（认知图式）对知识建构的影响

认知图式是表征知识的框架和结构,是记忆表征的知识各个要素相互联系、相互作用形成的具有一定心理结构的网络,即认知结构。其在知识建构中有三个重要作用:①认知图式在知识建构中的选择作用;②认知图式在知识建构中的组织作用;③认知图式在知识建构中的预期作用。

1.认知图式在知识建构中的选择作用。这里是指在知识建构时学习者对输入信息加工有所选择。这种选择表现在两个方面:一方面是对认知图式所产生的预期做印证性选择;另一方面是对输入信息材料加工重点的选择。人的认知图式对知识或经验有贮存作用,认知心理学家安德森认为:"当人们进行认知活动时,有关图式接收到适合它的信息输入,图式这时便处于被激活的状态,目的是搜寻有关形式的信息。"可见教学信息的获得不单单取决于教师传递信息的多少,更取决于外界信息与个体所具有的认知图式（知识经验）的关联程度,当信息适合进入这种认知图式时,有关知识经验才被激活,环境信息对个体才有意义。

2.认知图式在知识建构中的组织作用。一般来说,理解了的知识比较容易记忆或者说记得好的知识通常是理解好的信息。为什么会有这种现象呢? 建构主义认为,所谓知识理解或知识建构是指人们根据已有的认知图式对信息做的重新组织,这里的信息组织包括对新信息的组织和新旧信息的组织。对新信息的组织又称文内联系,对新旧信息的组织又称文外联系。从这个意义上讲,知识理解是受到记忆中已有的知识系统所支撑的,准确地说,是在认知图式所提供的知识框架之中,人们才能获得对当前信息的理解。人们是在原有认知结构中找到有关的概念作为新知识的固定点(同化点、生长点)来建构知识的。根据认知图式理论,新信息的表层意义随时间的推移会被遗忘,而深层的意义已经融进了原有的认知图式。

3.认知图式在知识建构中的预期作用。在现实生活中我们无须去经历每一件事情,就能够有信心地指出很多事情的结果,即认知图式可以使我们预测到输入信息中某些尚未被观察到的东西。这一现象我们称之为认知图式在知识建构中的预期作用。图式之所以能够有预期作用,是因为世界上的事物以及各类事件都有一定的规则,虽不能说是千篇一律,但存在一定的普遍性。认知图式的预期作用有助于人适应环境,有助于个体超越环境所提供的信息。

(三)学习者的观念对知识建构的影响

建构主义学习理论认为,学习者在以往的知识建构中逐渐形成的一系列观念(包括价值观)或信念也是影响知识建构的重要因素。学习者的观念不是先天就有的,而是后天习得的。当然它也可以被视为一种特殊的知识或特殊的认知图式,但它只表征抽象水平上的知识,并不表征具体水平上的知识。它主要指人们受环境和社会文化影响,从经验中潜移默化获得的思想意识方面的信念和认识论方面的信念。

一般认为观念与认知图式(认识结构)相比有以下几个特点:①观念与认知图式(认知结构)不同,它一般没有什么具体的变量,因而相对比较稳定;②观念有一定的共同性,但观念不像认知图式那样是反映客观存在的一种框架知识,因而观念因人的不同常有很大的差异;③观念比认知图式(认知结构)更具有"无形"性,观念对知识建构的作用是隐性的,因而常常被人们忽略。

研究认为观念对学习者知识建构的影响主要表现为:①观念在知识建构中会起心理定式作用。例如中国人在受到别人赞扬时常说"我不行,随便做做",而美国人却说"谢谢"。②观念会影响听说理解、阅读理解、问题解决的能力的发展。在阅读理解中图式(认知结构)的作用是最基本的、最重要的。观念在阅读理解中的作用并不像图式那么普遍,因为并不是每一件事情、每一个句子都要反映某种观念,但观念主要会影响阅读后的推理。由于观念不同,人们常常会发生"误读"的情况。如外国的许多哲学著作对中国人来说就很难理解,其中一个重要原因是各自的观念不同,所以在理解与推理上有很大差异。同样在物理学习中,学生的许多观念也会对问题解决产生影响。如中国学生认为,每个问题所给出的条件对这个问题的求解来说一定是"恰好的",这也就是说,为了解决这一个问题,你必须用到所给的每一个条件;反过来,如果说你真正用到了每一个条件,那么就一定能够解决这一问题。这一观念应用到实际中去,正确性显然是大可怀疑的。所以建构主义认为上述这种在学校教育中所形成的观念对学生今后在社会上的发展是十分不利的。因此从影响知识建构方面来说,对人们观念的研究是十分必要的。

(四)学习者的认知策略对知识建构的影响

认知策略(cognitivestrategy)是学习者用以支配他自己的注意、学习、记忆和思维的内在组织的才能,这种才能使得学习过程的执行控制成为可能。

认知策略具有调控执行过程的功能,它能激活和改变其他学习的过程。认知策略与智慧技能的不同在于智慧技能指向学习者的外部环境,而认知策略则支配着学习者在应对环境时其自身的行为,即"内在的"东西。它包括一般认知策略,即各学科学习都适用的认知策略,如复述策略、精加工策略、组织策略、思维策略等,也包括专门认知策略,即某一学科中使用的认知策略。学习者通过复述策略的运用,能够积极主动地投入记忆之中;学习者通过精加工策略,尤其是对于意义性强的材料,抓住字面意义背后的深层意义,进行深水平加工,能够加深对知识的理解,形成高质量的认知图式。学习者通过组织策略和精加工策略将所学的信息和大脑中已有知识联系起来,使两者更好地进行相互作用,这有利于学习者对知识积极主动地进行建构,优化知识建构的效果,提高知识建构的效率。

(五)学习者的元认知水平对知识建构的影响

元认知就是个人在对自身认知过程意识的基础上,对其认知过程的自我反省、自我控制与自我调节。简而言之,元认知就是认知的认知。认知策略与元认知策略的区别在于:认知策略是促进认知的过程,而元认知策略则是对认知过程的监控。元认知结构主要包括三个方面:元认知知识、元认知体验和元认知监控。

元认知在学习建构中的作用:①提高学生学习建构的效率和效果:元认知使学生在认知活动中能更好地做到事前计划,优选方案,及时发现认知过程中存在的问题,并做出相应调整,从而大大加强认知活动的目的性、自觉性、灵活性,减少盲目性、冲动性,提高认知建构的效率和成功的可能性。元认知能力不同于一般的认知能力,它对于一般认知能力的发挥具有直接的调控作用。可以说,没有元认知的积极配合,一个人的很强的一般认知能力在解决问题过程中就得不到有效的发挥。反之,如果一个人有很强的元认知能力,即使其一般认知能力不高,也能在问题解决过程中表现得很好。从这个意义上说,元认知能力能在一定程度上弥补一般认知能力的不足。②有助于学生主体性的发展:以认识自己的认知过程为本质的元认知为学生提供了了解自我的机制和手段。同时,作为自我意识的一部分,元认知的发展将促进整个自我意识水平的提高,它不仅为学生了解和调控自己的认知活动提供了可能性,也为学生了解和调控自己各方面的活动提供了可能性,从而更加有力地促进学生主体性的发展,促进学生建构的积极性、主动性的提高。

(六)学习者的迁移能力对知识建构的影响

迁移,心理学上把一种学习对另一种学习的影响称为迁移。认知迁移在学习理论中具有非常重要的地位。建构主义者认为迁移的实质是认知图式的扩展和精炼,迁移能力取决于学习的具体例子与一般原理之间的某种平衡。美国学者罗耶(J.M.Royer)概括出了所谓的认知迁移理论,其认为若要形成学习迁移,首先必备的第一步是要学会领会。

影响学生学习迁移的因素很多:①学生的心理准备状态;②学生原有知识经验的深度和抽象概括水平(知识应是情境化的、条件化的,知识、规则的运用要达到足够程度的自动化水平);③学生的认知结构变量,美国心理学家奥苏伯尔(Ausubel)认为原有认知结构对迁移的影响主要取决于三个变量:可利用性、可辨别性、稳定性;④学习材料的性质与学习材料的价值;⑤学习的指导。

在知识建构中,发生迁移是必然的。一般说来,迁移能力强者知识建构成功的可能性大。人的认知结构是在同化与顺应的双向建构中逐步建构起来的,在同化与顺应的过程中,尤其是在顺应的过程中,迁移能力强的人能够积极地对原有认知结构进行调整,能够积极地对原有知识经验进行改造和重组,达到自己经验的合理化,从而获得意义建构的成功。

(七)学习者的记忆力对知识建构的影响

记忆是过去经历的事物在人脑中的反映。记忆在人类生活中具有重要意义。通过记忆,人才有知识经验的积累,才能在已有经验的基础上加深对事物的认识,才能对事物做更深入的研究,才能不断丰富和发展自己的知识,才能有心理的发展和个性的形成,才能完成各种简单和复杂的活动。离开了记忆就没有知识的积累,也就不会有心理的发展和个性的形成,甚至连最简单的行为和动作都不能够完成。所以,记忆是人的一种非常重要的机能。

学习者的记忆力对知识建构的影响在维特罗克理解的生成模式中体现得很明显,从中我们能够看出记忆力对知识建构的影响。

1.长时记忆中存在一些知识经验,它们会影响个体的知觉和注意倾向,会影响个体以某种方式加工新信息的倾向。学习者首先把这些内容提取出来,进入短时记忆(当前的工作记忆),构成学习动机,主动对感觉经验和环境信息进行选择性注意与知觉。

2.经过选择性知觉得到的信息,学习者要达到对其意义的理解,还需要和长时记忆中存在的有关信息建立某种联系,从而主动地理解新信息的意义,这是意义建构的关键。

3.在与长时记忆进行试探性联系、展开试验性意义建构的过程中,为了检验所形成的理解,学习者可能要与感觉经验相对照,也可能与长时记忆中已有的经验相比较。

4.在新信息被理解后,学习者可以从多方面对获得的理解进行分析检验,看新观念是否合理,是否符合自己长时记忆中的其他相关经验、是否和其他有关信息相一致,如一致,就可以把新理解从短时记忆纳入长时记忆,同化到原有的认知结构中;相反,如果发现了新旧经验之间的冲突,则可能导致长时记忆中原有认知结构的重组。

总之,记忆过程是一种新信息与长时记忆内容之间的双向的相互作用的过程。记忆,尤其是长时记忆对学习建构的成功与否、学习建构的质量都起着十分重要的基础性作用。

(八)学习者的情绪、态度对知识建构的影响

情绪是人对客观事物与自己的需要的关系的反映;情绪是人对客观事物是否符合自己的需要产生的态度体验,是人对现实世界的一种特殊的反映形式。需要是情绪产生的基础。情绪具有调节功能和信号功能。

阿尔波特认为态度是"通过经验组织的、个体对有关态度对象与情境施加方向性或动力性影响的心理的和神经的准备状态"。加涅认为"态度是通过学习形成的影响个体的行为选择的内部状态"。从中我们可以看出态度是通过经验组织或学习而形成的,与能力不同的、决定人们的行为选择的一种反应的倾向或反应的准备状态,即"内部状态"。

心理学家一般认为,态度作为人的一种心理现象,具有以下特点:习得性、针对性、价值性、情绪性、持续性和内隐性,态度中除了认知成分之外还有情感成分和行为倾向成分。

学习者的情绪影响知识的建构,较高激动水平会降低知识建构的效率与效果。一般情况下,人们总是愿意接受与个体态度一致的信息,拒绝与个体态度不一致的信息。而且认知与个体态度一致的信息容易注重和评价其好的一面,因而态度会影响认知的同化与顺应过程,一般来说,态度对同化与个体态度一致的信息有积极的促进作用,而对顺应与个体态度不一致的信息会有消极的阻碍作用。总的来说,情绪、态度会对知识建构的效率和效果产生加速或延缓的作用。

(九)学习者的动机(需要、兴趣、期望)对知识建构的影响

心理学家张增杰曾经指出,解决了学生的学习动机问题就解决了全部学习问题的一半,由此可见动机的重要性。动机是驱使人们活动的一种动因或力量,它包括个人的意图、意愿、心理冲动或企图达到的目标等。动机对人的行为具有激发、指向、调节、维持的功能。

一个没有学习动机的人,是不会努力学习的;一个没有表现学习效果的动机的人,

即使学到了很多东西,也不会主动把习得体现在外显的行为上。

关于动机的理论有许多种:本能说、强化说、赫尔的驱力说、马斯洛的需要说、费斯廷格的认知失调论、韦纳的归因理论、奥苏伯尔的成就动机理论、期望动机理论、班杜拉的自我效能感、外在诱因观点等,实际上这些理论是从不同的角度来说明动机的,都有其合理的一面,同时说明了动机现象的复杂与重要。

总的来说,动机的本质是一种适应的需要,是基于现实的不同角度的认识与需要的反应。如果学生能够意识到建构主义思想在培养创造性思维中的积极作用,则有利于其培养建构主义学习观。学习者意识到认识的机能是适应自己的经验世界,帮助组织自己的经验世界去更好地适应与改造世界,尤其当学习者在高级知识学习中遇到了挫折,产生了对建构主义学习观的需求,则有利于学生自觉形成建构主义学习观。学习者的动机因素非常重要,它影响着学习者知识建构行为的引发与维持,调控着学习主体的努力程度。

(十)学习者的认知风格对知识建构的影响

认知风格,一般用来描述学生在加工信息(包括接受、贮存、转化、提取和使用信息)时习惯采用的不同方式。由于学生在对信息进行认知加工时习惯采用的方式往往是自认为最合适的策略,因而,认知风格与认知策略是紧密相关的。

认知风格方面有威特金(H.Witkin)的场独立性与场依存性、帕斯克(Pask,1976)的整体性策略与系列性策略、赫德森(Hudson,1966)的求异思维与求同思维、卡根等人(Kaganetal.,1964)的反省(沉思)型与冲动型、荣格(C.Jung)的内倾与外倾等类别。认知风格影响学生知识建构的特点,形成学生各自知识建构的特色。场独立者主体性强,知识建构受环境因素影响相对小些;整体性策略者在听力和阅读理解方面能更成功地建构所听或所读内容的意义;求同思维者在知识建构中同化方面做得好,而求异思维者在知识建构中顺应方面做得好;反省型学生在知识建构的过程中精加工策略运用得好;内倾者主观能动性发挥得好,相比较而言,容易接受建构主义思想。总之,认知风格影响学生的知识建构的不同方面。

(十一)学习者的意志对知识建构的影响

意志是人为了实现预定的目的,自觉地调节自己的行为、克服困难的心理过程。自觉地确立目的、目标,是人的意志行动的一个显著和首要的特点。如果没有明确的目的、目标,就不会有意志的表现。困难贯穿于意志行动的全过程,能否克服困难是考验和衡量人的意志品质的试金石。

意志在知识建构中有助于我们调节自己的行为,克服各种困难去获得知识建构的成功,尤其是当知识建构的难度比较大时,更能体现出意志的影响。诚然,影响学生学习建构的因素有很多,笔者这样教条式地列举,只是基于尽可能全面的考虑,为以后的深入研究提供一个路径,同时达到一个抛砖引玉的目的。实际上,各因素作用的轻重缓急各不相同,各个因素的作用机制又千差万别,需要的是具体情况具体分析。

四、建构主义学习理论在应用中的问题

后现代主义的多重不确定性、多元论思想要求我们对建构主义学习理论不能全面肯定和接受,要持一定的怀疑态度。

1.虽然建构主义并不否认客观世界的存在,但它却认为人对客观世界的认识仅限于经验世界。人的认识只能是对经验的建构,因而它是有局限的,获得绝对真理是不可能的。但是,人的认识、经验或知识毕竟首先来自客观世界、来自实践,人的建构只能在客观和实践的基础上进行,否则就只能是主观的臆断或妄想。把客观世界和经验世界断然割裂开来而忽视它们之间的联系,显然不利于人对客观世界的认识。建构主义以"可行"来取代"真理"概念,却没有建立起检验这种"可行"的公认的可靠的标准。到底什么是"可行"? 不知道。个体的"可行性"、群体的"可行性"和社会的"可行性"的关系如何? 也不知道。

2.建构主义学习理论认为知识的建构是个体积极、主动、自觉、有意图、有意志的建构,需要个体有较强的能动性与自觉性,因而在指导能动性与自觉性较差的个体的低级知识学习方面有很大的困难,而且从教学的经济性和效率性的角度考虑,这样未必很有意义。在实际的教学中,运用建构主义教学通常缺乏学生的自主性学习和教师相应的指导,而且建构主义强调以学习者为中心,这种强调与传统的教学模式是截然不同的,势必会在观念、心理行为和习惯等方面产生冲突和隔阂。所以笔者认为建构主义学习理论更适合自主能力强的个人的高级知识学习。当然,从实际应用能力培养的角度来说,能动性和自觉性相对较差的个体的知识学习也可以运用建构主义学习理论来指导,例如现在中小学所倡导的科学探究式学习。

3.建构主义者重视认识中的主观能动性,强调学习者主动意义建构,这相对客观主义来说是一种进步;然而与此同时,他们有的强调事物的意义源于个人的建构,没有对事物的唯一正确的理解,似乎过于强调真理的相对性,而忽略了相对中的绝对的东西,例如,一些人的建构要优于另一些人的建构,因而一定的时代背景下有相对最好的建构。

4.建构主义者把知识分为结构良好的领域和结构不良的领域、明确的与默会的、简单的和复杂的,提倡情境性教学时,力主具体和真实,强调知识是情境性的。有些人(如 Lave 等人)过分夸大情境的重要性,以至于忽视了学习者自身的抽象过程。部分人甚至因此反对抽象和概括,认为进行抽象的训练是没有用的。这种片面的思想反映了他们不能正确地处理具体和抽象的关系,片面地强调一面而忽视另一面。因为他们重视了人类认识事物的一般过程,却忽视了学习的特殊性。随着信息社会中知识的迅猛增长,对学生有用的情境性的东西越来越多,恐怕学生是学不胜学了。因此,要将抽

象概括能力的培养与解决实际问题能力的培养统一起来,要在认知情境化与去情境化之间取得一定的平衡,或者说在认知的情境化与去情境化之间保持必要的张力。

5.建构主义者把学习分为初级阶段学习和高级阶段学习,并批评客观主义把初级阶段学习规律推向高级阶段学习,这是很有意义的。然而,以客观主义为指导的传统教学重视知识的确定性和普遍性,注意分析和抽象,这在学习的初级阶段是必要并且有其合理性的。犹如经典牛顿力学与相对论的关系,虽然相对论具有普遍的意义,但对一般人来说,解决宏观低速物体方面的问题,经典牛顿力学要比相对论来得直接、简洁,"简单性使人们愿意选择牛顿而不是爱因斯坦"。但解决微观高速物体方面的问题,经典牛顿力学则是相形见绌,低效甚至无效。所以全盘否定传统教学理论会引起教与学上的混乱。我们应当承认,建构主义学习理论着眼于社会实践中情境的复杂性,适合高级知识学习阶段,也就是说对于高级知识学习阶段,建构主义学习理论的指导更为有效。建构主义学习理论在某些方面,比如低级知识学习阶段,并不比传统的学习理论更为有效,如在传递信息的效率上,可能不像客观主义来得有效。如果以高级阶段的学习规律来否定初级阶段的学习规律就会以一般来代替特殊,否定事物的特殊性。此外,重视人的主观能动性以及社会性相互作用时,不必把所有训练都放在强调社会性的背景下进行,合作学习和学徒式教学并不能代替正常的教学。

6.建构主义反复强调,教学的根本目的就是"让学生建构知识的意义"。学生对任何知识都需要通过意义建构才能获得真正的理解吗?如果是这样,那么从教学的经济性、效率性、可操作性的角度来考虑,教学也太费时劳力了。学生之所以为学生,乃是因为他们是未臻成熟的群体,需要教师的教授和指导。这说明建构主义思想的实践也要多层次化。

7.建构主义教学设计强调学生是认知过程的主体,是意义的主动建构者,因而存在这种现象:由于强调学生的"学",往往忽视教师主导作用的发挥,忽视师生之间的情感交流和情感因素在学习过程中的重要作用,而且,由于忽视教师的主导作用,当学生自主学习的自由度过大时,还容易偏离教学目标的要求。

8.指导教学设计(学习设计)的学习理论的选择的因素主要有三个:学习任务的复杂性、学习者的认知水平和学习环境的丰富性。行为主义能够有效提高完成那些仅须简单认知加工的任务(如规则记忆、基本事物的关联、匹配区分等)的能力,使人们知道某些事实、领会一些习惯性的技能和动作;有效的刺激与反应、连续的反馈会大大提高这类知识的学习效率。对于客观事实的介绍,比如概念的形成、事实的获取等,采用行为主义的方法是比较适合的。由于行为主义对学习者的认知加工和学习环境的丰富程度都没有特别高的要求,一般的学习者在普通的教室就可以实施。

认知主义比较适用于教授问题解决技术,也就是给定一些事实和规则,解决一些新情景中的问题,这要求学习者知道为什么。它对学习者的认知加工能力有了较高的要求,比较适合那些需要进行较高认知加工的任务,如归类、规则的推导、程序的建立等。这种任务的学习需要带有很强的认知色彩的学习策略,如言语组织、模拟推导、精细加工等。而对建构主义来说,它最适用于一些非良结构领域的复杂知识的学习和掌握。它要求学习者要有很强的认知技能及自我控制能力。对于一些需要很高认知加工能力的任务,如复杂问题的解决、认知策略的选择与调控等,则需要采用基于建构主义的学习策略,如情境学习、认知学徒制、社会协商等。另外,建构主义学习强调情景(情境)、协作、会话等,对学习环境有较高的要求,要求学习环境能够充分展示问题的复杂性、提供足够的材料、提供细致数据分析与操纵的工具等。而对于规则的演绎、推导与简单的应用,采用认知主义的学习方法是比较适合的。建构主义学习理论目前尚未形成具有较完整、严密的理论体系和可操作性很强的模式,也没有处方性的解决方案,所有有关方面的论述,只是提供一些原则和建议。建构主义学习理论着眼于社会实践中情境的复杂性,适用于高级知识学习阶段,适用于"为解决复杂性的、依靠背景或领域的问题而获得的高级知识的阶段"。

传统教育正混淆了初级学习与高级学习的界限,造成学习的机械化。客观主义方法论及其教学环境最适合初级认知的发展。在初级认知阶段,主要任务是怎样高效地获取知识、如何保持这些内容。同时初级知识的大部分内容都是基础性知识,具有非常好的确定性和良好的构造,即都经过简化、条理化和包装。这些内容若由学生自主建构和发现,不仅效率低,而且往往不易把握整体结构和方向,所以这一阶段的学习以客观主义方法论指导最有价值,在教学中直接表现为以知识"传递"为核心。实际上,一些高等教育机构因为注重学分、学时,大班和小组形式的讲授可能就十分普通。而以应用为导向的学习环境,如工程学、商学和医学院校,可能强调基于案例的、重视实验室的、基于项目的方法,以解决复杂的现实问题。

9.建构主义学习理论谈建构多而很少涉及解构,解构与建构是对立统一的关系。二者是对立的,解构是解构,是对事物进行结构性的分解;建构是建构,是对事物的组织与构建,两者有质的区别。但二者又是统一的,解构和建构是一个过程的两个方面,解构是建构的前提、基础、必要准备,而建构是解构的目的、归宿。解构的好坏直接影响建构的质量。解构之中有建构,建构之中有解构。解构是解"建构",而建构又是对"解构"的建构。比如阅读文章,实际上是先对别人的文章进行解构(一方面是根据语法规则,另一方面是根据背景知识),而后再重新组织建构,形成对别人文章的整体的主观认识。又比如,听人说话,实际上是先对别人的话语进行解构,而后再重新组织,即建构,形成对别人话语的整体的、主观的理解。解构的质量好坏直接影响建构的效率与效果。解构受多方面的影响,比如个体原有知识(包括背景知识)、信念、动机、记忆力以及思维力等。

10.建构主义认为认知的功能是适应,是一种"物竞天择,优胜劣汰,适者生存"的适应,真理的标准是"生存力",但对适应的层次和适应对知识建构的选择和限制的具体运作机制却没有明确的论述,而论述中的思辨因素又很大。

五、对课堂教学变革的启示

建构主义学习理论是适应互联网时代技术变革、富有全新理念和模式的新型教育理论，为开展网络环境下的教学和学习提供了科学依据，对改进传统课堂教学具有重要的借鉴意义。总体上说，建构主义学习理论为我们变革和改进课堂教学提供了以下四点启示。

启示一：学习不是被动地接受信息，而是主动建构知识的意义。学生依靠自己原有的知识经验、认知能力，通过新旧知识之间的双向相互作用调整、改造原有的经验，形成新的经验体系。这充分体现了学习是学生主动的行为，而不是对外部刺激的被动接受，课堂教学是必须"以学生为中心"的。我们必须真正将课堂交还给学生，衡量课堂教学效果优劣的根本标准在于"学"得怎样，包括学生在课堂上的学习态度、学习气氛、学习参与程度等行为表现。

启示二：教师不是知识的灌输者，而是意义建构的帮助者、促进者。教师应当摒弃那种以自我为中心和"控制课堂"的思想，摒弃那种照本宣科的"灌输式"教学方式，通过设计有价值的、有意义的问题，引导学生持续思考，不断丰富或调整学生原有的知识经验，帮助学生建构起真正的、灵活的知识，激发学生学习的热情、好奇心以及探索研究的精神，帮助和促进学生愿学、乐学、会学。

启示三："情景创设""协商会话"和"信息提供"等是建构主义学习环境的关键要素。建构主义强调课堂教学情景的创设，在教学中应该把所学知识与一定的真实性任务联系起来，通过具体情景认识其本质，以便于将其灵活运用于现实世界的真实问题中；建构主义认为学习具有社会互动性，学生通过协商会话，可以形成对知识的更丰富、深入、灵活的理解，为知识建构提供丰富的资源和积极的支持；信息提供是实现建构主义学习的重要支持，它可以及时、大量地提供学习资源信息，辅助学生建构知识意义。

启示四：信息技术与课堂教学的融合有助于创设理想的学习环境。现代信息技术的发展与广泛应用，尤其是大数据、物联网、移动互联网和人工智能等新兴智能信息技术，为打造信息化、智能化的学习环境提供了先进的技术手段。通过开发利用智能教室、电子书包、智慧学习平台等，实现"云、网、端"的教学运用，在课堂教学中，师生可进行更为灵活、更为高效的交流互动，实现即时、动态的评价信息反馈，构建理想的学习环境。

被誉为美国"教育技术教父"的柯蒂斯·J.邦克曾经说过:"21世纪的各种技术铺天盖地,而且与此前的那些技术有质的不同。在线公告板、电子邮件、聊天室、平板电脑、移动电话、维基(Wiki)、博客,以及其他交互式头盔装置,所有这些都有助于改变以教师为中心的传统教学方式,也能为学习者表达自己的观点、参与对个人而言更有意义的项目提供机会。这些技术为所有人提供了各种各样的学习方式。"21世纪,新一代信息技术的发展及其在学校教育领域的应用,对课堂教学产生了深刻的影响。

一、把物与互联网连起来:物联网技术及应用

(一)什么是物联网技术

物联网(theInternetofThings,IOT)也称传感网,是指通过射频识别(Radio Frequen-cyIdentification,RFID)装置、红外感应器、全球定位系统、激光扫描器等各种信息传感设备,按约定的协议,把任何物品与互联网连接起来,进行信息交换和通信,以实现智能化识别、定位、跟踪、监控和管理的一种网络。简单地说,物联网是在物品之间、物品与人之间、人与现实环境之间实现高效信息交互,并通过新的服务模式使各种信息技术融入社会行为,是信息技术在人类社会综合应用达到的更高境界。

(二)物联网技术的特点

物联网的网络架构分为感知层、网络层和应用层三层。物联网技术具有以下四个方面的特点。

1.全面和主动的感知。在物体上植入各种微型感应芯片,利用射频识别二维码、传感器等感知、捕获、测量技术随时随地主动获取,感知物体的存在并获取有关物体的状态、位置等信息,再通过局部的无线网络、互联网、移动通信网等各种通信网络传递交互,从而实现全面和主动地感知世界。

2.可靠的连通与传送。物联网通过有线、无线等不同的传输方式将物体的实时信息进行分门别类的管理,再准确、可靠、有指向性地传输给信息处理设备与环境,随时随地进行可靠的信息交互与共享,以适应不同的应用需求。

3.智能化分析与处理。面对采集的海量数据,物联网利用各种智能计算技术进行分析与处理,以获取更加新颖、系统且全面的洞察能力来解决特定的问题,使得特定的

知识可以有效地应用到特定的行业、特定的场景、特定的解决方案中,以便更好地支持用户的决策和行动,实现智能化的决策和控制。

4.嵌入式和灵敏的服务。物联网把通信或者传输的业务扩展成从感知、传输到处理的一种网络综合服务,这种服务将被无缝地嵌入到人们日常工作与生活中。同时这种服务具有灵敏性,具有超越人类常规视觉、嗅觉和触觉范围的高灵敏度,能够感知规律、进行预判,提供更灵敏、更智能的服务。

(三)物联网的教育教学应用

在实践中,物联网技术因其感知和智能处理技术充满灵敏和智慧,在智慧教育教学中具有广泛的应用前景,主要包括以下方面的应用。

1.构建智能化教育教学环境。物联网使得学校物理环境具有数字化、网络化、智能化的特性,具备感知能力。如学校可以在教室里安装感知光线的传感器,它可以随时监控光线亮度,控制教室照明灯的开关,调控学生所用计算机屏幕的亮度,还可以自动调节空调温度,根据室外光照强度调整窗帘高度等,也可用于校内噪声监测、师生健康、智能建筑、学生生活服务等领域。这样可以给学生和教师提供一个舒适的学习与生活环境。

2.实施开放创新的教学方式。我们将先进的物联网技术与现代教学理念相结合,并将其运用到学科教学活动中,它能够促进人与教学环境的交互影响,对协作和协同教学模式起到很好的支撑作用,并可以依托物联网强大的物质和信息资源优势来建立基于物联网的探究教学模式。物联网技术还可以拓展课外教学活动,通过对物联网技术及应用的实地参观、观摩、实践,学生可以获得直观的体验与真实的感受,从而激发学习兴趣,拓展视野。

3.实现自动化评价和反馈。利用物联网的感知特性,学习者的学习终端通过光纤或者无线网络与网上教学平台的服务器、数据库相连,程序设计和开发人员需要针对网上学习建立评价指标体系,设计专门的评测软件,把评测软件安装在学生的学习终端上,这样就可在课堂教学中实现课堂答题、实时教学测评;同时,在课程完成之后只需要把数据传入学校的数据库,就可以实现对网上学习信息的自动化评价和反馈。

4.实现智能化、信息化管理。物联网技术在学校还可以用于图书管理、仪器设备管理、学校安全管理等方面。比如将 RFID 用于图书管理,我们可以通过 RFID 标签方便地找到图书;用于实验设备管理,我们可以方便地跟踪设备的位置和使用状态,通过给各类设备粘贴 RFID 标签或安装传感器,可以进行统一管理和调度,有效防止仪器设备的丢失及使用率低下等问题;用于安全管理,如学生宿舍及校门门禁管理、安全访客管理、机动车管理、校园火警报警管理等。

▌二、互联网的云模式：云计算技术及应用

（一）何为云计算技术

云计算是近几年迅猛发展的新兴信息技术。具体来说，云计算是一种新的 IT 基础设施的交付和使用模式，是指用户通过互联网以按需、易扩展的方式获得所需的资源，如基础硬件、系统平台或程序软件等。提供资源的计算机网络被称为"云"，用户可以随时随地通过互联网利用"云"提供的基础设备获取计算服务、数据存储和网络资源。在云计算模式中，用户所处理的数据并不存储在本地，而是保存在互联网上的数据中心，用户所需的应用程序并不运行在用户的个人电脑、手机等终端设备上，而是运行在互联网上大规模的服务器集群中。用户只要能够接入互联网，就可以通过电脑、手机等终端设备，在任何时间、任何地点方便快捷地使用数据和服务，就像客户通过水龙头、电表获取自来水和用电一样，十分方便。云计算为学校教育信息化的建设和发展提供了一种新的模式。

（二）云计算的特点和优势

云计算具有层次清晰的服务架构，根据其提供的不同服务类型，自下而上可分成三个层次：基础层——基础设施即服务（IaaS）；中间层——平台即服务（PaaS）；应用层——软件即服务（SaaS）。云计算技术的特点和优势主要表现在以下四个方面。

1.云端存储，超大规模。云计算采用分布式存储的方式来存储海量数据，信息服务载体的规模庞大，云就是庞大的计算机群，这样不仅节约成本，而且在保证可靠安全存储的同时可以根据权限进行资源的整合共享，能够完成单机所完不成的海量计算、存储等工作。

2.终端简便，服务快捷。云计算模式下，用户将不需要安装和升级电脑上的各种应用软件，大量软件程序均置于云端的服务器中，软件架构在各种标准和协议之上，不必下载即可使用，而且可以多人网络协作使用。这样大大简化了终端用户的硬件配置，只要用户能接入网络并且登录他所使用的云服务账号，就可以方便快捷地使用云提供的各种服务。

3.超级运算，个性服务。云计算可以为用户提供每秒 10 万亿次的运算能力，这种超级运算能力在普通计算环境中是难以达到的。云计算是一种基于互联网的计算服务，有网络的地方就有云服务，用户可以在任何时间、任何地点进行自由选择，它能够根据用户的不同需求为用户提供个性化的服务。

4.降低成本，提高效益。云计算模式中用户只需要通过 Web 方式使用服务商所提供的相关服务，并按实际使用情况付费即可，企业或学校无须购买昂贵的服务器，也无须为服务器的维护与更新而感到烦恼，只需要把电脑接入互联网，把任务交给云端

来处理即可,这样大大降低了建设成本。

(三)云计算的教育教学应用

云计算技术为学校信息化发展提供了全新的视角和技术手段,在教育教学中具有广泛的应用价值,具体来说包括以下方面的应用。

1.提供校园信息基础设施租赁服务。基于云计算的新服务模式,学校根据需要向专业的云服务提供商购买服务,租赁所需要的信息化基础设施和设备,学校通过这种模式只需要花少量的租金就可以获得完善的软硬件环境,而且无须考虑技术更新和产品的升级换代问题,也不需要设置专人运维管理,通过互联网便可以始终拥有最新技术的信息基础环境服务。

2.实现教育信息资源的共建共享。多个学校将现有的教育信息资源共同加入一个"云"中,这样可以减少单个学校的资金和时间上的投入,并实现真正意义上的资源共享。如建立区域教育云、行业(职业)教育云、教学资源云(MOOC)等,它们均可提供这样的资源共建共享服务。云服务器中配置的系统管理器负责管理各种资源的调度、存取、负载平衡以及对各种资源进行分类,并向学校用户提供良好的用户交互接口,师生可以在任何时间、任何地点通过任何接入到互联网的终端设备访问这些资源。

3.构建基于云的在线教学模式。基于云计算,学校开展网络教学时无须自行搭建网络教学平台,可以通过公共云服务平台提供的完善的网络教学功能和运行环境,在更大的范围内(如面向区域、全国、全球),为更多的人和各级各类教育机构提供在线教学服务(如 MOOC 等),这样可以做到真正的教学无所不在和学习随时发生,为学校开展网络教学、推动教育信息化发展提供了新的选择。

4.促进网络学习空间建设与应用。云计算为实现"网络学习空间人人通"目标提供了重要途径。学校利用云服务提供商运营的服务空间,一些规模较大的学校如高等学校也可以依托自主构建的学校私有云,为教师、学生和管理人员开设相应的教育云空间。云空间聚合了视频分享、视频直播、社区交友、日志、博客、播客、微博等强大的功能模块。空间交流是师生共同学习和交流的深化,利用云空间进行交流互动能够实现开放式教学和学习。

▌三、基于证据的时代:大数据分析及应用

(一)什么是大数据

大数据是指蕴含着巨大价值的、可有效利用的、多样化的海量数据集合。全球知名咨询公司麦肯锡认为:"大数据是指大小超出了传统数据库软件工具的抓取、存储、管理和分析能力的数据群。大数据之大,并不仅仅在于容量之大,更大的意义在于通过对海量数据的交换、整合和分析,发现新的知识,创造新的价值,带来'大知识''大

科技'‘大利润’和‘大发展’。"

大数据时代对人类的数据驾驭能力提出了新的挑战,也为人们获得更为深刻、全面的洞察能力提供了前所未有的空间与潜力。对大数据进行分析能揭示隐藏其中的知识信息,对大数据的二次开发则是通过大数据创造出新产品和服务。大数据将给各行各业的发展模式和决策带来前所未有的革新与挑战,教育领域同样不可避免地面临新的挑战和机遇。

(二)大数据的特点

大数据的概念在广义上是指大数据及其处理技术,随着人们对大数据的研究不断深入,有人认为大数据是一种能力,是一种思维方式,甚至是一种文化现象。而从一般应用的角度来看,大数据多指海量数据特性,大数据时代的数据具有五个方面的特性。

1.规模巨大。个人和组织面临着数据量的大规模增长,其呈现为海量数据集。典型个人计算机硬盘的容量为 TB 量级,而一些大企业的数据量已经接近 EB 量级(1EB 等于 10 亿 GB)。目前,大数据的规模尚是一个不断变化的指标,各种意想不到的来源都能产生数据。

2.类型多样。数据来自多种渠道,如网络日志、社交媒体、互联网搜索、手机通话记录及传感器网等,内容包括所有格式的办公文档、文本、图片、XML、HTML、各类报表、图像和音频、视频信息等。这些数据打破了之前限定的结构化数据范畴,包含结构化、半结构化以及非结构化的数据。

3.产生速度快。在高速网络时代,数据被创建和移动的速度快,时效性要求高,快速创建实时数据流成为流行趋势,这是大数据区别于传统数据管理最显著的特征。如在一天之内谷歌公司处理几十亿兆的数据;Facebook 新产生约 10 亿张照片、300TB 以上的日志;淘宝网进行数千万笔交易,产生 20TB 以上的数据。

4.价值密度低。价值密度的高低与数据总量的大小成反比,大数据中单条数据可能无价值,无用数据多,但综合价值大。例如,在视频数据中,1 小时的视频中有用的数据可能仅有一两秒,其余的可能是无用的数据,价值密度相对较低。因此,我们需要通过强大的数据挖掘算法更迅速地完成数据的价值"提纯"。

5.处理复杂。传统的数据处理技术不适合处理海量异构数据。许多公司已经拥有大量的存档数据,但没有能力来处理它。传统的关系数据库无法处理大规模的数据,目前可选择的方法包括大规模并行处理架构、数据仓库、类似 Greenplum 的数据库,以及 Apachehadoop 解决方案等。

(三)大数据的教育教学应用

教育大数据的存在毋庸置疑,在学校教育教学中广泛存在海量的、复杂的数据,如学习内容数据、学习过程数据、测试评价数据、作业数据、实验数据、学习行为记录数据、学习者个性化数据、教学管理数据、科研数据、教学服务保障数据等。教育大数据的开发利用,将对传统教育教学的理念和方式产生深刻影响。大数据在教育教学中的应用主要包括以下方面。

1.革新教育理念和思维方式。比起传统的数字,大数据具有深刻的含义和更高的价值。教育将不再是靠经验来传承的社会科学,它正在步入实证时代,变成一门实实在在的基于证据的实证科学。教育者的思维方式发生了深刻变化,传统的教学大多是教育者通过教学经验的学习、总结和继承来展开的,大数据时代教师可以通过对教学过程和学生学习数据的分析,挖掘出符合学生实际与教学实际的情况,这样就可以有的放矢地制定和实施符合实际的教学策略。

2.实现个性化教学。大数据使实施个性化教学具有了可能性,真正实现了从群体教育的方式转向个体教育。利用大数据分析,教师可以去关注每一个个体学生的学习过程、学习行为,可以精准地获得学生的真实表现。大数据分析给教师提供最为个性化的学生特点信息,教师以此进行课前的学情分析和教学方案准备,在教学过程中可以有针对性地进行因材施教,课后推送个性化的作业,进行个性化辅导。

3.重构教学评价模式。基于大数据分析,教学评价不再是经验式的,通过技术手段,大数据记录教育教学的过程,实现了从结果评价转向过程性评价。例如,网络学习平台或电子课本,能记录下学生完成作业情况、课堂言行、师生互动、同学交往等数据,教师在期末时将这些数据汇集起来,以这些更加丰富的素材与数据为依据,可以发现学生学习成长过程的特点,能对学生的发展提出建议。

4.实施数据化决策管理。学校管理离不开数据信息,学校管理中的各种决策和控制活动,都是以大量的数据信息为基础的,并且各种新的数据信息不断产生,大数据的处理和挖掘对于学校管理具有关键作用。我们应利用大数据分析,着眼于管理决策、管理活动、管理过程控制,全面归集学校管理大数据,实现学校决策与管理的精确化、科学化。

四、互联网的无线接入:移动互联网技术及应用

(一)何为移动互联网

从起源上说,移动互联网(MobileInternet,MI)是移动通信技术与互联网技术融合的产物。它一般指用户使用手机等无线终端,通过速率较高的移动网络接入互联网,可以在移动状态下使用互联网的网络资源。随着移动终端和互联网的发展,移动互联网得到迅速发展。根据权威统计,截至2015年6月底,中国网民中手机网民规模达到88.9%,超越传统 PC 网民规模,手机网民规模达到5.94亿,手机已经成为第一大上网终端,社会进入移动互联网时代。

从本质上讲,移动互联网并不是一种新的网络,而是一种接入互联网的方式,具体

而言,是指一种利用移动接入技术接入互联网的方式。移动互联网的意义在于它融合了移动通信随时、随地、随身和互联网开放、共享、互动的优势,代表了未来网络的一个重要发展方向,改变了人们的生活方式,对各行各业产生重要影响。

(二)移动互联网技术及应用特点

从技术上看,移动互联网业务和服务体系包含终端、软件和应用三个层面,其中终端层包括智能手机、平板电脑、电子书、MID 等;软件包括操作系统、中间件、数据库和安全软件等;应用层包括各类不同应用与服务等。移动互联网具有以下五个方面的技术及应用特点。

1.接入移动性。移动终端具有小巧轻便、随身携带等特点,使用户不再受时间、地点的限制,可随时随地方便接入无线网络。移动互联网的使用场景是动态变化的,用户随时可以进行语音、视频等交流活动,这提高了使用的效率。

2.终端多样性。移动终端不仅包括普通的手机终端,而且包括平板电脑、上网本、电子书阅读终端等便携式终端设备。手机操作系统包括 Symbian、iOS、Android、WindowsPhone、Linux 和 BlackBerryOS 等操作系统。此外,用户还可以通过手机展示自己多样化的个性,实现个性的内容制作、分享、交流、订阅等功能。

3.时间碎片化。用户使用移动互联网的时间往往是随机的,呈现出碎片化的倾向,我们差不多在任何时间都可以看到用户在使用手机,如上下班途中、工作之余、出差、等候间隙等碎片时间。

4.用户大众化。移动互联网的用户群已发展到社会各个阶层、各类用户,从教师到学生,从公务人员到打工者,从官员到普通百姓,形成庞大的、自下而上的、大众化的用户群。

5.永远在线。与传统互联网的服务不可能做到永远在线不同,智能手机已做到了可以 24 小时在线,永远不关机。移动互联网应用具有强制性特征,只要铃声一响,我们必须看手机,提醒度很高,强制力也很强。

(三)移动互联网的教育教学应用

在中学、大学等各级各类学校,手机已普遍成为学生上网的工具,据统计,94.6%的大学生开通了手机上网功能,而且大部分学生每月使用手机上网的流量在 300M 以上。可见,移动互联网在学校教育教学中将大有可为。移动互联网在教育教学中的主要应用体现在以下方面。

1.实施移动互动教学。利用移动互联网,学生和教师通过使用移动终端设备获取学习资源,开展交流互动,可以更方便灵活地实现交互式教学活动。例如,移动互联网在学校的一个核心应用是基于微博等 SNS 开展互动式教学。SNS 为学生与学生、学生与教师之间提供了很好的沟通交流环境,特别是微博等对移动终端提供良好支持的产品,为移动用户基于SNS进行交互分享创造了巨大的便利,从而实现移动化的互动式教学。

2.促进社会化学习变革。基于移动互联网的学习,可以实现多方面的变革,促进社会化学习的发展。如移动互联网时代更注重学习者的交流与互动,使个人成为知识和信息传播的真正核心,实现从以信息为中心转变为以人为中心;学习和社交网络可以无限扩大,形成了社会化的学习圈子,从而带来更加高效和可持续性的学习;利用移动终端,可以在任何时间、地点和空间按需进行碎片化学习,实现无时不有、无处不在的泛在化学习。

3.实现移动办公与管理。利用移动互联网,可以进行移动办公与管理。如通过建立全新的移动教务管理系统和学生管理系统,管理人员可以通过随身携带的手机接入系统,从而缩短了信息发布与接收的时间。学生也可以方便地使用移动学生服务功能,如用手机实现奖学金申请、学籍变动申请、住宿变动申请、火车票订购、后勤服务申请、校内电子支付等各类校园服务功能。

4.建立移动数字图书馆。在图书馆服务中利用移动互联网技术构建移动数字图书馆,可以使人们不受时间、地点和空间的限制,通过使用智能手机等各种移动设备来方便灵活地进行图书信息的查询、阅览、下载与无线传输。移动版数字图书馆系统主要应用包括:移动版图书馆门户网站、移动版书目检索、移动数字阅读服务、移动版虚拟参考咨询服务等。

五、全新的移动终端:可穿戴智能设备及应用

(一)什么是可穿戴智能设备

可穿戴智能设备是近几年迅速发展的新的移动智能终端,又称为可穿戴计算设备。麻省理工学院(MIT)的媒体实验室阐述了可穿戴计算设备的概念,即融合了多媒体技术、无线传播技术、计算机科技,以日常生活中便于携带的物品形态存在,并能够连接个人局域网,监测即时情况来帮助用户在动态过程中进行信息处理的智能化工具。可见,可穿戴智能设备是用户可穿戴于身上外出进行活动,并且由用户控制、可持续运行和交互的微型电子设备。可穿戴智能设备综合运用各类识别、传感、连接和云服务等交互及储存技术,以代替手持设备或其他器械,实现用户互动交互、工作学习、生活娱乐、人体监测等功能。各种各样的可穿戴智能设备扩展了人类的各项能力,使人们能够更好地感知外界和自身环境,拥有更方便的交流沟通手段,可以更高效地处理信息。

国际上对可穿戴智能设备的研究起始于20世纪70—80年代,随着计算机技术和互联网技术的迅猛发展,人们越来越重视可穿戴智能设备。尽管可穿戴产品形态并不是眼前这个时代所特有的产物,但是技术进步和产品迭代的速度仍然大大超出了人们

的预料,以至于很多人在预言,可穿戴智能设备将会颠覆我们的生活。

(二)可穿戴智能设备的技术与应用特点

目前,可穿戴智能设备形态各异、种类繁多,按照不同功能可穿戴智能设备可划分为人体健康与运动类,包括智能眼镜、智能手表、智能手环、意念控制、健康穿戴、体感控制、物品追踪等;综合智能终端类;智能手机辅助类。可穿戴智能设备的主要技术与应用特点有以下六个方面。

1.轻便小巧。可穿戴智能设备首先是轻便小巧的,同时造型时尚美观,具有美化用户形象的功能,其最终的目标是使设备的使用方式融入生活,便于人体穿戴。因此,设备满足适合于佩戴的形态(如与传统配饰相融合),可穿戴于身上,便于人们外出进行活动,而且不需要双手来操作,依靠手势、声音甚至是眼球的运动来接收用户的指令,十分方便、快捷。

2.全新的人机交互。智能穿戴的目的是探索人和科技全新的交互方式。目前可行的、比较适合于可穿戴智能设备的交互方式有:用屏幕提供视觉信号、用耳机或骨传导提供听觉信号、用振动或静电提供触觉信号等。如 GoogleGlass 的交互反馈,是通过眼镜上的屏幕显示以及骨传导和耳机两种方式的音频信号反馈。

3.智能化情景感知。可穿戴智能设备具有强大情景感知能力,它需要感知用户的周边环境和自身状态,从而成为人、电脑和环境之间的桥梁。通过芯片技术,人们将图像传感器、加速度传感器、陀螺仪、振动器、温度传感器、全球定位系统等合适的传感器植入可穿戴设备中,用户的行为信息和周围环境信息可"交互感应"。

4.移动数据处理。可穿戴智能设备采取移动数据捕捉和处理的方式进行数据采集,数据采集非常灵活,佩戴者不必约束在一个固定的场所,可以自由移动。可穿戴智能设备可以从多个方面对佩戴者的物理活动进行描述,信息更加全面,准确客观地记录了佩戴者的各种活动的数据。同时,设备通过蓝牙或数据线连接手机之后进行动态实时的数据处理分析。

5.安全可靠。可穿戴智能设备长时间与用户紧密接触,这决定了其安全性要求极高。而且用户穿戴这些设备会进出各种各样的环境,不同人的生活状态千差万别,人们每天在生活中会遇到种种意外的情况,如淋雨、摔倒、碰撞、丢失等,人们都需要安全保障。同时,由于部分可穿戴智能设备会保留大量的用户个人身体数据的信息,因此需要确保用户隐私信息的安全。

6.持续运行。长续航时间是可穿戴智能设备的必备条件,这样可以降低设备的存在感,使设备更方便地跟随用户,使用户专心于现实世界的互动,减少对用户的干扰。可穿戴智能设备大多采用高性能电池和低功耗通信模块,高度优化的系统和一流的电池续航能力,使设备持续工作的时间比其他终端更长,实现可持续运行。

（三）可穿戴智能设备的教育教学应用

可穿戴智能设备提供了一种全新的移动终端,使物联网、移动互联网的接入实现了重大突破,在学校信息化教学中具有十分重要的潜在价值。从目前可以预见的应用来看,其价值主要包括以下四个方面。

1.构建生态化的新型学习环境。利用可穿戴智能设备强大的移动学习应用和人机交互,学习者将组成一个新的生态化的学习系统。可穿戴智能设备具备智能化感知、传递和追踪功能,轻便小巧,适宜穿戴,使学习者摆脱了传统的固定设备、手持设备的束缚,实现了深度人机交互,可以方便地用于学习活动中。这个学习系统提供了一个开放、跨界的平台,形成了生态化的学习环境。

2.促进嵌入式、体验式学习。可穿戴智能终端使得学习无时无刻不在,学习者沉浸在学习过程中,它带来深刻的体验式学习变革。可穿戴智能设备的应用使游戏化运动介入学习更为方便,它将学习嵌入游戏活动之中,融入了愉快有趣的维度,降低了学习任务的难度,实现了体验中的学习。

3.翻转课堂更加容易实现。可穿戴智能设备使学习更加多样,学习重点不限于课堂内,它把学习内容提到上课之前,拓展到课堂之外,教学从课堂外的引导切入,这使得翻转课堂更加容易实现。基于可穿戴智能设备,教师可以在去教室的路上浏览该班学生的信息,在课堂讨论或指导某个学生时,系统会及时推送该学生的专业、成绩、优势学科、弱点等信息,教师据此进行针对性的教学。

4.实现可视化教学管理。可穿戴智能设备的应用,为体育教学等操作性教学训练的模拟仿真和可视化管理提供了有效的手段。利用该设备学校对学生每天的运动状态进行跟踪,直观了解学生当前的运动速度和运动量等数据,及时掌握学生每天的锻炼情况,有针对性地为学生制订更加科学的锻炼计划,实现学校体育教学训练的可视化管理。

第四节　高职信息化教学模式的实践探索

高职高专进行信息化教学推行模式的最终目的是将信息技术和学科知识进行有机的融合,这种模式的融合不但可以提升教学质量,而且能推动信息化技术的发展,教师在教学时能用学科理论知识凸显现代信息化教育的优势,这种方式不但可以提高学生的创新能力,还可以锻炼学生的独立思考能力;但是,在这个过程当中只有把教学过程和信息化技术进行紧密的联系,才能实现"自主学习、探究缘由、相互合作"的教育模式,并真正地促进高职高专院校教学改革与体制上的创新。

一、信息化教学模式概述

信息化教学模式基于传输模式、学生知识和信息现代化教学环境中信息的心理过程的处理,充分利用现代教育技术支持、教学媒体、信息资源动员尽可能建立一个良好的学习环境,在教师的组织和指导下,能够充分发挥学生主观能动性、学生学习的积极性和创造性,使学生真正能为知识信息进行主动建构,从被动到主动,最终达到良好的教学效果。

信息化教学模式的最大特点是改变传统教育方式,从以教师为中心到以学生为主。教师通过在新的教学设计中创设的情境、场景以及会话等日常学习的环境调动学生的积极性,充分发挥其主观能动性,使学生能把刻板、枯燥的内容知识进行重新建构和认识。如此一来,新的模式下的教学过程四要素的关系发生了根本的改变与转变,教师由主体变为客体,由灌输者变为引导者,通过新的教学关系去帮助和促进学生的学习。学生由被动的知识接受者转变为教学中的主体。除了对象上的角色转变,在教学过程中师生彼此也在发生着改变。师生关系由单调的讲解和聆听,变为课堂中的互动。而使用的媒体,其自身发挥的作用也在改变,由单纯的讲解用的工具,变为学生主动学习、相互之间交流互动、团队一起协作的全方位参与工具。学生可以通过媒体进行搜索、查询、对话、交互等帮助活动。

二、信息化教学模式的特点

(一)资源内容丰富

在信息化时代,现代信息资源非常丰富。信息源获得面广,数据采集方便,因此,这有利于教学情境的设定。这种现代技术手段可以适应现代社会的发展,提供更为吸引人的教学环境。

(二)学生成为主体

通过其他渠道获取的信息资源,尤其计算机网络和多媒体课堂的应用,使教师的作用被弱化,由主导转为引导,教师主要起到的作用不再是提供信息,而是通过让学生思考、讨论、探索、发现,使学生成为主体,让他们在这个过程中既锻炼了能力,又提高了自身的水平,从而刺激学生的自主学习潜力。

(三)团队协作

教师通过任务的分配,明确团队中每个人的职责,培养学生的团队协作能力,在网络的配合下,每个人有不同的角色。只有这种既有协作又有竞争的角色分工,才能更充分地培养学生的团队意识,也能更方便学生进行换位思考并形成良好的人际交往模式。

三、信息化教学模式实践

自20世纪80年代中期以来,随着计算机和互联网技术的迅猛发展及其在学校教育中的广泛应用,信息化教学呈现出快速发展之势。目前,越来越多的学校和教师在不断尝试运用信息技术手段变革课堂教学,从早期的计算机辅助教学、网络教学平台向与学科教学的融合发展,如有代表性的微课、MOOC、翻转课堂等信息化教学应用形式,这使得传统课堂向信息化、智能化课堂发展。

(一)微课

1.微课的产生与发展

所谓微课,是以短小精悍的视频为主要载体,针对某个知识点(重点、难点、疑点等)或教学环节而设计开发的一种情景化、支持多种学习方式的微型课程。微课的核心组成内容是课堂教学视频,同时包含与该教学主题相关的教学设计、素材课件、教学反思、练习测试及学生反馈、教师点评等辅助性教学资源,它们以一定的组织关系和呈现方式共同"营造"了一个半结构化、主题式的资源单元应用"小环境"。因此,微课既有别于传统单一资源类型的教学课例、教学课件、教学设计、教学反思等教学资源,又是在其基础上继承和发展起来的一种新型教学资源。

微课教学作为一种新的教学理念和教育模式在现代教育信息技术背景下的体现和应用,是信息技术与教学深度融合的新形式。目前,各种类型的微课教学实践在国内外如火如荼地铺开,如美国北爱荷华大学最早提出的"60秒课程"、可汗学院的"微视频"课程、英国牛津大学推出的系列微课,还有MOOC(其核心之一是"基于视频,在10~20分钟内完成对某个知识点的教学")等。自2012年以来,微课开始在国内出现和流行。

微课教学突破了传统的教学理念和模式,符合信息时代学习者的认知心理和当下"微"时代的要求,将引发学校教学的深刻变革。传统的教学观念认为学生的学习就是在班级授课制的模式下,在课堂上进行集中学习,教师集中讲解。在互联网时代,这种教学组织形式将发生变化:学校以微课为载体,坚持先进的理念引领,积极实施微课教学,大力推进信息化教学改革,将过去四五十分钟的一节课分解成多种类型、10分钟左右的微课,将统一的课堂教学转变为混合式教学、个别化学习,探索建立新的教学模式。

2.微课的主要特点

微课以音视频、PPT、动画等多种信息技术集成的多媒体为表现形式,具有短、小、精、易等特征。随着移动通信技术和社交媒体的快速发展,互联网进入了"微"时代,微博、微信、微视频等风起云涌,微课是微时代的教育领域出现的新事物。微课具有以下主要特点。

（1）时间较短。教学视频是微课的核心组成内容。根据中小学生的认知特点和学习规律，微课的时长一般为5~8分钟，最长不宜超过10分钟。而大学微课的时长一般为10~15分钟。因此，相对于传统的40或45分钟的一节课的教学课例来说，微课可以称为"课例片段"或"微课例"。

（2）主题突出。相对于较宽泛的传统课堂，微课问题聚集、主题突出，更适合教师与学生的需要。微课主要是为了突出课堂教学中某个学科知识点（如教学中重点、难点、疑点内容）的教学，或是反映课堂中某个教学环节教学主题的教与学的活动，相较于一节传统课要完成的复杂众多的教学内容，微课的内容更加精简，因此它又可以称为"微课堂"。

（3）容量较小。从大小上来说，微课视频及配套辅助资源的总容量一般在几十兆，视频格式须是支持网络在线播放的流媒体格式（如rm、wmv、flv等）。师生可流畅地在线观看课例，查看教案、课件等辅助资源；也可灵活方便地将其下载保存到终端设备（如笔记本电脑、手机等）上，实现移动学习、泛在学习，这非常适合于教师的观摩、评课、反思和研究。

（4）资源"情景化"。微课选取的教学内容一般要求主题突出、指向明确、相对完整。它以教学视频片段为载体整合教学设计、课堂教学时使用到的多媒体素材和课件、教师课后的教学反思、学生的反馈意见等相关教学资源，构成一个主题鲜明、类型多样、结构紧凑的"主题单元资源包"，营造一个真实的"微教学资源环境"。

（5）草根创作。由于微课内容的短、小，人人都可以成为微课的研发者。因为微课的使用对象是教师和学生，所以微课制作的目的是将教学内容、教学目标、教学手段紧密地联系起来。微课是为了教学而研发的，而不是去验证理论、推演理论，这就决定了研发内容一定是教师自己熟悉的、感兴趣的、有能力解决的问题。

（6）多样传播。因为微课内容具体、主题突出，所以其内容容易表达、成果也容易转化。微课课程容量微小、用时简短，因此传播形式是多种多样的，如视频播放、手机传播、微博讨论等。

3.基于微课的学习方式的变革

按照建构主义学习理论，面向学习者构建有意义的学习内容和环境，引导学生自主地开展有意义的学习才是教学的核心。微课教学为此提供了新的契机，可以将学习内容微型化和碎片化。教师制作多种类型的微课资源，使其服务于学生的自主学习，从而促进学习方式的转变。

（1）建立系列化的微课体系。实施微课教学，首先要对微课内容进行规划组织，面向学习者，从学生知识学习掌握的实际过程出发，精心设计，建立讲授型、辅导型、作业型等系列化的微课体系。"讲授型"微课主要突出课堂教学中某个学科知识点的讲解，如教学中重点、难点、关键点内容的讲授。"辅导型"微课针对知识学习中的问题和疑惑，精讲解题方法及过程，并与相关知识点对接，达到"释疑"的目的，帮助学生更好地解决疑点。"作业型"微课主要指各种练习、作业,类型上有书面型(如习题)、专项型(如阅读、练笔)、实践型(如实验、实践),帮助学生巩固知识和拓展训练。系列化微课强调了内容与知识点的挂接,实现了学习、考试、作业的交互与推送,构成了"闭环"学习过程,学生可以从新课、考试或作业任何一个节点进入学习,相互配合、相互衔接,这样就形成了完整的微课内容体系。

(2)支持碎片化、混合式学习。微课教学使学习环境发生了重大变化,学生可以在任何一个用以上课的教室上网,对教师上传或推送的微课随时进行学习。学生还可以随身携带智能手机、平板电脑等移动终端,在校园里、在家里、在地铁上、在汽车上都能进行学习。微课内容的碎片化和时间短正好满足了学生利用各种零碎时间进行学习的需求,学生可以利用生活中的碎片化时间随时随地进行碎片化学习,每天学习一点,每天进步一点。学生可以实现课内外混合学习,在家通过在线观看微课视频学习新的知识,在教室里与教师一起开展研讨,巩固和应用所学的知识与技能。微课教学颠覆了传统教学组织流程,实现了翻转学习,构成了混合学习的重要模式。

(3)实现主动、快乐学习。微课教学有传统课堂教学所不具有的优点,它更强调人性化教学,关注学生的发展。学生可以不再拘泥于传统课堂统一的计划进度,而是可以根据自己的情况主动地、自主地安排学习,也可以按自己的爱好和特长选择学习内容,挑选自己喜欢的教师的微课观看。微课能更好地满足每个学生对不同学科知识点的个性化学习需求,根据学生个体差异,学生可以按需索取自己想要的资源,可以随时、随地地观看,对不理解的地方可以重复观看,这种类似于教师对学生的一对一辅导,让每个学生可以进行针对性的学习。微课教学更尊重学生的学习主体地位,关注学生的人性化发展,让学生体会到自主学习的快乐。

(4)提升学习效率。如在学校的期中期末考试中,有的学生错了5道题,有的学生1道题也没有错,在过去课堂讲评过程中,教师要从第一题讲到最后,很多学生是陪着学、陪着看,这样效率极低,白白浪费了时间,也增加了学生的学习负担。利用微课教学平台,教师可以把所有卷子分解成一个个小题,在课下进行逐一讲解,并录制成一个个微课,上传到学校的网络上,学生就可以根据自己的需要进行个别化学习,错5题的就看5题,得满分的就一题也不用看。微课教学平台还具有成绩分析功能,针对所有的考试卷,能自动分析出在各个知识点学生的错误率的高低。通过这个系统,教师可以把在考试中出现错误非常集中的,或者是在教学当中出现缺陷的知识点,在课堂上进行统一讲解,这样能够大大提升学习的效率。

4.基于微课的教学方式的变革

班级授课制、课堂教学仍然是当前学校教育的主渠道,微课是对传统课堂教学的有力补充和拓展。微课教学平台为教师提供了集"上课、辅导、教研与微课制作"于一体的移动教学功能,该平台运用于课堂教学,从补充到融合,再到突破,将引发教师"教"的革命。

（1）教师教具的革新。传统课堂的教具是黑板、粉笔、尺、规，后来增加了多媒体计算机和投影仪，教师站在讲台上，用多媒体课件给学生上课，但这些课件是"死"的，必须提前做好且课上不能修改。微课教学平台使板书教具发生了根本变化，电子白板、激光笔、电子橡皮代替了传统教具，教师上课的工具可以是一部手机或iPad，板书可以是"嵌入"式书写，也可以是通过iPad端的电子白板书写，书写内容通过多屏互动进行呈现。教师在iPad上写的每一个字母，都同步地出现在多媒体电脑屏幕上，传输、呈现非常及时，这让传统的PPT课件更加开放与自如，大大提高了课堂教学效率。

（2）教学互动的变革。微课教学让课堂上的教学互动更好地实现，并且更有效。过去教师站在讲台上，拿着书本对着学生讲，现在可以走下来，教室处处皆讲台，学生也不需要再上讲台。教师改变了过去高高在上的方式，与学生"地位"平等，真正地融入学生中，教学更"亲民""民主"，师生关系更加融洽。教师过去书写板书时"背"对着学生，不知道学生的理解和接受情况，现在教师拿着手持工具进行电子板书，"面"向学生，与学生共同观看板书内容，及时与学生沟通、交流，教学互动更容易。

（3）课堂教学结构的改变。在传统的课堂教学（大课）中引入微课教学，通过新的教学模式，传统的课堂教学结构发生了重大改变。一方面，在"大课中展现微课"，教师把微课作为大课中的一个环节和过程，巧妙地将大课的知识点进行分解或化解，分解难点，化整为零。另一方面，在"微课中体现大课"，教师在微课中突出大课的重点、难点、关键点，体现大课的特点和要求。根据课堂教学需要，教师可以制作多种类型的微课资源，按内容可将其分为导入类、讲授类、探究类、合作类、实验类、复习类、练习类等类型，它们能够满足不同类型教学和学习的需要。

5.基于微课的教学资源生态构建

信息化教学的核心要素是数字化教学资源，教学资源的开放、共享是信息化教学与传统课堂教学的根本区别。学校利用微课平台，依靠广大教师制作校本微课资源，注重教学过程中的资源再生和优质资源的共享，这样将逐步形成良性教学资源生态环境。

（1）发挥教师的"草根"作用。微课作为一种新型的校本教学资源，是由教师自主制作的、自下而上的、草根化的资源，具有很强的再生性。因此，必须把校本微课资源的生长作为推进信息化教学改革的基础和重要内容。依托专业化的"微课教学平台"，微课资源的生长机制体现了Web2.0的思想，符合互联网内容生成的一般规律，即用户生成内容，教师既是微课资源的使用者，又是微课的制作者，这样有利于其向校本教学资源的良性生态化发展。

（2）促进资源的动态增长和扩展。在微课教学过程中，微课资源的核心内容是微视频，微课资源同时包含与该教学主题相关的教学设计、素材课件、教学反思、练习测试及学生反馈、教师点评等辅助性教学资源，它们以一定的结构关系和呈现方式共同营造了具有校本特色和再生功能的微课教学资源生态环境。一堂课上完，教师写的每一个字,甚至学生的每一个答题,都可被录制下来,形成新的教学视频资源。这些资源既可以下载,也可以上传至网络,使校本化微课资源动态增长和不断扩展。

（二）MOOC（SPOC）

1.MOOC 概念的提出

所谓 MOOC 就是英文"MassiveOpenOnlineCourse"首字母缩写,其字面意义即大规模的(Massive)、开放的(Open)在线(Online)课程(Course)。"大规模的"意味着学生规模巨大、数据量巨大。"开放的"意味着课程和教学资源向所有人开放,而不限于特定的用户。"在线"意味着获得和接受课程的方式是通过互联网,主要或所有的教学环节都是通过网络在线实现的。而"课程"则是广义的概念,包括课程的整个教学过程,并且是师生实时交互的。

实质上 MOOC 是将在线学习、社交服务、云计算、大数据分析等理念和技术融为一体,实现大规模多面向的实时信息交流和互动,为学习者提供大规模开放在线课程的学习平台。传统的网络教学平台(如知名的平台 BB、MOODLE、SAKAI 等)虽有各自的课程管理体系,但是其平台不能支持大规模用户同时在线学习,且没有适用于MOOC 的社会关系规则,因此有必要开发专门的 MOOC 平台。MOOC 是基于信息技术的重要突破而诞生的,例如:高速互联网和存储技术的发展,保障了大规模信息数据的采集、存储和传递;软件和云计算技术的发展,用较低的成本实现了强大的数据处理和网络服务功能;大数据处理技术的发展,实现了系统化的数据捕捉、挖掘和分析功能等。正是这些技术上革命性的突破,使得人机关系达到高度的融合,信息处理快速高效,实现了实时交互和大数据驱动,这样才有 MOOC 的诞生。

2.MOOC 平台的特点

从教育和技术的角度来看,MOOC 平台具有以下四个方面的特点。

（1）以微课为基本教学单元。一般而言,MOOC 的教学安排是每周一节授课,通常在 4~16 周内完成。每节(即每周)的 MOOC 通常为 2 小时的课程视频,一般被分解为若干时长为 8~15 分钟的知识模块。学生只有按教师要求完成一个模块,才能进入下一个模块的学习。

（2）嵌入式练习与测评。每个知识模块有多种类型的嵌入式练习,如多媒体课件、游戏学习、虚拟实验室、自动问答等,"交互式练习"正在向更高级的形态演化。MOOC 平台在微课视频中加入嵌入式小测验、课后的测验与考试、同伴评价题目、编写程序作业等,嵌入式小测验可以是单项选择题、多项选择题、判断题等,通过机器按程序自动评估打分,从而实现对学习者的即时测评,引导学生更加积极有效地学习与改进。

（3）基于大数据的分析和决策。MOOC 平台基于"学习大数据"进行分析和决策,开展个性化服务,通过记录每个学习者的学习行为,汇集成在线学习的海量数据。通过数据挖掘和分析,教师能够随时掌握每个学生的学习状况,并及时进行反馈和个性化辅导。

(4)依托网络社区的互动交流。MOOC有着极其具有生气的讨论区,成千上万的选择同一门课程的学生以他们特有的方式相互帮助,互动交流。而授课教师会通过网络社交平台积极参与学生们的讨论,或者由授课团队中的助教对学生们的讨论和问题进行指导、反馈,从而形成生动的师生互动。

3.MOOC 的广泛应用

MOOC 的兴起与应用带来了在线教学的井喷式发展,各式各样的 MOOC 平台层出不穷,不胜枚举。目前,国际上最为大众所熟知和广泛使用的是 Coursera、edX 和 Udacity 三大 MOOC 平台。它们的共同点是都拥有世界顶尖高校的血统,课程覆盖学科多样化,用户数量都在百万级以上;它们运营至今都已进入了第四个年头,取得了显著成效。如截至 2014 年初,Coursera 平台已有 600 余门课程上线,涵盖 25 个学科,汇集了 12 种语言,注册学生数达到 660 多万。部分过去从事大学课程及网络课程软件开发的企业,如 Blackboard、Instructure、Desire2Learn 等,纷纷创立自己的 MOOC 平台,提供从网络化教学到在线课程学习的技术支持。

除了美国占据 MOOC 平台的主流和统治地位外,世界上其他许多国家也纷纷开发和应用自己的平台。我国一方面加入三大平台的应用,另一方面积极开发应用自己的 MOOC 平台,如清华大学的"学堂在线"、上海交大的"好大学在线"、爱课程网携手网易云课堂推出的"中国大学 MOOC",以及"网易云课堂""慕课网"等 MOOC 平台。据不完全统计,到 2014 年上半年我国已经有超过 120 所高校先后实施了 MOOC 建设项目,几乎所有的 985 高校都参与其中。2015 年 4 月教育部专门出台了文件加强在线开放课程建设应用与管理工作。在基础教育领域,MOOC 是继班级授课制以来最重要的教学方式变革。服务于基础教育的 MOOC 平台包括可汗学院、乔布斯学校、美国大学理事会授权的"美国大学先修课程"以及迈阿密大学开办的"在线高中"等,其主要作用体现在对课堂教学的支持,包括提供生动、多元、高质量的教学资源,提供高质量的教师培训资源以及借用 MOOC 课程论坛模式,建立学习社群,促进同辈互助学习等。

4.基于 MOOC 的混合式教学

在教学应用上,MOOC 是一种基于互联网的混合教学模式。混合教学是指线上学习与线下教学相结合的教学模式,MOOC 所采取的是以线上学习为主的混合教学。MOOC 的教学过程主要包括以下步骤。

(1)教学准备:制定多层次的课堂教学目标,根据课程内容构建知识体系,根据学科特点设计教学模块等。

(2)教学实施:进行短视频教学,穿插嵌入式测试。

(3)教学评价与反馈:进行课后测试(包括周测试与期中、期末测试等),开展同伴评价,实现及时反馈。

（4）交流互动:设置课程讨论区,实现师生、生生互动答疑的学习模式;进行线下互动,包括与教师交流、面对面答疑、学生见面会等方式。

（5）教学反馈与改进:利用大数据分析技术,在课前与课后开展针对课程学习的来自学生的调查反馈,为教学改进提供科学依据。此外,采取课程学习认证、学习成果评价等方式,保障 MOOC 在线学习的可持续发展。

5.从 MOOC 时代走向 SPOC

近年来,随着国内外对 MOOC 的开发应用和研究不断深入,在线开放课程学习走向后 MOOC 时代———回归实体校园和课堂教学。如哈佛大学、麻省理工学院、加州大学伯克利分校等全球顶尖名校开始跨越 MOOC,尝试一种小规模限制性在线课程———SPOC(SmallPrivateOnlineCourse),即针对校内的大学生设置的校本 MOOC 模式,利用 SPOC 使线上课程学习与线下面对面的教学相结合,基于 SPOC 实施翻转课堂教学。SPOC 利用 MOOC 资源辅助传统校园课堂教学,实现了实体课堂与在线教学的融合,是一种完全的混合式教学,更符合学校教学实际需要,促进了大学校内的教学改革,帮助大学提高了校内教学质量。

SPOC 的基本应用方式是 O2O 模式,即线上(Online)课程学习与线下(Offline)课堂教学有机结合。在线教育由于师生分离造成了与生俱来的短板,如学习的孤独感、学习中的迷航、学习内容的枯燥、师生情感交流的缺失等问题,因此,采取线上与线下结合的方式成为相互弥补的必然选择。在 O2O 模式中,关键在于选择什么样的线下教学与线上平台对接的入口方式。近年来,一些学校和教育信息化企业进行了探索和实践,提出了"智能教室""云教室""智慧课堂"等线上线下对接平台,着力解决在线课程学习与线下课堂教学的有效衔接问题,使在线学习与课堂教学实现"无缝对接",使互联网教学与学校常规的课堂教学有机融合。SPOC 应用实质上是一种翻转课堂教学模式。翻转课堂是"先学后教"的教学模式,即学生课前学习教学视频和相关教学资源,教师课上指导作业、组织讨论交流。SPOC 应用采取 O2O 模式,将课前的视频和教学资源放在互联网上,由学生进行在线课程学习,由教师线下在实体课堂进行面授教学、讨论交流,它是一种基于"互联网+"的新型翻转课堂教学。

（三）翻转课堂

1.翻转课堂的提出与发展

翻转课堂(FlippedClassroom)是相对于传统课堂教学过程而言的新型教学模式。传统课堂采取"先教后学"的教学模式,即教师在课堂上讲授新知识,并给学生布置作业,学生回家后完成作业,以实现知识的内化。翻转课堂则颠倒了这种教学流程,倡导"先学后教",即把"知识传递"的过程放在了课前,由学生在课前观看教师推送的教学视频,自主学习新知识,而到了课堂上由教师组织和指导学生进行讨论交流和探究活动,引导学生实现"知识的内化"。

早在 2000 年,美国 MaureenLage、GlennPlatt 和 MichaelTreglia 在迈阿密大学讲授"经济学入门"课程时就采用了翻转教学的形式。2007 年美国科罗拉多州的"林地公园"学校正式提出了"翻转课堂"的理念及实践模式。这一做法后来被广泛推广应用到其他学校,从而引发翻转课堂的理念和模式在美国迅速流行起来。2011 年翻转课堂被加拿大环球邮报评为影响课堂教学的重大技术变革,2012 年之后美国华尔街日报、纽约时报、华盛顿邮报等主流媒体对其给予了大量的报道。国际社会公认的《新媒体联盟地平线报告(2014 年高等教育版)》把翻转课堂作为未来五年内高等教育将采用的六项重大技术中的第一项。近年来我国也迅速展开对翻转课堂的研究,并在部分学科教学的实践应用等方面做了不少探索。

2.翻转课堂的技术特征

(1)教学视频是实现翻转课堂的关键要素。迈阿密大学最早进行翻转教学的实践就是利用互联网和多媒体让学生在家或者在实验室观看讲解视频,在课堂上以小组形式完成作业。"林地公园"学校的"翻转课堂"也是把事先录制好的教师讲课视频上传到网络上,让缺席的学生在家通过观看视频进行补课。自此,人们开始普遍认识到视频、互联网等信息技术对翻转课堂的支持作用,视频技术实现了传统教学方式的"翻转",制作和观看教学视频成为翻转课得以广泛推广应用的基本前提。

(2)翻转课堂技术应用不断发展和深化。随着各种新技术的发展及其在教学中的应用,"技术支持学习"体现在课堂教学的各个要素、各个环节,体现在技术支持和应用的各个方面。运用于教学和学习过程的"技术",既包括有形的硬件和软件"物化技术",如以多媒体计算机技术和网络通信技术为核心的物化技术形态;又包括无形的"智能技术",如学习过程设计和学习环境设计策略,学习活动、技巧和方法等。因此,技术对于引发和支持教学改革、促进课堂变革具有全面的意义。要想正确、有效地进行翻转课堂的改革实践,必须树立基于技术学习的观念,这也是正确的技术应用观念。

(3)翻转课堂技术支持平台呈现多样化的发展趋势。仅就翻转课堂技术支持平台的开发应用来说,随着对翻转教学的认识不断提高、信息技术与教学的融合不断深化、技术对翻转课堂的支撑作用和翻转课堂对技术的依赖程度不断加强,翻转课堂技术支持平台呈现出互动化、社区化、泛在化、智能化等新的特点。目前常用的翻转课堂技术平台有微课教学平台、智慧学习平台、个性化网络空间、网络学习社区、智慧教室、电子书包等。

3.翻转课堂的知识内化

翻转课堂在教学进程上实现了从"先教后学"到"先学后教"的流程颠倒和知识内化的提前。随着课堂改革的深入实践和探索,翻转课堂体现了认知过程的"递进式内化原理"。实际上,在课堂教学中,对一个概念的学习仅通过一次内化是远远不够的,必须经过多次内化、多个情景的应用才能达到熟练掌握。尤其是那些复杂的、非良构的、不能自发建立知识概念的内化，通常需要"课前、课中、课后"三次内化来完成。

首先，在课前观看视频环节，教师在学生已有知识经验的基础上，将录制好的教学视频提供给学生，由学生在家观看教学视频和学习互联网上的相关资源，并通过各种方式进行反馈，将不懂的知识甄别出来，这个环节是翻转教学的第一次知识内化，形成初步的知识概念。其次，在课上学习环节，教师针对重点、难点或学生不懂的问题，通过建立学习小组进行协作探究，指导学生讨论、互动，鼓励学生积极参与解决这些问题，这是翻转教学的第二次知识内化，对这一概念的认识及内化因为有讨论和互动，记忆一般比较深刻。最后，在课后复习阶段，学生在前两个环节学习的基础上，在课后依据自己的兴趣结合实际问题进行实践操作或拓展学习，或针对自己仍然存在的疑惑与不足进行个性化、针对性的复习，如通过观看教师提供的习题课视频、考试讲评课视频、拓展内容视频等，解决自己感兴趣的实际问题，这一环节是翻转教学的第三次知识内化。因为已有前两次内化的基础，课后复习是对知识的深化和拓展，通过多次递进式内化，学习效果将更加巩固、稳定，这就实现了对知识的真正掌握。

4.翻转课堂的教学系统变革

从教学模式的发展变化来看，翻转课堂促进了课堂教学的系统化、结构性变革，构建了技术支持下的新型教学模式。正如乔纳森·伯尔曼等人强调的，翻转课堂实质上是直接指导和建议式学习的混合模式，是一种增加师生互动的方法。翻转课堂为学生提供了一个自主学习的环境，让学生都能跟进学习进度，获得个性化教育。北京师范大学何克抗教授指出，翻转课堂不仅仅能增加学生与教师之间的互动以及学生个性化学习时间，它还是一种全新的"混合式学习方式"——是在以"B-Learning"为标志的教育思想指导下，对课堂教学模式实施重大变革所产生的成果。可见，翻转课堂不仅仅是教学流程的颠倒，而且是在教学理念、学习内容、学习方式、师生关系、教学管理等方面进行的全面的变革，是技术支持下教学系统的结构性变革，这也表明翻转课堂的发展进入了全新的阶段。

在实践中，随着各种新技术的广泛应用及教学流程的变化，技术与教学的深度融合促使课堂教学过程中的各个要素和环节发生改变，知识内化的方式、教学模式、教学理念均发生了颠覆性的变化，翻转课堂体现了更加丰富和深刻的内涵。事实上，翻转课堂已经从初始的"教学流程的颠倒"转向"技术支持的教学系统结构性变革"，进入了崭新的发展阶段。

5.翻转课堂进入 2.0 时代

随着技术的迅速发展以及与教学融合的不断深化，翻转课堂显现出崭新的特点，并进入 2.0 时代。这场以信息技术与教学融合为主要动因和标志的教学变革，已从初始的教学视频应用走向全面、全过程技术支持学习。翻转课堂促进课堂教学理念、学习内容、学习方式、师生关系、教学结构等全面变革(见表 1-1)。

从表 1-1 的五个方面的比较分析中可以看到,翻转课堂 2.0 呈现了鲜明的时代特征和发展趋势。

表 1-1　翻转课堂与传统课堂的比较

	传统课堂	翻转课堂 1.0	翻转课堂 2.0
教学理念	以教材为中心 以课堂为中心 以教师为中心	以学生为中心 掌握学习	以学生为中心 技术支持学习
认知过程	知识内化在后: 课中知识传递,课后知识内化	知识内化提前: 课前知识传递,课中知识内化	递进式内化原理: "课前、课中、课后"多次知识内化
课堂内容	知识的讲解传授	问题研究与解决	项目学习、问题探究
教学形式	传统教学进程——"先教后学":教师在课堂上讲授知识,学生课后练习、完成作业	教学流程颠倒——"先学后教":学生课前学习教学视频,教师课中组织讨论交流	教学系统结构性变革:从"先学后教"到"以学定教",课堂形式、活动的进程和组织形式等全面变革
技术支持	电化教学 多媒体教学 电子白板	教学视频 互联网资源	互动式学习资源 网络学习社区 基于数据的课堂 有意义的学习环境

（1）"技术支持学习"观念。翻转课堂 1.0 打破了"以教材为中心、以课堂为中心、以教师为中心"的观念,明确提出"以学习者为中心"的教学思想。在此基础上,翻转课堂 2.0 崇尚以学习者为中心,树立"技术支持学习"的观念和混合学习理论,将技术融入学习过程,基于技术组织学习资源和教学活动,变革学习内容和方式,将使学习成效产生较大的飞跃。"技术支持学习"是当今先进的国际教育理念,2010 年美国颁布和实施了新一轮国家教育技术计划"改革美国教育:技术支持的学习"。

（2）递进式知识内化原理。翻转课堂 1.0 十分重视"知识内化",把该环节从过去的课后实现提前到课堂上来实现。翻转课堂 2.0 遵循认知过程的"递进式内化原理",认为对知识的学习仅通过一次内化是不够的,必须经过多次内化、逐步递增才能熟练掌握,通过"课前、课中、课后"三次内化来完成,翻转课堂 2.0 优化了认知过程,提高了认知效果。翻转课堂 1.0 基于学生课前观看教学视频进行对知识的学习,学习在课堂上主要是针对问题进行讨论交流。翻转课堂 2.0 更强调着眼于学生认知和创新能力的培养,基于多种技术支撑平台,开发建设丰富多彩的学习资源,精心设计各种"讲授型""辅导型""作业型"等系列化的微课资源,通过开展项目学习、案例教学、问题探究,培养学生探索新知、解决问题和创新的能力。

（3）教学系统结构性变革。翻转课堂 1.0 颠倒了传统的教学流程。翻转课堂 2.0 则进一步实现了课堂教学结构的全面变革，基于各类信息化教学平台和工具，颠覆了传统的教室布局和课堂形式，建立了更为开放的教室，实现了更为开放的课堂活动；通过情境感知、数据挖掘等方法，提供动态学习数据的采集和即时分析功能，实现了基于数据的教学决策和教学"机智"，使教学进程进一步从"先学后教"向"以学定教"深化发展，重构了课堂教学组织形式，使得教学系统发生了结构性变革。

（4）技术支持互动化、智能化。翻转课堂 1.0 主要通过教学视频和互联网等信息技术支持学生课前的学习。而翻转课堂 2.0 基于大数据、云技术、移动互联网等新一代信息技术，开发建立了多种互动化、智能化的信息化平台，呈现全新的特点：从单向的教学视频向互动学习资源转变，从单一学习工具向学习社区、网络学习空间拓展，从教学支撑平台向有意义的学习环境转变，从技术支持的翻转课堂向智慧课堂发展。

四、信息化教学模式在高职教学过程中的具体应用

（一）加强专业师资力量的建设

虽然教师不是信息化教学的中心，但却是信息化教学的核心。因此，一个教师的自身信息化教学的素养，决定了其自身课程的信息化教学的素养，因此教师需要提高自身的素质，并逐渐转变传统的教学理念，更新数字化时代信息传播的观念，提高教学技术手段。学校也应与时俱进，更新教学设备同时改善教学环境，创造良好的信息化教学的硬件设施，并为教师提供信息化教学的平台。此外，教师可以经常和企业专业人士进行交流探讨，共同制定课程标准、开发课程平台。

（二）提升教学设计水平

现有常见的信息化教学模式有多种，如 PPT 课件、视频微课和教学模拟软件。教师应该具备制作教学软件的能力。教师需要利用图片、视频、文字等素材制作教学资源，这种教学资源可以激发学生的学习兴趣。同时，教师也可以采取制作微课视频的方式进行教学，微课是指用一个短时间（5~10 分钟）的视频，进行某个教学重点或者难点的阐述，其主要的功能是解决课程中的重点问题和疑难问题，而不是讲授普通教学内容，它应该在网上进行播放，因为这样，其可以不受空间或者时间的限制。它类似于课后辅导或者课前预习的内容，但不能代替课程本身。

（三）科学整合网络资源和校本资源

资源本身就具有共享性，而网络多媒体资源更具备此特性。网络资源和校本资源整合是资源的一种完善，是对现有资源的补充和扩展，是对校本资源进行取长补短。现阶段，已经有高职高专院校建立了网络资源平台。它包括数字化图书室、校园资源

网、学生顶岗实习监测平台等。这些网络资源平台建设了多门高质量的校级精品课程、省级和国家级精品课程,教师还能从国家精品课程网和大学公开课程视频网等网络平台上迅速获得优质精品课程资源,这为教师的"教"和学生的"学"创造了极大的便利。两者的结合,既突破了使用资源的时空限制,又在很大程度上方便了资源共享,促进了校际间教师的交流。

第二章　智慧课堂的基本理念

　　智慧课堂概念的提出,实际上是学校教育信息化聚焦于教学、聚焦于课堂、聚焦于师生活动的必然结果。要构建智慧课堂的理念、技术和应用体系,首先需要建立智慧课堂的概念,我们可以在对目前已有的几种智慧课堂概念的理解的基础上来进行探讨。

一、目前对智慧课堂概念的几种理解

(一)智慧课堂概念的提出

　　基于不同的视角,对智慧课堂的概念就会有不同的理解。目前,国内对智慧课堂的理解总体上有两类观点:一类是从教育视角提出的,认为课堂教学不是简单的知识传授或学习的过程,而是师生情感与智慧综合生成的过程,智慧课堂的根本任务是"开发学生的智慧",这里的"智慧课堂"的概念是相对于"知识课堂"而言的;另一类是从信息化视角提出的,是指利用先进的信息技术手段实现课堂教学的信息化、智能化,创设富有智慧的课堂教学环境,与之相对的是使用传统手段的课堂。事实上,对这两种视角的认识是紧密关联的,利用信息技术手段的根本目的也是促进"知识课堂"向"智慧课堂"转变。本书所建立和使用的概念是基于后一种视角而提出的。到目前为止,从教育视角研究智慧课堂的成果比较多,并已经有这方面的著作出版。但从信息化视角研究智慧课堂的成果还很少见,散见于一些论文或企业开发的教育软件产品,而专门、系统地研究基于信息化视角的智慧课堂的理论与实践问题目前基本上还是空白。

从信息化的视角来看，在英文中关于"智慧的"的表达有 smart、intelligent、wise 等。2008 年，IBM 最早提出"智慧地球(SmartPlanet)"概念，随后国内外开始出现和推广智慧城市、智慧教育、智慧课堂、智慧学习等概念。实际上，IBM 使用及广泛推广的"智慧地球"是"SmartPlanet"。基于这一理解，现在人们普遍使用的"智慧课堂"实质上就是智能化课堂(SmartClass)，这主要是从信息化的视角来理解的，即使用先进的信息技术实现教育手段的智能化，使课堂教学环境富有智慧，进而实现教育教学的智慧化。

在国内的学校信息化教学实践探索中，随着信息技术不断发展及其在学校教育教学中的广泛应用，早期的辅助教学手段向与学科教学的深度融合发展，传统课堂向信息化、智能化课堂发展，人们对智慧课堂的认识也在不断深化。近几年在各地、各校进行的"电子书包""智慧教室""一对一数字化学习""智能学习终端"等实验，都是对智慧课堂的有益探索，也为我们界定智慧课堂的概念、进行相关理论研究奠定了基础。

(二)目前关于智慧课堂的几种定义

最近，我们基于互联网对国内的学校或教育信息化企业发布的"智慧课堂"相关应用或产品研发项目以及学者使用的智慧课堂概念进行了系统的梳理分析，发现总体上大约有 40 种理解或定义，但它们大都是相同或相近的。目前，基于信息化视角对智慧课堂概念的理解或定义区分度比较大的，主要有以下四种。

1.基于物联网技术应用的。比如有的学者定义"智慧课堂"是集物联网和智能终端等新技术于一体的智能课堂。智慧课堂互动教学是一种由"互动教学系统"整合了电脑终端、互动电子白板、实物展台、即时反馈系统、智能终端等软、硬件的智能化教学方式。这一定义强调基于物联网的"智能化"感知特点。

2.基于电子书包应用的。有的研究者提出建立基于电子书包的"智慧课堂"系统，其具有课前多媒体电子教材预习、课中互动教学、课后微课程作业辅导的功能，解决了平板电脑不受控、Wi-Fi 掉线、与电子白板难以无缝对接等关键问题，为教师和学生提供了一种高效的"教"与"学"模式。这一定义强调基于电子书包的"移动化"智能终端特点。

3.基于云计算和网络技术应用的。有的学者认为，"智慧课堂"是课堂中的应用，是通过云计算、网络技术、应答系统等技术手段来支持个性化学习的有效开展，它具体依托课前备课系统、多媒体教学系统、问卷和答题系统等信息化技术手段为个性化学习的开展提供支持。这一定义强调课堂中的"个性化"学习应用的特点。

4.基于技术支持的课堂目标分析的。有的学者认为，智慧课堂的构建应以主动、轻松愉快、高质高效和提升智慧为根本目标，智慧的培养应贯穿于整个智慧课堂中。因此，他们将智慧课堂定义为：在信息技术的支持下，通过变革教学方式方法、将技术融入课堂教学中，构建个性化、智慧化、数字化的课堂学习环境，从而有效促进智慧能力培养的新型课堂。

二、智慧课堂的定义

通过前面的分析我们可以看到,智慧课堂概念的提出及应用是随着信息技术的发展及其在教育教学中的不断应用与融合而逐步发展的。

当今社会进入大数据时代,大数据、云计算和移动互联网等新一代信息技术的出现将会对社会各个领域产生深刻影响。这在学校教育领域也不例外,美国国家教育行政部门和许多高校都十分重视大数据的应用,2012年10月美国教育部发布了《通过教育数据挖掘和学习分析促进教与学》的报告,耶鲁大学、哈佛大学、斯坦福大学等世界知名高校启动了教育数据相关研究计划。我国也有不少学校和教育软件企业进行教育数据挖掘和学习分析技术的探索,利用大数据分析等新的技术来改进和变革传统的课堂。可见,基于大数据等新兴信息技术分析和改进学习行为,变革传统课堂模式,解决传统课堂教学中难以解决的问题,已成为21世纪信息化教学发展的一种必然趋势。这里我们结合实际开发应用,提出基于动态学习数据分析的智慧课堂概念。

我们这里所说的智慧课堂,是指以建构主义学习理论为依据,利用大数据云计算、物联网和移动互联网等新一代信息技术打造,实现课前、课中、课后全过程应用的智能、高效的课堂。其实质,是基于动态学习数据分析和"云、网、端"的运用,实现教学决策数据化、评价反馈即时化、交流互动立体化、资源推送智能化,创设有利于协作交流和意义建构、富有智慧的学习环境,通过智慧高效的教与学,促进全体学生实现符合个性化成长规律的智慧发展。

三、智慧课堂的基本内涵

大数据时代智慧课堂的概念具有丰富的内涵和特色,正确理解上述智慧课堂的定义,重点要把握以下五个方面的内涵。

(一)依据建构主义学习理论进行智慧课堂设计

我们在智慧课堂构建的基本理念上,需要依据建构主义学习理论进行顶层设计。建构主义学习理论是互联网时代的核心教育理论,是网络环境下教育教学设计的核心理念,它为智慧课堂的构建奠定了坚实的理论基础。智慧课堂以建构主义学习理论为指导,设计课堂教学模式和教学环境,能够贯彻"以学生为中心"的核心思想,准确把握情境创设、协商会话、信息提供等关键要素,增强学生的主体地位,激发学生的学习兴趣,培养学生的主动学习意识,促进学习者主动建构知识意义。

(二)利用新一代信息技术构建智慧学习环境

在智慧课堂的支撑技术上,核心是基于动态学习数据分析和"云、网、端"的运用。智慧课堂采用现代化的分析工具和方法,对教学过程中生成的海量数据进行加工、挖掘和分析,基于数据处理和分析进行教学决策,区别于传统的教学评价模型和方法。同时,智慧课堂采取"云、网、端"的服务方式来部署其信息化平台,通过教室内多种终端设备的无缝连接和智能化运用,打破了传统意义上教室的黑板、讲台和时空概念,使传统课堂布局、形态和环境均发生了重大变革,形成了富有智慧的学习环境。

(三)借助于新技术解决传统课堂教学中的难题

传统课堂教学长期存在不足,如始终以教师为中心、基于经验的教学预设、难以即时评测、师生互动不够、缺乏课内外协作互助等,许多学校试图解决这些难题,但在传统的模式、传统的技术条件下难以找到有效的解决办法。借助于智慧课堂信息化平台,学校实现了教学决策数据化、评价反馈即时化、交流互动立体化、资源推送智能化,增进了课堂学习的交互与协作,有效地解决了过去的难题。

(四)基于课堂教学全过程实施智慧教学

智慧课堂的实践应用是实施课前、课中、课后的智慧教学全过程的应用。智慧课堂信息化平台,通过课前发布媒体预习材料和作业,进行预习测评和反馈,深化学情分析,实现以学定教,优化教学预设,便于精准教学;在课中通过推送随堂测验,进行实时检测数据分析,促进互动交流,使教师及时改进教学策略、调整教学进程;在课后,通过多元化、个性化作业推送批改和数据分析,实施针对性辅导和分层作业,真正实现因材施教。

(五)通过智慧的教与学促进学生智慧发展

毋庸置疑,智慧课堂的构建在形式上利用新一代信息技术全面变革传统课堂教学的结构、形态,建立大数据时代的信息化课堂教学模式,提升课堂的信息化、智能化水平。但从本质上来说,智慧课堂构建与应用的根本目的,是运用最新的信息技术创设理想的学习环境,提高课堂评价决策和交互协作能力,实现智慧的教和智慧的学,使得每个学习者都能沿着符合个性化特征的路径成长,实现有效、充分的发展。

▌四、智慧课堂的基本特征

在大数据时代,基于动态学习数据分析和"云、网、端"运用的智慧课堂,在技术和教学应用上具有重要的特色和创新价值。它主要包括以下四个方面的特征。

(一)教学决策数据化

基于动态学习数据分析,智慧课堂从依赖于存在教师头脑中的教学经验转向依赖于对海量教学数据的分析,包括过去的、实时的和统计的数据,一切靠数据说话,依靠直观的数据精准地掌握学情和调整教学策略,在课堂教学中实现了基于证据的教育。

（二）评价反馈即时化

智慧课堂教学采取动态伴随式学习评价,即贯穿课堂教学全过程的学习诊断与评价,包括课前预习测评和反馈、课堂实时检测评价和即时反馈、课后作业评价和跟踪反馈,从而实现了即时、动态的诊断分析和评价信息反馈,重构形成性教学评价体系。

（三）交流互动立体化

智慧课堂教学的交流互动更加生动灵活,教师与学生之间、学生与学生之间的沟通、交流与互动方式立体化,无论是课前、课中或课后,通过教师端工具、学生端工具及其与云服务平台的对接,师生都可以无障碍地进行任何时间、任何地点的交流互动。

（四）资源推送智能化

智慧课堂为学习者提供了极为丰富的多媒体资源,包括微视频、电子文档、图片、Flash、语音、PPT、网页等;而且可以根据学生的个性化特点和差异,智能化地推送(包括自动推送、自主订阅等方式)资源,满足学习者富有个性的学习需要。

五、智慧课堂的关键目标

与传统课堂相比,智慧课堂作为一个完整的新型课堂教学体系,其关键目标主要包括以下六个方面。

（一）实现动态开放课堂

智慧课堂本质上是一个动态开放的系统,借助于云计算、移动互联网等新兴信息技术,运用智能手机、可穿戴计算设备等各种智能终端,使课堂系统超越了时空限制,实施了动态的信息互通交流,建立了更为开放的教室,实现了更为开放的课堂活动,使得课前、课中、课后成为一体,使单一、封闭的课堂教学向多元化的开放式教学发展。同时,开放的课堂有利于增强学生学习的独立性、自主性,让学生自己成为学习的主人,鼓励学生参与进来并表达自己的见解,为学生激发潜能、发展智慧提供了有利条件。

（二）增进课堂高效互动

利用现代信息技术打造高效互动的课堂。利用智能化的移动学习工具和应用支撑平台,教师与学生、学生与学生之间的沟通与交流更加立体化,他们能无障碍地进行即时交流,这样大大提高了课堂互动能力和教学效率。通过情境感知、数据挖掘等方法,智慧课堂可以提前预知学习者潜在的学习需求,针对学习者需要,通过资源订阅和智能推送等方式在第一时间推送最新的学习资源,基于动态学习数据分析和即时教学评价信息反馈,实现交互式教学应用,增加师生交互的深度和广度。

(三)促进合作探究学习

基于建构主义学习理论,依据知识建构的需要,依托信息化平台构建的学习环境,智慧课堂采取小组协商讨论、合作探究等学习方式,协作群组服务能够帮助有相同学习需求和兴趣的学习者自动形成学习共同体,使他们通过平台获取丰富的学习资源和信息动态,就某个问题开展深入的互动交流和探究,这有利于实现对所学知识的意义建构,促进知识内化。同时,教师也可以通过平台对小组合作进行实时的数字化评价和及时的反馈,指导、帮助学习小组的讨论和合作探究。

(四)有助于个性化学习

虽然现代教学一直在倡导以学生为中心和个性化教学的理念,但传统课堂中每位教师面对的是几十个学生,事实上教师很难照顾到每个学生的个体差异。在智慧课堂环境下,通过课前预习测评分析和课中随堂测验即时分析,教师能够准确把握每个学习者掌握知识的状况,实现对学生的个性化学习能力的评估,教师对每一位学生的认知度更清晰,能够有针对性地制订教学方案和辅导策略,推送个性化的学习资料,制作针对一个人的"微课",在课后进行个别化的"微课"作业和辅导,这就真正实现了以学生为中心的、"一对一"的个性化教学。

(五)有利于引导性施教

在新的课堂教学模式中,教师不再是知识的传授者、灌输者,而是学生学习的引导者、帮助者,在教学全过程中始终起着重要的引导性作用。课前,通过情境建构、问题激发,教师引导学生对预习内容产生兴趣,使学生积极主动地查阅资料、开动脑筋、探讨研究教师推送的预习材料和测验;课中,通过互动交流,教师引导学生阐述自己对预习问题的认识过程、表达自己的观点,引导学生发现新的问题,使学生激情饱满地在课堂上展开讨论、寻求答案;课后,通过布置个性化作业及辅导,教师引导学生形成对知识的整体掌握和更深入的理解。

(六)提升课堂教学机智

课堂教学是千变万化的,再好的教学预设方案也不能预见课堂上可能出现的所有情况。在智慧课堂教学中,教师更需要具备很强的随机应变的能力,根据教学进程中随时可能出现的新情况、新问题,利用智慧课堂云平台提供的学生信息支持,基于动态学习测评分析和即时反馈,依靠数据科学决策,采取机智性行动,及时调整课前的教学预设,优化和改进课堂教学进程。这充分体现了智慧课堂中教师的教学智慧和教学艺术。

第二节 智慧课堂体系及教学模式架构

▌一、智慧课堂体系架构

（一）智慧课堂的体系框架

大数据时代的智慧课堂,实质上是基于动态学习数据分析和"云、网、端"运用的新型课堂教学形态,是由系统(信息化平台和工具)、人(教师和学生)及其活动(课前、课中、课后教学环节)等组成的课堂教学体系。

（二）智慧课堂的组成分析

智慧课堂体系总体上是由资源管理与服务、多元评价分析、应用支持平台、师生移动终端和教学应用流程五个部分组成的,我们对其具体内涵阐述如下。

1.资源管理与服务

资源管理与服务提供智慧课堂的教学内容基础,是实现智慧课堂教与学的基本支撑条件,采取云部署服务方式。智慧课堂基于资源管理平台,建立课程标准、全科数字化教材、微课及多媒体课件、各类题库系统、教学动态数据和教育管理信息等资源库,提供学习资源的管理和服务。

2.多元评价分析

多元评价分析是智慧课堂的核心功能,是实现动态学习数据分析和评价的关键。智慧课堂基于多元学习评价系统,提供对学习和教学的形成性评价、总结性评价和诊断性评价服务,包括测试系统、动态评价分析系统、CPA 综合评价系统和教学质量评价系统等子系统。

3.应用支持平台

应用支持平台是智慧课堂的基本工具,为智慧课堂的教与学终端提供应用支持。应用支持平台实际上是一类移动 APP,提供智能终端的学习、管理和应用功能,包括微课制作、微课应用、测验评价、统计分析、学习资源推送、沟通交流工具和第三方 APP 应用等。

4.师生移动终端

师生移动终端是智慧课堂的主要应用工具及应用方式。应用工具包括智能手机、平板电脑、可穿戴智能设备等,有教师端工具和学生端工具两种类型,分别安装不同的应用软件,提供教师的"教"与学生的"学"的应用程序和方法,实现对课前、课中、课后的全过程沟通交流和信息服务支持。

5.教学应用流程

教学应用流程即智慧课堂的教学应用程序和方式。对智慧课堂教学程式的研究，包括教学结构理论模型分析和实用的教学流程分析。实用的智慧课堂教学流程由课前、课中、课后三个环节组成。课前环节包括学情分析、预习测评、教学设计，课中环节包括课题导入、探究学习、实时检测、总结提升，课后环节包括课后作业、微课辅导、反思评价等。

二、智慧课堂教学模式架构

(一)智慧课堂教学模式

智慧课堂是利用新一代信息技术，将课堂打造成富有智慧的教学环境，实现课前、课中和课后教学智能化、可视化、高效化，最终实现学生的智慧生成。高职教育是我国高等教育的重要组成部分，是职业教育的较高层次，具有高等性和职业性的双重属性。智慧课堂教学模式充分利用物联网、云计算、大数据、人工智能等现代信息技术，将传统高职课堂教学转变为智慧课堂教学模式，给学生提供虚拟现实技术场景，实现通过构建数字化、智能化的智慧课堂环境，使现代信息技术与课堂教学深度融合，从而促进学生智慧发展。

(二)高职智慧课堂教学模式构建思路

在信息化环境下长大的 95 后高职学生，他们的认知方式、学习态度、学习习惯产生了巨大的变化，喜欢从多个源头接收信息、多任务同时处理信息、多种形式呈现信息、随时进入超链接资源，从而实现趣味的学习。

1.突破传统教学模式，利用现代信息技术，构建能够满足学习者智慧增长需要的课程教学模式，进行智慧化的教学变革，使课堂教学更好地为学生的智慧增长服务。在智能化、信息化环境下，智慧课堂充分利用物联网、云计算、大数据、移动互联网等现代信息技术，对传统高职课堂进行变革，构建智慧教育下的智慧课堂教学模式，培养信息化所需要的具有高级思维能力和技术技能型的创新人才。

2.解决课堂与手机的矛盾，提升高职学生的学习效果以及学习满意度。智慧课堂通过构建数字化、智能化的智慧课堂环境，使现代信息技术与课堂教学深度融合，从而促进学生智慧发展。智慧课堂学习模式是利用智慧服务，借助移动终端设备，通过新一代信息技术，为学生量身定制个性化、智能化、适配化的开放、民主、高效的课堂学习模式。智慧课堂学习模式通过转变学习观念，以学生为中心，以智慧学习为重点，利用信息化学习方式，突破课堂时空界限，拓宽学习渠道，采用多元评价方式，促进学生智慧成长。

3.将智慧理念充分融入高职课程建设,对学生课前、课中和课后的学习进行全过程跟踪,实现教学决策数据化、资源推送智能化、交流互动立体化。智慧课堂以信息技术平台为支撑,基于动态学习数据的搜集和挖掘分析,精准地掌握学情,基于数据进行决策,方便教师安排调整教学。智慧课堂教学的交流互动更加生动灵活,教师与学生之间、学生与学生之间的信息沟通和交流方式多元化,同时智慧课堂能够智能化地推送针对性的学习资料,满足学习者富有个性的学习需要,帮助学生固强补弱,提高学习效果。

传统课堂中,高职学生学习的积极性和主动性都很差;智慧课堂环境下,教师利用智能终端及相关软件引导学生参与课堂、体验学习的乐趣、高效地学习知识。这种教学模式既发挥了教师在教学中的主导作用,又关注了学生在学习过程中的主体地位。在智慧课堂环境的支持下,教师要合理地组织知识的传递方式,监控学生学习,根据学生的学习情况及时调整教学策略。这种教学方式使学生愿意参与课堂教学,使课程互动更加立体化。

(三)智慧课堂教学模式架构策略

1.课前,探究式智慧课堂教学模式,数据实时呈现

智慧课堂教学中,课前教师依据教学目标,结合学生特征,进行预习内容设计,利用现代信息技术制作预习材料,拓展学习资源,通过智慧课堂信息技术平台发布给学生,学生通过移动端选取感兴趣的内容进行预习,这样能够激发学生的学习兴趣。在智慧课堂教学中,教师在课前为学生提供学习资源,如录制微课、精选优质慕课与富媒体资源、制作预习检测题。探究式智慧课堂教学模式通过这些资源的推送,为学生提供了新型学习途径,有利于激发学生学习兴趣。通过课前探究式智慧课堂教学模式,教师以数据的形式掌握学生有没有预习、预习的情况和答题情况如何,并通过相关平台进行实时监控,即时了解学生的预习情况,并对预习数据进行分析,初步了解学生在预习过程中遇到的问题以及容易出错的知识点,做好教学记录。探究式智慧课堂教学模式,通过课前推送的教学资源,能让学生从探究中主动获取知识、应用知识、解决问题。教师通过学生自主探究的课前预习,引导学生提出问题、自主探究,激发学生兴趣点,从而为课中的智慧教学模式打下基础。

2.课中,互动式智慧课堂教学模式,师生立体互动

智慧课堂教学核心是立体化的互动过程。在高职专业课的教学过程中,智慧课堂教学利用信息化教学平台实现师生之间立体的、持续的、高效的互动教学模式。在智慧课堂教学中学生是主体,教师是引导者、促进者,智慧课堂通过教师移动设备、学生移动设备,多角度、可视化呈现教学内容。教师利用教学设备,创设教学情境,让学生沉浸在教学情境中,降低学生学习认知难度。智慧课堂中,小组成员使用移动设备讨论问题、绘制思维导图,同学之间交流互动。学生通过智能手机可以结成学习伙伴,这

样便于课上分享资源、课下相互讨论学习。多元交互不仅能活跃课堂气氛,还能激发学生创造性思维的形成。互动式智慧课堂教学模式,帮助学生内化知识、学会迁移和运用新知识。智慧课堂通过信息化手段为师生提供有效互动的课堂,确保每位学生都能在教师的引导下参与课堂活动、体验学习的乐趣、高效地学习知识。该教学模式既强调发挥教师在教学过程中的主导作用,又关注学生在学习过程中的主体地位。在这种教学模式下,教师是知识的传递者和学生的引导者,教师不但要合理地组织知识的传递方式和组织教学活动,还要时刻监控学生的学习情况,及时调整教学策略。在智慧课堂环境的支持下,教师能更好地组织各种有意义的教学活动,更广泛地与学生进行情感交流,更多地与学生进行课堂互动。学生在学习中的主动性和积极性由教师引导,在建立新旧知识联系的过程中学生需要积极动脑、认真思考,能够高效地理解和掌握知识和技能,为创新思维和能力的培养打下基础。

3.课后,差异化智慧课堂教学模式,个性辅导

课后,通过智慧学习平台,教师针对学生个体差异推送个性化的复习资源,发布针对性课后习题。学生在一定期限内完成课后作业并提交给教师,教师端平台就会收到学生的答题情况。对于客观题,智慧学习平台能够自动批改并及时将答题情况反馈给教师,教师还可以对主观题进行批改点评,然后把批改情况通过录制微课的形式反馈给学生。这种个性化辅导的方式更加高效、直观、快捷,学生能够及时查看作业情况,在线与教师交流,更正作业,进行总结反思。智慧课堂帮助教师依托大数据、数据挖掘技术,分析教学过程中的数据,例如,学生自主学习个性特征数据、成绩数据、交流讨论形成的数据,教师对这些数据进行分析、比较、诊断。教师不断调整教学方法、教学手段、教学模式;根据学生对知识认知特征数据,诊断高职学生学习中存在的问题,并进行分析,从而实施针对性、个性化教学。

高职智慧课堂为学生营造自主学习环境,激发学生的学习兴趣。信息推送、互动交流和数据分析,能够构建良好智慧环境,形成课前、课中、课后相融合的智慧课堂教学模式。对专业课程智慧课堂教学模式的探索,有利于进一步培养高职专业优秀人才,有利于提高高职学生实践创新能力,提高人才培养质量。

第三节　智慧课堂教学的基本特征及结构模型

一、智慧课堂教学的基本特征

学生智慧的生成要经历一个知识经验的准备、积累、反思与质疑的酝酿孵化、豁然开朗的顿悟,最终形成新观念、新想法的过程。智慧课堂是启迪学生智慧的场所,从教

学方式看,教师重视启发与诱导,智慧教学手段具有激发性;从学生的学习过程看,智慧生成主要是在知识经验积累中经历直觉感悟的过程,因而智慧课堂教学具有顿悟性;从课堂教学过程和教学结果看,智慧课堂教学具有体验性、生成性、创新性、道德性等基本特征。

(一)激发性

智慧教学手段具有典型的激发性和启迪性,这指的是教师在教学过程中抓住学生的智慧生成时机,通过及时激发、启迪,使学生思想得到启发,能够茅塞顿开、豁然开朗、悠然心会。孔子曾说:"不愤不启,不悱不发。举一隅不以三隅反,则不复也。"所谓"愤"指的是人们在苦苦思索而未果的状态,"悱"则是想表达而又力不从心、难以表达清楚的状态。教师要抓住这个宝贵的教育时机,采用"启发"的教育方法,开启学生的心智,使其心智觉醒、智慧萌发。

当代心理学认为,人的思维有一种非常有利于智慧发展的状态,即当人的大脑皮层区域对某一特定问题不断地恢复联系和形成联系并达到一定程度的时候,就会出现一种持续的以感知、记忆、思考、联想为基础的高度活跃的思维状态。这种思维状态就是"思维流",它是人的思维发展过程中的一种高级阶段,是智慧生成的关键时期。在学生学习时,思维一旦进入这种状态就会产生极佳的学习效果。为了使学生达到这种注意力高度集中、大脑皮层高度兴奋、思维高度活跃且时间持续较长的状态,教师在课堂教学中要创造激发性的教学情景,使学生充满信心、心情愉悦、有较高的自觉性、反应敏捷、联想丰富,从而达到较高的学习和研究效率,生成智慧。这种激发性的教学情景需要教师运用自己的教育智慧,有意识地开发,敏锐地发现,通过生动的情境和宽松的氛围,激发学生的兴趣,让学生在敢想、敢问、敢争论中,使思维得到激活、心智得到唤醒与开发。教师以智启智、以情唤情,学生的思维在教师创造的生动活泼的课堂氛围中得以开掘,情感喷薄而出,课堂作为师生心灵交会的平台,自然生成智慧。

(二)顿悟性

所谓顿悟,就是突然理解,就是不经逻辑分析推理而仅凭直觉一下子领悟到学习对象的本质特征。顿悟现象的主要特点可概括为以下几点:①在问题解决之前,常有一个困惑或沉静的时期,在该阶段解决者表现为迟疑不决并伴有长时间的停顿,这可以视为问题解决的"潜伏期";②从问题解决前到问题解决之间的过渡不是一种渐变的过程,而是一种突发性的质变过程,而且这种突然出现的可能是问题的解决方案,或解决方案即将出现的意识闪现;③在问题解决阶段,行为的操作是一个顺利的持续的过程,形成一个连续的完整体,很少有错误的行为;④顿悟依赖于情境,当解决方法的基本部分与当前情境之间的关系比较容易被察觉时,就容易出现顿悟;⑤顿悟与工作记忆、长时记忆都有联系,由顿悟获得的问题解决方法能在记忆中保持较长时间;⑥顿悟的关键加工机制是类比迁移,在一种情境中产生的顿悟可以迁移到新的场合中去。智慧教学的顿悟性是指在教学过程中师生思维处于活跃升华状态时,由于某种偶然因素的启发或课堂情境的刺激,使正在探索的或者长期探讨而未解决的问题突然得到解决的思维过程。

在智慧教学过程中,顿悟具有十分重要的功能和作用。

首先,顿悟有利于发挥学生的自觉能动性,诱发学生的学习积极性,提高教学效率。当学生的思维在对知识接受、运用、转化时,其思维处于异常活跃的状态,而此时学生在教师的精心引导下,通过主体自身的活动对知识进行顿悟,主体的功能得到最大的挖掘,学生在每次顿悟中,情绪得到提高,同时引起感情上的愉悦,增强学习兴趣。当顿悟出现时,课堂气氛热烈,师生思路通畅、想象活跃、反应灵敏。一方面,它能最大限度地调动学生学习的积极性、自觉性和主动性,让学生在这种深切的感悟、领悟和顿悟中,体验自主的愉快、成功的喜悦;另一方面,它使教师的教和学生的学都处于一种酣畅淋漓、得心应手的状态之中,从而促进师生智慧的共生。

其次,顿悟有利于培养学生创新思维能力。运用顿悟思维方法进行顿悟创造活动,"这个创造活动表现出的思维机制是:灵感——直觉——顿悟",顿悟是创造过程中关键的一环,创造主体根据所提出的问题进行信息材料的积累和想象,由于触媒而诱发灵感,灵感爆发的"思想闪光"和"思想跃迁"引导进入直觉,通过直觉道路,即由灵感或直接经验通过直觉道路飞跃到顿悟,即由特殊上升到一般。这是一个完整的创造活动过程。

灵感现象的特征可以归纳为如下三点:第一,突发性。灵感往往是不期而至、突如其来的。第二,短暂性。灵感常常"如兔起鹘落,少纵则逝矣"。第三,突破性。灵感是思维过程中的突破阶段,是"山重水复疑无路"之后,"柳暗花明又一村"的豁然开朗,是认识由量变到质变飞跃的顿悟。课堂教学中,学生的灵感思维在困顿之中受到问题环境的激发,出现"思想闪光"和"思想跃迁",继而学生运用直觉的"思维的感觉"和"智慧的视力"去把握"思想闪光"和"思想跃迁"的本质是什么;最后突然明白、突然抓住"思想闪光"和"思想跃迁"的本质成果。学生在悟出新见解的过程中,突破了思维定式,冲破了现有观念的束缚,使思维进入新的空间,这种不断感悟、顿悟的结果能够使学生形成新的思想、提升精神世界、促进创新思维能力的发展。然而顿悟作为一种突如其来的具有爆发性的思维方式,是建立在一定的知识积累和实践经验的基础上的,是主体对于特定对象进行深入思考、探究的结果。

智慧课堂中教师要为学生顿悟的激发与生成积极创造有利条件。首先,由于学生的顿悟思维必须建立在相关知识储备、思维能力发展的基础上,学生通过思考调动以往的知识和经验,重新组织学习材料,并突然地领悟材料中的关系,从而使问题得以解决,因而顿悟学习的问题难度不宜太大,否则学生学而无功,就会产生习得无助感,感到自己对一切都无能为力,丧失信心,从而造成学习动机下降、情绪失调,形成认知性障碍,学习时心灰意冷,面对本来能够掌握的问题也变得束手无策了。其次,顿悟学习是通过学生的思考得以实现的,顿悟学习的主体是学生,教师在其中只是充当引路人、助手的角色,为学生提供或推荐学习材料,给学生以恰当的点拨或暗示,决不能颠倒主次。因而教师应建立以学生为中心的教育理念,在课堂上适当减少逻辑性的分析说教,多启发,多引导,多给学生一点时间,让学生自主精思、自主领悟。最后,顿悟是一种综合性的对以往经验的运用或升华,是通过重新组织知觉环境并领悟到其中的关系而实现的。知识结构的系统性在顿悟学习中起着重要的作用。学习者已有的知识结构是否清晰、准确、完备,是否有条理性、系统性,就成了影响顿悟学习的重要因素。

布鲁纳认为,学生掌握了学科的基本概念、基本原理以及它们之间的有机联系,对新教材的理解就有了基础,就可以对具体事例举一反三。教师在智慧课堂教学中,根据教学内容的需要,一方面要教给学生相应的知识,搭建好学生的知识框架,以便于学生在顿悟学习的过程当中能够快捷、准确地检索到可以解决问题的知识信息;另一方面设置启迪智慧的课堂问题,在难易适度的情况下考虑学生新旧知识的联系,确保问题的新颖和趣味性,从而激发学生的求知欲和好奇心,造成学生认知上的冲突和不平衡。师生在这种课堂情境中,通过情境的体验、心灵的沟通,产生情感共鸣、思维共振,达到得鱼忘筌的顿悟之境。

(三)创新性

智慧教学的创新性指的是课堂教学旨在通过启发学生的创新意识,发展学生的创新思维,使学生的创新能力得到提高。因为学生的智慧生成既可以表现为与众不同的思想观点或新颖独到的解决办法,也可以表现为准确无误的预测判断或切实有效的行为选择,但根本之处应在于学生思维的创新性,这应是产生智慧火花的关键所在。智慧课堂中教师应致力于使学生善于发现和挖掘思维的新起点,寻找思维的新视角,学会把顺向思维和逆向思维等多种思维方式综合运用,从而提高自身的创新思维和实践能力。创新是学生智慧生成的重要特征,课堂教学重视学生创新思维能力的培养,鼓励学生的批判和怀疑精神,具体表现在:

1.敢于批判质疑,培养创新意识

爱因斯坦曾经说过:"提出一个问题比解决一个问题更重要。"的确,质疑是探索知识、发现问题的开始,是获得真知、生长智慧的关键环节。因而只有从学生的好奇心、求知欲出发,着眼于解放学生的大脑,让他们敢想,解放学生的嘴巴,让他们敢问,积极引导学生养成勤于思考、善于提问的习惯,才能激发学生思维的火花,唤醒他们的创新意识。在智慧教学中,教师要有意识地设置矛盾,让学生发现问题、提出问题,培养学生主动质疑的精神,重视每个学生的创造、创新的天赋,因为他们随时都可能迸发出各种各样智慧、新奇的思维火花。

2.克服思维定式的不良影响,培养创新思维

所谓定式即心向,是心理活动的一种准备状态,而思维定式是指人们习惯于用某

种固定的方式去考虑问题的思维倾向,也就是人们长期生活在某种环境中由反复思考同类问题所形成的思维习惯,这很容易使人们对刺激情境以某种习惯的方式进行反应。思维定式对解决问题有积极作用,也有消极作用。其消极作用是主体局限于用一种固定的思维模式去思考问题,难以打开思路,缺乏思维的求异性和灵活性。学生的思维定式主要包括书本定式、权威定式、从众定式、经验定式等。为了克服学生思维定式的消极影响而进行的反思维定式教学的方法有很多,较常用的方法有:质疑思维、转移思维、发散思维、反向思维和运动思维等。

(四)生成性

智慧教学的生成性,有两层含义:一方面是指教师应注重课堂发展过程中的各种动态生成资源,运用教学智慧,不失时机地引导学生的智慧生成。另一方面是指智慧教学要根据学生思维生成的特征,抓住学生的思维状态来把握教学的方向。其实质就是通过学生的外部表现,窥视他们参与学习的本质状态,包括:①学生是积极主动参与,还是消极被动参与,他们是否表现出强烈的兴趣与需要,是否对所学内容充满信心,思维是否跳跃,有无独到的见解;②学生能否从接受式的学习模式中解脱出来,进行自主学习,能否主动建构自己的知识框架,能否与教师和同学进行有效的交流、在互动中实现思维的解放,在小组学习中能否学会倾听、协作、反思、分享和理解;③通过学习活动,学生能否找到合适的学习方式,是否学会新的学习方法,是否获得了积极的情感体验。有人将理想的课堂教学比作水,水形万千,水是流动的,随物赋形,从某种意义上说,智慧教学的本质特征就在于此。课堂教学是一个动态的过程,相对而言,教师的教学设计是静态的。教师面对学生的反应,根据学生的学习状况调整自己的教学内容,不拘泥于教学内容,着重思考方法的训练,从而激活学生的思维。

(五)体验性

从课堂教学的过程价值来看,智慧教学重视学生的生命体验。

首先,教学的对象是人,促进人的生命发展应当是教学的根本价值所在。智慧课堂应是一个以人的生命发展为依归,尊重生命、关怀生命、拓展生命、提升生命的体验过程,其教学活动应蕴含着高度的生命价值与意义。智慧课堂教学不应只是传递知识的活动,更应是一种生命活动,是生命存在的基本方式。在教学中,师生通过体验不断地领悟世界的意义和人本身存在的意义,不断激活着生命,丰富着生命,使生命在体验中走向创造、超越与升华。教学中的体验是以生活情境为依托、以生命存在为前提的。学生一旦在丰富的教学情境中体验、感悟到生命的价值和存在的意义并将之内化,就形成了一定的态度、价值和信念,进而将之转化为教养,实现对象世界与生命意识的整合。同时这种强调体验的教学关注学生对学习活动的体验和反省,突出学生的个体性、独特性、多样性和差异性,把学生看作具体、历史的个人,他们拥有自己的个性,以自己独特的方式认识世界和感悟对象世界,并最终将之内化为个人的智慧与价值。

其次,智慧教学的体验性还表现在课堂中对学生高峰体验的追求。心理学家马斯洛认为,高峰体验是一种来自实实在在的生活、具有相对普遍性的感觉,它常常是自然产生,不受意志支配的,这样的状态或插曲可以在任何人一生的任何时刻到来。"这种体验可能是瞬间产生的、压倒一切的敬畏情绪,也可能是转瞬即逝的极度强烈的幸福感,甚或是欣喜若狂、如痴如醉、欢乐至极的感觉。"在这种时刻,人们完全摆脱了怀疑、恐惧、压抑、紧张和怯懦,享受无所羁绊的个体能力释放,从而在即兴中释放自我,产生个体独特的创造力。智慧教学过程提倡使教学目标超越功利、超越强制、超越限制,倡导发展人性、开发潜能,珍视学生情绪的内在感受,强调学习过程中的情感作用,创造一种良好的学习气氛,引导学生主动学习,使他们在体验中享受课堂生活。

(六)道德性

智慧教学的道德性包含两个方面:一方面指向将学生视为具体的鲜活的生命个体的教学过程,即教学过程的道德性;另一方面指向教学结果的道德性,即突出学生道德智慧培养,这也从某种程度上体现了教学过程的教育性特征。

1.教学过程的道德性

教学目标、教学方式和教学内容都要真正明确学生的主体地位,要给学生提供充足的选择机会,而不能只强调知识的"灌输""注入",将学生的大脑视为被动的知识容器、知识载体和知识受体。未来的课堂必须使学习者"成为他们获得的知识的最高主人而不是消极的接受者""必须把教育的对象变成自己教育自己的主体。受教育的人必须成为教育他自己的人;别人的教育必须成为这个人自己的教育"。只有当课堂教学在尊重、宽容和爱的气氛中,符合人的天性及其发展规律,并以促进人的发展为直接目的时,它才是道德的。

2.教学结果的道德性

学生的道德智慧养成是指教师要在道德的教育环境中对学生进行道德的教育,不仅在思想政治课上,而且在所有的学科教学中,在向学生传授科学知识的同时,能够根据学生的心理、生理和认知能力的特点,充分挖掘学科本身的道德性,全面地对学生进行思想、情感教育,做到既重知识掌握、能力培养、方法训练、过程体验,又关注情感、态度、价值观的养成,使学生在学习知识、发展智力的同时,在思想品德、行为习惯和心理素质上都得到相应的发展。也就是说,智慧课堂既要合乎道德的要求,体现道德的关怀,又要孕育道德的心灵,洋溢道德的光辉。

二、智慧课堂教学结构模型

智慧课堂作为基于动态学习数据分析而实现的智能、高效的课堂,是利用现代信息技术对传统课堂不断改进的结果。构建智慧课堂的最终目的是进行智慧教学应用。

因此,必须对智慧课堂的教学应用模式进行专门的研究,它包括智慧课堂教学结构理论模型分析和实用的教学流程分析。课堂教学结构模型是课堂教学活动进程的稳定的结构形式,包括课堂教学活动的要素、环节、步骤等构成的流程结构样式。大数据及学习分析等技术的应用使得课堂教学结构发生了重要的变化,我们通过与传统课堂教学结构的比较来分析智慧课堂的教学结构理论模型。

(一)传统课堂教学结构理论模型

1."5+4流程"结构

对传统课堂的要素及流程结构进行剖析,我们可以看到,传统课堂教学通常采用的是"5+4流程"结构,即包括教师"教"的5个步骤和学生"学"的4个步骤以及它们之间的联系方式,它们共同组成了课前、课中、课后的完整课堂教学过程,构成了教学持续改进的过程循环。

2.传统课堂的主要教学环节

(1)课前环节

①教师备课:教师依据学科教学大纲、上一次课学生作业和教学经验进行备课,撰写备课预设方案。

②学生预习:学生对上一次课堂上布置的预习内容进行预习,但对预习结果的反馈要到下一次上课时才能得到。

(2)课中环节

①授课实施:教师依据备课预设方案进行讲授,学生跟随教师的思路进行听课。

②课堂提问:在课堂上,教师根据学生的学习情况进行提问,部分学生代表回答问题,实现了部分互动。

③布置作业:教师布置课后的作业和预习任务。

(3)课后环节

①完成作业:学生在课后完成作业,第二天或下一次上课时交给教师。

②批改作业:教师在收到作业后完成作业批改,批改的情况往往难以及时反馈到下一节的备课中。

③评价反馈:教师将作业批改结果反馈给学生,通常需要在两三天之后。

(二)智慧课堂教学结构理论模型

1."8+8流程"结构

我们再来分析智慧课堂的要素及流程结构。可以看到,智慧课堂的教学结构采取的是"8+8流程"结构,即包括教师"教"的8个步骤和学生"学"的8个步骤以及它们的互动关系,它们共同组成课前、课中、课后的完整课堂教学过程,构成了教学持续改进的过程循环。

2.智慧课堂的理想教学环节

（1）课前环节

①学情分析：教师通过智慧课堂信息化平台提供的学生作业成绩分析，精确地掌握来自学生的第一手学情资料，初步确定本节课的教学目标。

②资源发布：根据拟定的教学目标和学情，教师向学生推送富媒体预习内容（微课、课件、图片、文本等），同时推送预习检测的内容。

③学生预习：学生预习教师推送的富媒体材料，并完成和提交预习题，记录在预习过程中遇到的问题。

④课前讨论：针对预习中的问题，学生在论坛或平台上进行相关讨论，提出疑问或见解。

⑤ 教学设计：教师根据学情分析结果、教学目标、教学内容，以及学生预习检测统计分析和讨论的情况，拟制和优化教学设计方案。

（2）课中环节

①课题导入：教师采取多种方法导入新课内容，主要通过预习反馈（对学生提交的预习检测统计分析）、测评练习和创设情景等方式导入新课，提示或精讲预习中存在的问题。

②展现与分享：学生展现课前自学成果，围绕新课导入进行演讲展示、分享观点，并重点听取在预习中理解不透的知识，积极参与课堂教学。

③新任务下达：教师下达新的学习探究任务和成果要求，并下达任务完成后的随堂测验题目，推送到每个学生终端上。

④合作探究：学生开展协作学习，主要包括分组合作探究、游戏学习等方式，教师设计活动，为学生分组，组织或指导互动讨论，学生开展小组协作后提交成果并展示。

⑤随堂检测：学生课上完成课题导入和新任务后，进行学习诊断，完成随堂测验练习并及时提交，得到实时反馈。

⑥精讲与点评：基于数据分析，教师根据测评反馈结果对知识点、难点进行精讲，对薄弱环节补充讲解，重点进行问题辨析，通过多样化的互动交流解决学生在新任务中遇到的问题。

⑦巩固提升：学生针对教师布置的弹性分层作业和任务，对所学习的新内容进行运用巩固，拓展提升。

（3）课后环节

①个性化推送：教师依据学生课堂学习情况，针对每个学生发布个性化的课后作业，推送学习资源。

②完成作业：学生完成课后作业并及时提交给教师，得到客观题即时反馈。

③批改作业：教师批改主观题，并录制讲解或辅导微课，将其推送给学生，在此基础上进行总结性评价。

④总结反思:学生在线观看教师所录解题微课,总结所学内容,在平台或论坛上发布感想与疑问,与教师、同学在线讨论交流,进行反思。

大数据时代智慧课堂作为一种新型的课堂教学形态,通过构建和应用基于新一代信息技术的理想学习环境,有效解决了传统课堂教学过程中存在并难以解决的问题,增强了学生的主体地位和主动学习意识,提高了课堂决策分析和互动交流能力,提升了课堂教学质量和效率。基于动态学习数据分析的智慧课堂对传统课堂教学产生了"革命性"的影响,在学校教学改革实践中具有重要的应用价值和意义。

▌一、教育理念与形态的变革

大数据时代,数据改变教育成为智慧课堂的核心理念。数据是信息化条件下智慧课堂的关键要素,利用动态数据进行学习测评分析是智慧课堂构建的技术特色,基于数据的教学形成了全新的教育教学模式。

传统课堂主要依靠教师的个人教学经验对课堂上学生的学习行为进行判断和制定教学决策。智慧课堂从过去依赖于存在教师头脑中的教学经验转向依赖于对海量教学案例和行为数据的分析,一切靠数据说话。数据来源于学生作业、测试、学案、课堂即时反馈等学习过程中的各环节,教师依据学生学习行为数据挖掘分析与决策,根据直观的数据了解学生对知识掌握的水平,用数据描述每一个学生的个性化特征和差异,据此实施精准教学。在教学过程中教师依据学习测评数据及时调整教学策略,基于数据分析提升教学机智,在课堂教学中实现了基于证据的教育(Evidence-basedTeaching,EBT),这一直是人们所追求的未来教育的理性形态。

▌二、课堂环境与结构的变革

现代信息技术手段在智慧课堂教学中的深度应用,使课堂环境与结构发生了重大变革。新技术、新媒体和智能终端为学习者提供了丰富的认知工具与支撑环境,为师生建立了更为开放的教室,实施了更为开放的课堂活动。基于动态学习数据分析,传统的粗放式、经验式课堂教学向数据化、精准教学转变。

例如,智慧课堂中没有了传统的讲台、黑板和粉笔,课桌、座椅以分组讨论方式摆放,投影屏幕、电子白板可以放置在教室的前后左右任何一个需要的地方,教师始终面向学生教学并直接融入小组讨论;教师可以通过手中的移动终端设备(智能手机、平板电脑等)实现书写并向教室内大屏幕投射,对于常用的PPT教师不仅可以一页一页地展示,而且可以进行任意的手写、标注、推演等。各种新型智能信息技术的应用,使原来单调、枯燥的课堂变成了生动的数字化"体验馆""实验场",智慧课堂能够创造和展示各种趋于现实的学习情境,非常好地满足了建构主义学习理论对学习环境所提出的较高要求,有利于在教学过程中采取多元的交互协作方式,促进学习者知识意义的建构。传统课堂教学的"5+4流程"结构转变为精准的智慧课堂"8+8流程"结构。

三、师生角色与关系的变革

在传统课堂教学中,师生的角色和关系十分明确,教师是知识的传授者、垄断者,是教学的主导者、控制者,是教育"工厂"负责生产制造学生的"工程师",而学生是被动接受知识的容器,是被教育的对象,是被加工、制造的"产品",所以传统课堂必然是"以教师为中心的",是师道尊严的。在智慧课堂教学中,这种角色关系得到了根本性的转变。

比如基于智慧课堂信息化平台的师生端工具的应用,在教室取消讲台,教师始终面向学生进行教学,融入学生之中,这有利于师生互动,使师生可以平等交流,也增进了学生对教师的亲近感。智慧课堂以建构主义学习理论为依据,倡导教育为学习服务,教师是学习服务的提供者、帮助者,学生是享受服务、被服务的顾客,教师的任务是为学生学习服务,帮助学生自主学习和知识构建。智慧课堂"以全体学生为中心",尊重学生学习的主体地位,实现了"把课堂还给学生,让学生自己成为学习的主人"。

四、教学目标与设计的变革

布鲁姆在教育目标分类中,将知识维度分为从具体到抽象的四种知识,即事实性知识、概念性知识、程序性知识、元认知知识。基于新一代信息技术展开的智慧课堂,在教学过程中能够将传统课堂中难以描述与传递的隐性知识显性化,使认知目标发生了由低阶至高阶的变革,为认知目标及教学设计的优化提供了重要条件。

例如,在认知目标及教学内容的选择和确定上,基于动态学习数据分析和"云、网、端"的应用,智慧课堂根据课前进行的数字化预习和预习测评情况的反馈,即时、精准地掌握来自一线学生的学情分析资料,弄清学生已有的认知基础,据此来设置教学目标,确定相适应的教学内容和教学方法,这就是要基于学生的"最近发展区"设计问题,做到有的放矢、以学定教,提高智慧课堂教学的整体效能。

五、教学与学习方式的变革

大数据背景下的智慧课堂教学,在教学观念和教与学的方式上都发生了重大变化,课堂教学模式发生了"颠覆"。课堂教学模式从以教师为中心、强调知识传授的传统教学转向以学生为中心、强调能力培养的新型教学;从传统多媒体教学的"望屏解读"向师生共同使用技术转变,师生、生生之间的沟通交流更加立体化,能够无障碍地进行即时交流互动;学习资源实现富媒体化、智能化、碎片化,按需推送、实时同步;智慧课堂教学可实现导学式、互动式、合作式、游戏式、泛在式等各种教学方式。

比如课堂教学流程和方法均发生了变化,这使个性化教学成为可能。智慧课堂的教学进程从"先教后学"向"先学后教""以学定教"转变,教师依据动态测评分析,掌握每一个学生的知识掌握情况和个体差异,有的放矢,分层教学,通过微课、分组讨论、精讲点评、分层练习等方式组织更有针对性、个性化的课堂教学,真正实现了个别化教学和因材施教。学生依据学习行为数据分析结果和建议选择符合个性特征的学习策略,实现个性化学习成长。

六、评价体系与策略的变革

基于动态学习数据分析的智慧课堂,为重构以形成性评价为核心的教学评价体系及评价策略提供了良好的条件。利用大数据学习分析技术提供测评练习,教师能够快速地对学生的学习全过程进行动态、实时的诊断评价和反馈。对教师的评价也从传统的注重结果评价转变为动态过程评价,从主观评价转向数字化客观评价,依靠大数据分析实现伴随式、精准化评价诊断。

例如,智慧课堂通过智能评测系统实现数字化作业或预习预设的问题评测,搜集、判断学生已掌握的知识和技能情况,实现自动数据分析与反馈,为教师的备课提供及时、准确、立体的信息。智慧课堂通过随堂练习及评测系统,对学生的课堂练习及作业可实现系统自动批改,进行实时评价与统计,快速分析和反馈学生的课堂学习效果。通过课后作业数据分析和反思评价,教师可以有效地对学生进行个性化的辅导,实现教学的持续改进。

第三章　智慧课堂信息化环境下的平台构建

智慧课堂信息化环境下的平台架构

从信息化视角提出的智慧课堂,离不开信息化技术的支撑。其关键是利用大数据、云计算、物联网和移动互联网等新一代信息技术打造信息化、智能化的课堂信息化平台,形成支持智慧教学的新型学习环境,进而实现课前、课中、课后全过程应用的智能、高效的课堂教学。

一、智慧课堂信息化平台的技术理念

平台是技术应用的产物,随着技术的发展而发展。智慧课堂信息化平台的顶层设计和技术实现必须以技术思维为基础,以用户需求为导向,以任务实现为要点,按照先进的系统设计理念,符合应用及服务的扩展与集成要求,既保持各系统独立性、灵活性,又能实现系统的相互统一、数据共享与操作。因此,智慧课堂信息化平台建设在技术理念上应体现以下几个方面的要求。

1.技术前瞻性。应充分开发、应用先进的信息技术,以云计算技术为核心,结合移动互联网、大数据分析、智能推送等新的技术应用,构建先进的技术平台。针对规模巨大的教育教学数据,利用关联分析、数据挖掘、智能分析技术,开发数据勘探和数据分析软件,在系统归集的各类管理数据、行为数据中进行深度挖掘,提取有价值的信息。

2.系统规范性。系统设计首先应遵循国际上成熟、通用的标准、规范和协议,其次要遵照并执行国家教育部颁布的信息技术标准,实现统一标准、统一规范、统一数据库结构,提供模块化的整体设计,开放接口,保证平台与第三方产品的主动对接与被动对接。同时,保证区域内所属学校无论是整体还是分类应用都能平滑接入平台。

3.准确可靠性。以用户需求为中心,准确理解相关业务要求,通过规范的项目管理、周密的系统测试和质量保证措施,同时采用多种高可靠、高可用性技术,保证关键业务的连续不间断运作和对非正常情况的可靠处理,保证系统实施和实现的准确性。

4.开放扩展性。采用 XML（Extensible Markup Language,可扩展标记语言）、SOAP（SimpleObject AccessProtocol, 简单对象访问协议）、WebService、LDAP（LightweightDirectoryAccessProtocol,轻型目录访问协议）等当前受到普遍支持的开放标准,在当前系统与其他系统相互交换数据方面,保证平台具有应用级的互操作性和互联性。同时,随着应用水平的提高、使用规模的扩大,平台能采取平滑扩展的技术手段,保证在应用高峰期大用户量并发处理,在需求增加、新应用引入时平台能提供持续升级和系统融合的支持。

5.系统易用性。易用性强调了技术的高度,只有所有的应用达到或接近主流互联网（BAT）产品的应用水平,才能从技术的角度保证用户体验,让用户真正应用起来。系统应具有友好的用户使用界面和良好的可操作性,使用户能够快速地掌握系统的使用用方法,便于应用推广。

▌二、智慧课堂信息化平台的体系架构

智慧课堂信息化平台是基于大数据、云计算、物联网和移动互联网等新一代信息技术打造的信息化、智能化课堂教学环境。智慧课堂信息化平台的后台数据资源存储、处理和服务支撑是利用智能教育云平台服务提供资源服务、互动服务和教学应用,前端应用是利用智能手机、iPad 等智能移动终端设备及其 APP 服务,并通过教室 Wi-Fi、互联网等网络实现"云""网""端"的数据传输和交流互通。

概括来讲,智慧课堂信息化平台是由"云""网""端"构成的课堂信息化环境。因此,智慧课堂信息化平台的体系架构总体上包括三大组成部分,其主要功能如下。

"云"：即云平台,提供云基础设施、支撑平台、资源服务、数据处理、教学服务等,比如构建完整的教学资源管理平台,使其可以进行结构化与非结构数据的各种教育教学资源管理,支持各种教学资源的二次开发与利用,实现多种教学资源综合应用等。

"网"：即微云服务器,提供本地网络、存储和计算服务,可以方便直接地将即时录制的当堂授课进行本地化存储;通过构建无线局域网,教师和学生可以通过多种移动设备（同时支持安卓、苹果、Windows 等多种操作系统）,在无需互联网的状态下,实现任意点对点的通信与交互,从而节省大量互联网资源的占用;当连接互联网时,可以实现教室的跨越空间的直播。

"端"：即端应用工具,包括教师端和学生端。教师端实现微课制作、授课、交流和评价功能,导入 PPT 并实现动画、视频的插入,实现电子白板式任意书写,实现发布任务、批改作业、解答问题、个别辅导等。学生端可以接收并管理任务（作业）,直接完成作业,进行师生交互、生生交互。

第二节　云平台概述及其构建

一、智慧课堂云平台的总体设计

智慧课堂云平台以云技术为核心，通过多要素、多层次系统架构，为智慧课堂教学提供应用服务支持和管理功能。智慧课堂云平台作为一个完整的云服务平台，可以从云基础设施、支撑平台、资源服务、教学服务、终端应用等多个层面进行总体架构设计。

（一）平台技术路线

平台建设引入日渐成熟的 HTML5（HyperTextMarkupLanguage，超文本链接标示语言）技术，提升用户的操作体验。HTML5 是用于取代 1999 年所制定的 HTML4.01 和 XHTML1.0 标准的 HTML 标准版本，现在仍处于发展阶段，但大部分浏览器已经支持某些 HTML5 技术。HTML5 有语义特性、本地存储特性、设备兼容特性、连接特性、网页多媒体特性、三维图形及特效特性、性能与集成特性、CSS3（CascadingStyle SheetsLevel3，层叠样式表 3 级）特性，能够减少浏览器对于需要插件的丰富性网络应用服务需求，如 AdobeFlashPlayer、MicrosoftSilverlight 和 OracleJavaFX 的需求，并且提供更多能够有效增强网络应用的标准集。

鉴于信息化建设现状和发展趋势，平台服务端采取混搭的技术路线。

1.应用层基于 XML WebService 为核心的当前最先进的企业级应用开发平台 Microsoft.NET 进行建设，同时采用国际上先进、成熟、实用的技术标准。

2.服务层使用 Node.Js，借助事件驱动，使非阻塞 I/O 模型变得轻量和高效，非常适合运行在分布式设备的数据密集型的实时应用。

3.通信层使用 ejabberd。ejabberd 是基于 Jabber/XMPP 协议的即时通信服务器，由 GPLv2 授权（免费和开放源码），采用 Erlang/OTP 开发。ejabberd 目前是可扩展性最好的 Jabber/XMPP 服务器之一，它的特点是跨平台、容错、集群和模块化。它支持分布多个服务器，并具有容错处理，单台服务器失效不影响整个 cluster 运作。

4.系统采用多层服务结构体系，表示层、业务层、服务层、组件层、数据层分开，以满足系统松耦合性、位置透明性以及协议无关性要求。

5.系统主要采用成熟的 MySQL 关系型数据库作为数据库管理引擎，支持整体数据的访问和存储方式，同时使用 Redis 的 NoSQL 数据库做行为统计分析的数据支撑。

6.系统采用 XML Web Service、SOAP、WSDL（Web Services Description Language，网络服务描述语言）、UDDI（Universal Description Discovery and Integration，通用描述、

发现与集成服务）等技术，提供数据交换、路由连接等服务，以满足资源和应用系统整合的要求。

（二）平台核心功能

从云平台的整体架构来看，智慧课堂云服务平台本身是一个多要素、多层次的完整体系。但从平台对智慧课堂教学的支撑和服务功能来看，智慧课堂云平台是以支持学校独立应用及师生教学为主的互联网平台，平台主要包含资源管理与服务系统、作业与动态评价系统和微课制作与应用系统等核心应用系统，同时平台还提供了丰富的教学工具，为师生提供了教师工作室及学生空间等。

作为智慧课堂信息化平台的三大组成部分之一，云平台的主要功能是对师生在教学过程中产生的数字化内容通过平台提供的空间及资源管理系统，实现"收、存、管、用"；通过作业及动态评价功能，为师生端应用提供学情实时测评和数据的即时反馈；通过微课管理应用平台与课堂教学衔接，既可以实现辅助教学，又可以提供完整的在线学习等。

二、资源管理与服务系统

（一）系统总体目标

资源管理与服务系统是智慧课堂云平台的核心应用系统之一。基于该系统，用户可以方便地进行教学资源管理和操作应用，它支持元数据定义和管理资源的权限管理、资源的版本管理、资源的具体操作、资源的检索、资源的聚合与关联、资源服务、资源的使用分析和统计查看等功能。系统支持用户对上传的资源进行预览、下载、删除、修改等相关操作，并且支持以专业类型、学科等方式进行模糊查询，还提供全文、分词检索，提供按照元数据的高级检索。

用户可以进行结构化与非结构化数据的各种教育教学资源管理、开发与利用。系统适用于教学任务的非结构化数据如 PPT、Word 等文档的"收、存、管、用"，并具有类似 Baidu（百度）及传统的 ECM 系统对非结构化数据的管理与应用功能，从而将学校的各类资源以及第三方资源进行有效的组织与管理，将学校隐性资产转为显性资产，构建学校数字化"知识大厦"。

（二）资源管理功能

从一所学校及师生的应用需求来看，资源管理平台以校本资源为核心，具备强大的应用功能，可对校园网内海量文档、图片、音视频等各种电子文件资源进行整理与分类，用户可通过 Web 浏览器进行操作，用户操作界面简洁友好、简单实用，平台提供文件的存储、管理、共享、检索、上传、下载等操作，全面替代难于管理的 FTP 文件服务器。

1.资源上传与下载:系统基于 Web 的在线上传与下载功能,支持多种格式资源的单个及批量上传与下载;支持通过客户端进行上传、下载。

2.资源预览:系统支持包括 Word、Excel、PPT、TXT 多种格式的文档文件的在线全文预览,支持 JPG 等格式图片文件的预览;支持视频格式和音频格式文件的在线播放预览、点播。

3.资源检索功能:系统支持按照资源的标题关键字对资源进行检索;在文本格式资源预览状态下,同时支持对文本内容按关键字进行检索。

4.二维码功能:系统为所有资源提供二维码标签,移动终端设备通过二维码标签可以实现对资源的获取和下载。

5.资源分类:系统支持按照知识点、专题、科目、版本、年级、资源类型等对资源进行分类管理、排列。

（三）其他服务功能

除了上述资源管理功能外,系统还具有多项其他服务功能。

1.个人资源库中心:用户可以在个人中心对资源进行上传、分类、预览、编辑等。

2.分享功能:系统支持通过人人网、QQ 空间、新浪微博、豆瓣等第三方平台对资源进行分享,可以实现教师之间的资源分享和查阅。

3.资源评价功能:系统支持资源的文字评价、星级标分等功能。

4.资源推荐功能:系统可以根据用户的使用轨迹向用户推荐相关资源。

5.心得笔记:系统支持在资源查看过程中记录心得笔记,并可实时同步笔记。

三、作业与动态评价系统

作业与动态评价系统也是智慧课堂教学应用的核心子系统,在动态测量评价分析模型的基础上,融合了大数据、云计算等新一代计算技术,基于云平台部署,集作业布置、完成、批改、数据统计与分析、微课录制等功能于一体,帮助师生高效、规范、便捷地完成作业及批改任务,并能够自动完成统计分析。教师可以在平台中布置作业、批改作业、发布公告、查看作业分析和错题分析等;学生可以通过系统完成教师发送的作业、查看成绩报告等;家长可以使用学生的账号登录系统与教师交流沟通。

（一）布置作业

教师可以在布置作业界面查看已经布置的作业,系统按照教师设置的作业发送时间将作业汇总至草稿箱并定时发送。教师点击添加新作业,按照系统提示可以高效完成作业的布置任务。作业题目和答案可通过拍照的方式上传,系统支持多种图片和文档格式。系统提供丰富的作业题型,包括选择题、填空题、判断题、简答题、语音题和英语自评测试题等。教师可以为学生推送微课讲解,自行设置作业和答案发布的时间。

(二)完成作业

学生进入作业系统,可以查看个人作业完成情况和教师批改情况。学生可翻页、放大或缩小题目,对于选择题等客观题,学生可以在线选择答案;对于简答题等主观题,学生可以拍照上传答案;对于语音题和英语自评测试题,学生在连接麦克风设备后,可直接点击开始录音。学生也可下载作业,离线完成作业。

(三)批改作业

教师可查看作业自动批改情况和学生作业提交情况。系统自动批改客观题、英语自评测试题,教师只须批改主观题。教师点击"教师评语",可录入批改的评语。

(四)统计分析

系统对教师作业的批改情况和学生的提交情况进行统计与汇总,提供多维度的作业质量分析,包括逐题的正确率、错误率分析和各种可视化的饼状图、折线图;系统基于作业情况的数据统计,绘制正确率分析表、客观题质量分析图以及作业质量分析图。通过这些数据统计,教师可以发现学生的知识、技能和能力已经达到的水平和存在的问题,把握学生学习的个性化差异,这些数据统计为教学工作提供依据,对因材施教大有裨益。

(五)错题分析

平台按照布置日期分类作业,显示答对人数、答错人数和错误率等信息。教师可以按照布置日期、作业名称和错题率查询学生做错的试题,可以预览题目,亦可导出错题信息。系统支持将学生错误题目汇聚成"错题集",学生可按照时间查看全部错题,也可按照学科和知识点等进行分类统计与查询,学生可以进行针对性训练,不再重复犯错。

▌四、微课管理与应用系统

微课是教师通过电脑、平板电脑、手机等录制工具,将围绕某一特定内容(知识点、习题、重难点内容等)的讲解电子化,由此形成短小但内容完整的素材或微型课程。微课管理与应用系统是智慧课堂云平台的重要组成部分,能够实现对微课的教学应用与管理功能。教师通过使用教师端工具录制微课,微课的录制与上传可以通过移动端"微课堂"软件来实现。教师可以按学科查询已经上传到云平台的微课,可选择播放、编辑或删除微课。微课系统还可以和资源管理与服务系统、作业与动态评价系统等无缝对接,可以对微课进行管理订单、记录心得笔记、下载讲义等操作,还可以对微课进行评价、答疑、分享等。

从 平台提供的微课服务内容和方式来看,微课管理与应用系统主要提供体系化微课、习题化微课、动态化微课等类型的微课服务,支持微课在线学习、记笔记、评价、共享等服务。

(一)体系化微课

体系化微课指的是微课平台对微课进行了细分管理,按照课程教学的总体要求,将零散的微课按照章节与内容汇总,实现微课内容的体系化,形成完整的微课教学课程,从而实现从微课到课程的转变。微课平台支持将微课作为学习内容,实现将学习目标、任务、方法、作业、互动反思等整合为一体的微课程体系管理。

(二)习题化微课

习题化微课指的是针对习题或作业任务需要制作与应用的微课,它使习题的讲解具有明确的指向性。因此,对习题的讲解微课直接挂接在相应的习题上。微课的应用是"按题索课",也可以通过一次评测的结果进行针对性推送,从而减轻学业负担,提高教学效率。

(三)动态化微课

动态化微课主要指的是针对课堂互动学习的需要制作与应用的微课,是智慧课堂互动任务的结果。教师根据在课堂互动中的需要制作有针对性的微课,推送给全体或相关学生学习。

第三节 智慧课堂微云服务器

一、何为微云服务器

微云服务器是智慧课堂信息化平台的三大核心组件之一。微云服务器可以在教室内构建以教室为单元的信息化环境,负责智慧课堂的运算、存储、网络收发等,实现构建无线局域网、跨平台多屏互动、上传和本地化存储、动态数据统计与分析等一系列功能。在微云服务器构建的课堂信息化环境下,教室内的教师和学生可以使用多种移动设备(同时支持安卓、苹果、Windows)组建局域网,在无需互联网的状态下,实现点对点的通信与交互。如果教室连通了互联网,可实现课堂在线直播。

微云服务器支持将教师的手持设备(平板或智能手机)屏幕投送到教室的投影

仪、大屏幕或学生手持设备,可以将教师或学生的 PPT 课件或作业任务内容进行转换,生成移动端应用所需要的标准格式,教师也可以将课堂教学全过程录制下来(音频、PPT 及板书),形成新的教学资源,资源上传网络后可以供学生点播和学习。同时微云服务器还可完成动态评价的数据分析计算的工作。

二、构建无线局域网

微云服务器可以在教室内构建无线局域网。无线局域网(WirelessLocalArea Network,WLAN)采用无线技术在空中传输数据、话音和视频信号,是计算机网络与无线通信技术相结合的产物。它应用无线通信技术将计算机设备互联起来,构成可以互相通信和实现资源共享的网络体系。它采用无线传输方式实现传统有线局域网的所有功能,从而使网络的构建和终端的移动更加灵活。

智慧课堂的微云服务器具有无线 AP 和 miniPC 的功能。无线 AP(AccessPoint)即无线接入点,是一个无线网络的接入点,俗称"热点"。它可以作为无线局域网的中心点,供其他装有无线网卡的计算机通过它接入该无线局域网,也可通过对有线局域网络提供长距离无线连接,或对小型无线局域网络提供长距离有线连接,从而达到延伸网络范围的目的。miniPC(迷你电脑)主要是指一款大小不超过智能手机、带有 Android2.3 以上系统、可以连接带有 HDMI 接口的显示设备的移动终端。其特点是体积小、操作方便、1080p 高清输出等,是家庭娱乐、商务办公及科技爱好者的必选 IT 产品。因此,微云服务器可以在无网的环境下构建无线局域网。

微云服务器可以快速构建教室内的"无线局域网",从而将各种移动设备互联互通。它可以保证在学校无互联网的条件下,教室内的各种终端设备交互畅通,从而节省大量互联网资源的占用;当连接互联网时,它可以实现教室的跨越空间的直播。微云服务器广泛适合各类网络环境下的教室应用。

三、跨平台多屏互动

微云服务器采用了先进的多屏互动技术。多屏互动是指局域网或广域网内的智能设备之间能对共享的多媒体资源相互推送至屏幕并播放的技术。微云服务器在局域网内可以实现智能设备的互联互通和资源共享,也能将局域网内部的智能设备拓展到广域网中,实现三网融合的应用场景,在网络层次上实现互联互通,形成无缝覆盖,为用户提供更加多样化、多媒体化、个性化的娱乐服务。

微云服务器具有同时支持安卓、苹果、Windows 等多种操作系统的功能,从而实现多平台之间点与点的跨平台交互以及多平台点与微云服务器的交互。在微云服务器构建的无线局域网环境下,智能设备之间可以相互发现,实现多媒体资源的共享。资源共享指的是手机或者平板电脑将其自身 SD 卡的多媒体资源设置为共享模式,与电脑连接同一网络后,这些共享的资源会被局域网内的电脑所发现,此时手机能将平板电脑共享的资源推送至电脑端播放,手机也能将手机本地共享的资源推送至电脑端播放,反之,平板电脑也一样。微云服务器支持将教师的手持设备(平板电脑或智能手机)屏幕投送到教室的投影仪、大屏幕或学生手持设备。微云服务器可以将教师或学生的 PPT 课件或作业任务内容进行转换,生成移动端应用所需的标准格式,同时微云服务器还可完成动态评价的数据分析计算的工作。

四、上传和本地化存储

微云服务器提供方便的课件上传和本地存储功能。多媒体网络课件是多媒体视频点播系统中重要的软件资源,没有课件就意味着学生没有学习内容,所以上传技术显得相当重要,只有解决好大文件课件上传需求,才能为学生课前、课中、课后的学习提供充分的学习资源。多媒体课件往往比较大,在利用移动互联网工具上课的情况下,课件上传是多媒体课件系统的一个非常重要的应用。

在教师使用电子课件进行教学时,微云服务器可以支持上传图片、文档、PPT 等多种类型课件,系统自动转换格式,尤其微云服务器可以在手持设备上支持开放的PPT,可以对 PPT 进行翻页、任意书写、插入白板板书与推演,支持 PPT 的动画、视频的正常播放。教师也可以通过微云服务器设备,将课堂教学全过程录制下来(音频、PPT 及板书),形成新的教学资源,即 UGC(UserGeneratedContent)资源。新生 UGC 资源既是教师的个人教学资源,也是学校的校本资源。

资源上传网络后,可以供学生点播和学习。微云服务器提供的存储功能使教师可以方便直接地将即时录制的当堂课程进行本地化存储,学生可以随时随地地重复学习。同时,教师可以根据需要,在对课程内容进行审核后,将内容手动或自动上传到智慧课堂云平台。

第四节 智慧课堂端应用工具

一、何为端应用工具

智慧课堂信息化平台基于云计算、移动互联网等技术,实现了"云""网""端"的一体化,其中端应用工具是实现师生移动化课堂教学应用的基本手段。课堂教学中的所有信息化支持系统可以通过移动客户端访问,移动端的数据对应着云端服务器数据,移动端所有数据的修改变化都会同步到服务器,实现移动应用。

系统将处于不同层次的用户抽象为不同的角色,每一个角色是一个相对独立的权限集合,一个角色可以被多个用户所继承。为保证系统权限控制具有良好的安全性和可扩展性,系统支持不同用户形式以不同的权限进行平台的操作,端工具分为教师端工具和学生端工具。任何使用该系统的人必须在该系统设立用户。智慧课堂教学端工具的应用需要研发多种移动设备应用工具软件,包括微课制作与学习、课堂互动、作业与动态评价等工具。教师端工具为教师提供了微课录制工具、课堂互动工具、动态评价工具,学生端工具则为学生提供了微课学习工具、课堂互动工具、动态评价工具等。

二、教师端工具

教师可以利用教师端工具进行微课制作、作业布置、移动上课、课堂互动、动态评价等。具体功能与操作包括以下几个方面。

(一)微课制作工具

教师端的微课制作工具,是通过云计算、移动端(云+端)等多项技术融合,为教师全新打造的集上课、辅导、教研与微课制作于一体的移动教学工具。教师端工具是应用于移动终端(平板电脑、手机)的在线教学工具和微课制作工具,能够实现方便的授课和微课录制功能。教师端工具的应用将带来"教"的革命。

微课制作工具的具体功能包括:

1.iOS、Android、Windows全支持,支持多终端系统。

2.支持各种教学资源的网络下载、本地上传,支持通过拍照、录制视频、扫描二维码的方式导入。

3.微课制作一键完成:支持课堂教学过程中实时的微课录制,并支持一键完成。

4.支持PPT动画:支持PPT内动画、音视频的播放。

5.互动白板功能:支持随机插入白板。

6.板书、标注功能:支持教学过程中添加板书、标注功能,并能保留以供查看。

7.与微云服务器配合,可以完成无线投射,实现移动设备屏幕的共享、课堂师生互动与学情数据动态分析。

微课录制界面最上方提供多种微课录制工具,支持导入素材、插入白板、调节画笔大小与颜色、放大或缩小界面等,可记录教师录制过程中的所有声音与笔记。

(二)课堂互动工具

课堂互动是智慧课堂教学十分重要的环节,包括教师对自己教学效果的评估和学生对自己学习情况的检验,还包括教师与学生的立体交流,它对课堂的教学氛围与教学效率有着极为重要的影响。传统课堂的互动更多的是教师提问和学生代表回答,互动反馈的信息存在较大的局限性,无法做到全面性和准确性。

教师端的课堂互动工具可以帮助教师发布各种课堂任务,让全体学生或学习小组来完成,在学生或学习小组完成后,教师可以第一时间获得所有学生的准确数据报告,并据此动态调整教学进度和重点,提高课堂的效率。课堂互动工具的主要功能包括:

1.iOS、Android、Windows 全支持,支持多终端系统。

2.支持与微课堂应用无缝集成。

3.支持以客观题、主观题方式布置课堂任务。

4.支持客观题答题卡自动生成、拍照回答主观题。

5.支持调用作业平台作业内容。

6.支持以拍照所见即所得等方式布置课堂任务。

7.支持全体学生或者学生分组互动。

8.支持课堂任务结果统计和统计详情查看。

课堂互动功能包括提问、作业、报告和控制。教师可以通过"提问"在线布置随堂作业;通过"报告"显示学生随堂检测提交情况;通过"控制"限制学生机的使用以及在线点名。

通过点击"提问",教师布置随堂检测题。点击"提问"后的界面,教师可在此选择题型,包括选择题、判断题、主观题等。通过点击"报告",教师可查看学生随堂检测正确率、错误率、回答正确学生名单和回答错误学生名单。

(三)作业评价工具

作业与动态评价工具是集作业布置、作业完成、作业批改、数据统计与分析、微课录制等功能于一体的创新工具,它融合了大数据、云计算等新一代信息技术,能够自动完成统计分析,帮助师生高效、规范、便捷地完成作业及评价任务。系统简洁易用,用户无须购置大型设备,系统支持移动端及 Web 端同时使用,支持三大主流操作系统 Windows、Android、iOS 流畅运行。

该系统包括任务模块、数据统计与分析模块、微课模块、错题集和家校联系等模块,每个模块都有相对应的功能,教师可以利用这些模块布置作业、批改作业、查看统计分析数据、制作和推送微课、进行家校联系等。这些模块可以实现课前、课中、课后的电子作业的完成,而且完全不需要改变传统的作业完成习惯,只是加入了拍照这样一个步骤,就能实现全面、细致、精准的数据分析,直观地展现学生对知识点的掌握情况,真正实现以学定教的目标。

教师点击互动按钮功能中的"作业",可调取作业平台中学生的作业数据,包括学生作业的提交情况以及学生作业质量分析报告。

三、学生端工具

学生端工具包括微课学习工具、课堂互动工具、作业与动态评价工具,学生可以利用端工具进行微课的学习,参与课堂互动,完成作业,查看成绩报告等。

（一）微课学习工具

学生可用端工具查看教师推送的微课，也可关注其他教师的微课。学生通过点击可直接学习微课，观看结束后可发表评论。

（二）课堂互动工具

学生端的互动功能对应教师端，主要包括以下两部分功能：

1.接收任务：接收教师发送的提问。

2.完成任务：回答教师发送的提问并提交。

学生在课堂上接收到教师的提问，可在线查看题目、作答与提交。学生接收教师布置的随堂检测题，对于客观题可直接在线作答，对于主观题可拍照上传答案。

（三）作业与动态评价工具

学生端作业工具包含五大模块：任务模块、数据统计与分析模块、错题集、微课模块和家校联系。学生端与教师端对应，学生可以利用作业工具做作业，查看成绩报告，学习微课，接收通知等。家长也可以通过作业工具查看校园动态。具体功能包括以下几个方面。

1.任务模块：主要提供做作业的功能，学生可以查看自己作业完成情况以及得分情况；学生可在线作答，直接在线选择客观题的答案，拍照上传主观题的答案，对于语音题和英语自评测试题直接录音发送即可。

2.数据统计与分析模块：学生利用学生端完成教师布置的作业，平台自动统计作业提交情况与作业成果，生成基本作业成果和成绩报告、排行榜等。成绩报告包括基本作业成果、班级名次曲线图、答题详情、教师批注；学生可在排行榜查看今日、本周、本月及全部作业得分排名。

3.错题集：学生可以按照学科和知识点查询错题；可以通过拍照添加错题；可重新编辑错题知识点或删除错题。

4.微课模块：学生可查看全部微课；可按课程搜索目标微课；可关注其他教师并查看他们的微课；在微课观看结束后可进行评价，发表评论。

5.家校联系：家长可用学生的账号登录系统，查看教师发布的公告并互动。

第四章　智慧课堂的心理环境及生成策略

第一节　智慧课堂教学的心理环境建设

一、智慧课堂教学的心理环境特征

针对知识课堂教学而提出的智慧课堂教学,指的是教师运用智慧教学手段,通过知识来引领学生智慧成长的过程,它不仅仅是知识的授受,更是师生之间用感情涤荡心灵、以智慧启迪智慧的过程。从本质来看,它是指智慧课堂中的教学内容、教学方式、方法策略等以学生的智慧发展为价值追求,以教师的教学智慧为根本条件,建立在教师独特的课程认识基础上,在教学设计、教学实施以及教学评价中体现"转识成智",促进学生智慧成长的教学过程。

动态的课堂教学活动展开有赖于一定的环境氛围,这种环境氛围对学生的认知与智慧的发展有着重要的影响。"课堂环境主要可分为物质环境和社会心理环境,物质环境是课堂环境中有形的、静态的环境,主要包括空气、光线等自然环境,教学场所、教学用具等设施环境,班级规模、座位编排方式等时空环境。社会心理环境是班级环境中无形的、动态的环境,主要指人际关系和心理氛围,包括教师的态度、期望、课堂行为、教学方法等人际环境和情感环境。"物质环境与社会心理环境之间既相互独立又相互影响,共同构成课堂教学环境。空气清新、光线明亮、颜色柔和、温度和声音适中、教育场所幽雅、教具齐备、班级规模适中等优良的物质环境,有利于激发教师的潜能,调动师生的积极性、主动性和创造性。然而,和谐的人际关系和班级气氛、良好的师生情感是激发师生智慧生成的重要主观因素,因此,以下就智慧课堂教学的心理环境方面谈谈启迪学生智慧的氛围特征及建设策略。智慧课堂教学的心理环境特征有以下几个方面。

(一)宽松

要培养有智慧的学生,首先需要一个对于智慧成长主体而言相对宽松的环境。课堂教学因过分强调"教师权威""师道尊严"而给学生带来的压抑、窒息的气氛,以及"填鸭式""一言堂"的单调教学方式,在某种程度上禁锢了学生的思维,严重制约了学生的创新实践能力发展,扼杀了学生智慧的萌芽。范崇正教授在谈到如何培养学生创新能力时特别强调,创新需要宽松的环境。他明确指出,首先要改革以往那种灌输式教学、高强度的训练和大容量课程的教育模式,在时间上要给学生宽松的余地,让他们能向自己感兴趣的方向发展;其次,在空间上也要宽松,为学生提供更多的实验条件,扩大实验室开放的范围,让学生更多、更早地接触科研实践;最后是形成自由民主的学术氛围,注意保护学生的积极性和创造性。营造开发学生智慧潜能的课堂环境亦是如此。我们既要给学生充足的独立思考时间,不至于使他们过多受制于外界的干扰和牵制,又要给学生提供宽松的课堂空间、丰富的教学实践活动,以此锻炼他们的动手操作能力。

(二)安全

智慧课堂教学要求教师尊重学生的个性和自我意识,尊重学生的兴趣、爱好,以平等、宽容和友善的心态对待每一个学生,为他们创造一个安全的课堂环境。安全的环境氛围给予学生幸福与自由的感觉,使他们感受到自己被别人承认,受到别人尊重、信任与支持,并在心理上感受到表达、思维、感觉的自由。这种安全、自由的课堂环境保护了学生的智慧萌发的幼苗,鼓励学生敢于质疑、敢于标新立异,为学生的智慧成长提供良好的心理氛围。

(三)灵动

灵动的课堂就是指教师在课堂上最大限度地发挥学生学习的主动性和创造性,切实做到学生是学习的精灵、学习的主人,让学生真正活起来、动起来。熊生贵认为,强调课堂教学灵活、机动的特征是因为课堂教学是一个动态的发展过程,课堂的角色——师与生都是有着内心感受的活生生的人,学生的思维、情感、体验都会随着教师的点拨引导而发生变化。灵动是学生在教师激情的诱发下所产生的内心冲动,它表现为肢体的解放、思维的活跃、表达的欢畅、师生的互动。智慧课堂应当尊重学生主体的生命灵动,学生的生命灵动即是创造力在萌发、智慧火花在闪动,其本质充满激情的灵动,闪烁着智慧的火花,蕴含着丰富的思想与情感的交织。

(四)开放

环境的开放性,是环境作为一个系统对外界保持动态的交流和互动的特性,是环境所具有的动态性的反映,其实质就是环境与外界进行的信息、观念的动态交流。开放的课堂是针对过于封闭的教学内容和教学形式,突破呆板、沉闷、枯燥的课堂氛围,在开放中凸显教学民主和师生交流的课堂。这种课堂氛围强调以学习者为中心,要求学生主动参与学习、学会学习。课堂的开放要求教师要有开放性的备课、开放性的教学。有关开放课堂与传统课堂的对比研究表明,"开放课堂具有空间上的灵活性、学生对活动的选择性、学习材料的丰富性、课堂内容的综合性、更多的个别或小组教学,学生可以进行自由的探索、冒险,而传统的课堂多是一成不变、按部就班的讲解、提问、练习,学生成了知识的'罐头盒',气氛沉闷、压抑,因而'开放'课堂中儿童(思维)的流畅性、灵活性和独创性方面比传统课堂里的儿童得分要高"。

二、智慧课堂教学的心理环境建设

(一)创设动静相宜、张弛有度的课堂气氛

"课堂教学不是一潭死水,它应当像大海,永远变幻,就是在宁谧的时候,也孕育着绚丽多姿的波澜。当你直面大海,有时你会感到它奔腾似虎,有时你会感到它平静如练;有时狂涛跌落,若幽深峡谷;有时怒涛突起,似高高峰峦;就是潮涌潮落时分,你也会看到,它或像猛士般强悍,或像处子般安然。"

智慧课堂的教学过程是一种动态的不断前进和深入的过程,相对于教师讲、学生听的"一言堂"以及"独角戏",智慧教学倡导"把课堂还给学生",让学生主动合作、探究地学习,创造性自主地思考和行动。课堂气氛追求的是让学生"动起来",使学生主体动心、动手、动口、动脑,以此更有效地培养学生的创造精神和实践能力。追求学生的主体生命活力和"动"起来的课堂气氛旨在给学生创造自由参与的机会,给学生创造即兴说话的机会,帮助学生捕捉创造思维的灵感,使学生在独特的个性思维中,灵感喷薄而出,并得到自由自在的表现。然而,在实际的教学过程中,有的教师片面地理解了"动",以为外显的活跃性越多越好,从而造成课堂教学中活跃过剩、活动过量、为"动"而动,学生一直处于亢奋的状态。

理想中的智慧课堂应该是静中有动、动中有静,既有凝神思索的宁静,又有恍然大悟后的滔滔不绝,应该是动静结合、有张有弛。因为在教学中,学生有时需要"静思",学生在静思时貌似安静,其实头脑里风暴骤起,正在分解组合信息,在改变知识结构,它是一种"动"的内隐形式。另外,心理学研究表明:在静悄悄的气氛中,学生的思维会自然放松,容易迸发出智慧的火花。教师只有恰当处理"动"与"静"的关系,才能使每一位学生的思维在学习中得到充分的训练。因而,作为课堂环境建设的主导角色,教师应当深刻意识到,课堂的智慧应当从动与静的平衡中来,学生在动中实践和体验,在静中思考和提炼,然后再获得。心静不是心空,而是思维在积极地运转,其外在的表现是学生的手在动、嘴在动、但是思维却专注于一个问题的解决;动也非那种杂乱无章

的动,而是伴随着积极思维的动,是有秩有序的动,是静下思考后的发挥,是静下思考前的行为上的积累。只有经过无数的积累、顿悟、突破、再积累、再顿悟、再突破,才能最终获得新知识。

(二)创设开放、宽松的课堂氛围

第一,建立开放的课程理念。智慧课堂倡导的课程开放性,首先是针对以往教学内容的封闭性而言的,打破把学生束缚在预定的行为及知识、技能框架内,将学生视为机械加工的对象与材料,将所谓有用的知识、技能以及行为规范向学生进行强制性灌输的局面,扭转过于窄化和扭曲的教学价值、功能及本质。开放的智慧教学方法虽不否定对知识掌握的必要性,但却不止于对知识的认同性掌握,而是在帮助学生掌握人类知识成果的基础上培养学生开拓创新的精神,将学生的学习由感知、记忆水平提高到想象、思维的高度,通过启发式的教和探究式的学促进学生的智慧成长。其次,力争将制约课程的各种因素及理论来源融合、加工、升华为复合化的指标规范,使科学与人文、社会与个体、认知因素与非认知因素等指标之间形成具有内在关联性的逻辑结构,在此基础上建立广博的、综合性的课程形态。

第二,创设开放的人际关系。智慧课堂开放的人际关系的建立主要表现在教学方法的改革上,其中最为典型的是"参与式"的教学理念,也就是在课程设置、课程实施方法、实施过程以及课程评价的各个环节体现学生的积极主动地位,使他们参与实践、参与创新并在能力的成长中真正体会到自己是学习的主人。头脑风暴法作为从心理上激励集体创新思维的一种常用方法,被越来越多地运用于教学当中,其实质是建立开放性的人际关系情景。这样就可以在激发学生智慧的思维火花时,有效地建立教学过程中开放的师生人际关系。

(三)创设民主、自由的课堂管理体制

民主、自由的课堂管理为教师教学创新、学生智慧生成提供了制度上的保障,为教师提供创造性发挥教学智慧的空间,只有这样,学生的智慧火花才能够得到真正释放。

第一,重新认识学校的课堂管理目标,即以学生的智慧发展为本的课堂管理观。当代课堂管理理论认为,课堂管理的根本目的不是控制学生的行为,而是促进学生的发展。为此,在课堂管理中,应以学生为中心,时时考虑学生的需要,在全面分析学生实际情况的基础上,通过师生的课堂管理活动充分调动学生课堂学习的主动性、积极性,让课堂焕发出生命活力。

第二,确立人性化、无痕式的管理方式观。与传统的强迫纪律不同,现代课堂管理强调要实行人文化的管理,使课堂管理方式呈现出人文特性和无痕境界。例如,近年来,国外在课堂管理中特别强调健康课堂管理的思想,主张通过"为每个学生营造一种以相互信任和尊重为基础的愉快、健康、高效、融洽的课堂氛围,激发学生自强、自尊、自立的心理,从而使学生在课内外过一种健康、幸福和有意义的生活"。

第三,在课堂管理策略上,由注重教师外在控制向注重学生内在发展转变。随着课堂管理研究和实践的发展,人们越来越认识到真正有效的课堂管理是学生自我的内在管理,只有使教师的课堂要求内化为学生自己的自觉行为,才能达到最优的课堂管理效果。人们在重视教师外在管理的同时,更加重视学生内在管理的作用,强调通过学生积极主动地参与课堂管理和教学活动,让学生承担他们自己可以承担的责任,自己管理自己,培养学生的自主意识和责任感,从而激发其主动性和创造精神。

第二节 智慧课堂的理念构建及实践反思

随着信息技术的大力发展和广泛应用,智慧课堂应运而生,其主要基于建构主义学习理论,借助大数据、物联网、移动互联网等新兴信息技术打造智能、高效的课堂。智慧课堂是信息技术与课堂教学充分融合的产物,它的出现是大数据背景下教学改革的必然结果。

一、智慧课堂的理念构建

(一)智慧课堂的基本理念

智慧课堂的实质是探寻创新和智慧的授课模式,其根本观念涵盖了以发掘学生智慧发展为目标的教学目的观、注重师生情感和智慧沟通为核心的教学流程观和以关切学生智慧发展过程为要点的教学评价观三方面。

1.以发掘学生智慧发展为目标的教学目的观

传统的教学模式受到赫尔巴特理性知识观的影响,教学价值方面更多关注学生对外部世界的认识及对理性认识的把握。伴随人本主义的兴起和实践教育学派的发端,教学价值趋于多样化。课堂教学日益重视学生程序性知识的获取和学习,同时,学生的品德和情感等价值观的养成也逐渐被纳入教学的重要目标,其主要体现在如下方面。

(1)强调学生的创新精神和能力的养成

智慧课堂的深刻意义在于关心未来和未知的世界,要培养智慧的学生必须教会他们不盲目屈从于课本或者权威,使他们勇于质疑,敢于用科学的精神和创新思维审视传统的理论和习俗,以独到的眼界去阐释和重构外部世界。

(2)强调学生的学习智慧的提升

人类的智慧体现在处理问题、应对危机和思索人生等方面。学生学习的智慧体现在统帅知识的能力。学生对外部事物的新看法、学会的新知识和新办法就是经历的提升、技巧的重现和智慧的发端。

(3)强调学生对生命智慧的关切

生命智慧是指"个体使用自身的知识和经验审视自己与他人、社会和外部世界的关系，并对上述关系做出理智、果断判别和选择的能力"。学生经过课堂经历和体验，积极主动地将个体获取的知识内化和提升为对生命的智慧的理解。

2.以注重师生情感和智慧沟通为核心的教学流程观

与传统教学观不同的是，智慧课堂的教学过程注重师生的认知和情感的沟通，是以情换情、以智启智、情智交融的过程，是师生、生生之间互动的过程，更是师生共同创造的过程。

3.以关切学生智慧发展过程为要点的教学评价观

智慧课堂突破了选拔学生的陈旧观点，关注学生个体的发展，推动学生潜力的开发和智慧的形成。其中，在对学生智慧发展的评价中，要特别注意以下两点。

(1)应当聚焦学生的全面发展

智慧课堂不仅应当关注学生的知识和理性发展，更应当关注学生的情感、意志和价值观等方面的发展，唯有这样，才不至于忽略学生的学习态度和学习动机。

(2)必须关注学生的差异化发展

美国心理学家加德纳认为，测验或考试把学生进行了分类并贴上了标签，判断的往往是学生的弱项和短处，而非学生的强项和长处。因此，教学评价应该更多地关注学生的起点差异、潜力差异和个性发展差异，制定多元化的教学评价指标和体系。教师数据智慧的核心是教师应用数据监测学生学习、发现问题、分析问题、确定解决问题的方案，从而改进教学计划以及评估计划实施效果。大数据使教育不再单纯依赖教师对学生学习过程的感觉和直觉，使教育规律变得更加量化、标准变得更加客观、信息变得更加动态、课堂变得更加高效、学生需求变得更加具体、提高教学质量变得更加可行。智慧课堂模型构建了从信息采集、问题监测到智慧解决的方案，提供了具体数据分析的流程和团队协作的环节，帮助教师发掘自身潜力，并更好地服务于学生的需求。教师应利用大数据带来的机遇，尽快学会发现、使用并分析教学过程中积累的大数据，改进和完善课堂教学模式，形成具有自身特点的数据智慧，再应用数据智慧来发现学生个体差异和个性需求，提高教学效率和质量。唯有如此，教师才能在教书育人的同时发掘自身的巨大潜力，把大数据转化为信息，并升华为智慧，克服职业倦怠，为未来的职业发展提供持续动力。

(二)智慧课堂理念构建的背景

1.智慧课堂理念的产生

基于皮亚杰和布鲁纳等人的理念以及认知加工理论形成的建构主义学习理论，知识的掌握是学习者在特定的场所借助他人的力量，依靠特定的知识资源并运用意义建构的方法获取的。体验充分、学习高效的课堂环境创建必须具备情境、协作、会话和意义建构四大元素。智慧课堂充分迎合了建构主义学习理论对高效课堂场景的要求,借助最新科技和智能设备,瞄准教学过程中的课前、课中和课后三大节点,营造和模拟趋于现实的课堂学习环境,增加师生和生生之间的沟通,增强学习者的合作学习、课题探讨,提升学生知识系统的创建。

2.智慧课堂教学的形成

教学环节的效率可以通过数据分析来显示,比如学生的出勤率、作业的错误共性、课堂活动的参与度、师生互动的频率、学生对课堂内容的活跃度等。基于以上客观数据,教育管理者和教师能够直观地判断和控制教学环节和学生行为,从而为制定和修改教学决策提供数据参考。传统课堂中的教师要面向几十个学生进行授课,很难把握学生个体学习差异。基于新兴信息技术的智慧课堂采用全程控制和智能推送技术,针对课前、课中发布预习资料和学习资源,监测学生的学习进度和效果,精确把握学生个体的动态学习进度,有的放矢,因材施教。

3.智慧课堂应用的价值

智慧课堂总体上由教学流程、移动终端、应用支持、大数据评价和资源服务五个部分构成,其主要应用价值体现在:实现动态学习分析评价、构建新的课堂形态和学习环境、优化认知目标和教学设计、重组教学流程以及变革课堂教学方式。在智慧课堂上,无论在哪个教学环节,教师对大数据分析技术的精准掌握都起着无法替代的核心作用。在大数据时代,教师改进教学的重要途径是具备数据智慧。

(三)智慧课堂理念构建的前提

吉拉德等学者认为,数据智慧是指使用科技、领导力和文化来创建、转变并保存隐含在数据中的知识,从而实现组织机构的愿景。数据处理须借助"知识金字塔"来实现信息的转化、知识的升级和智慧的升华。"知识金字塔"又称"知识体系",简称"DIKW",即 Data、Information、Knowledge、Wisdom 四个单词首字母组合。在"知识金字塔"结构中,数据是信息、知识和智慧的基础和来源,数据通过加工处理后成为有逻辑的数据,即信息。经过提炼的信息指导人们的行动从而形成知识,知识逐步升华为智慧来帮助人们形成判断,并做出最终决策。教师必须分析数据,将其提升为信息和知识,最终形成智慧,传授给学生。

20 世纪 70 年代,超大规模数据库会议就提出了类似"大数据"的理念,但直到近些年美国投入大量财力作为大数据研究经费,大数据的研究才真正引起全球的广泛关注,各国在教育领域也逐渐意识到大数据的重要作用,纷纷建立起庞大的教育数据库。面对教育大数据,教师只有迅速提升自身的数据智慧,才能更大化、更高效地应用大数据,为课堂效率和质量的提升做出精准决策和判断。

二、智慧课堂的实践反思

（一）智慧课堂的价值追求

苏霍姆林斯基指出："智育的实质就在于使一个人通过获得知识而变得聪明起来,使学习对他来说并不因为获得越来越多的知识而变得越来越难。所掌握的知识分量本身,并不是智育水平的标志。"教师的任务在于,要使掌握一定范围的知识所必需的脑力劳动成为发展智力和能力的手段。要使获得牢固的知识这个问题得到顺利解决就要求每一个教师同时成为智慧的培育者。这是学校生活中最微妙的也可以说是最难以捉摸的事物之一。

2012年3月份经合组织发表了《为21世纪培育教师和学校领导者:来自世界的经验》报告。报告指出21世纪学生必须掌握以下四方面的技能:①思维方式:创造性、批判性思维,问题解决、决策和学习能力;②工作方式:沟通和合作能力;③工作工具:信息技术和信息处理能力;④生活技能:工作、生活和职业以及个人和社会责任。这就要求我们必须转变育人模式,提升育人的质量,即认真思考培养什么人、怎么培养人的问题。基于以上认识,我们坚定了创建智慧课堂的两个价值追求:其一,以学生的全面发展为核心。智慧课堂以学生的全面发展为核心,不仅注重学生知识的掌握程度,更加注重学生的能力发展、生命体验,满足学生创造的需要,达到激发兴趣、释放潜能、张扬个性、体验情感、提升心灵的育人目标。其二,转变学生的学习方式。教师通过运用启发式、探究式等多种教学方式,引导学生建立以体验式学习、参与式学习为主的学习方式,让学生体验到思维的快乐,从而实现积极主动学习。

（二）智慧课堂的实施策略

智慧课堂要实现以上两个价值追求,必须采取以下教学策略。

1.培养学生"做中学""悟中学"

所谓"做中学""悟中学"就是教师不是将知识直接讲述给学生,而是针对不同的书本知识,创设情境,引导学生参与到知识的形成过程中来,通过学生自己动手操作、体验感悟、归纳提炼,从而掌握知识、发展能力。当课堂中出现了与教材、教师不一致的声音时,教师应明确这是学生独特思维和智慧生成的体现。除了抓住这个契机,让学生通过师生、生生间的交流、对比和碰撞自主实现三维目标的达成,教师更应该对这种超越知识、智慧学习的表现予以鼓励。因为知识如果不用智慧的眼光去看,那它永远是在复制,而不是在创新。

2.智慧课堂的四个着力点

我们把"智慧课堂"概括为方便操作的四个着力点:科学预设、体验生成、质疑分享、评价激励。

科学预设——准备智慧的火种。科学的教学设计是教学质量的基础。我们在教学设计时应做到三个深入，即深入研究教材、深入研究学生、深入搜集最新知识；提出有价值的、启发性强的问题，充分激发学生的思维。要掌握好教学预设的度。过高的预设，必然会超出大多数学生的思维能力，这时课堂会比较沉闷，如果教师继续向下一教学环节推进，课堂的教学层次过高，就达不到面向全体的目标；如果预设过低，学生不加思考即可给出答案，思维发散不充分，就没有高水平的生成，达不到对学生思维能力进行训练的目的。遇到上述两种情况教师均应该及时调整、降低或提高难度，使预设适应教学的实际情况。

体验生成——点燃智慧的火炬。课堂上教师必须提供充分的时间供学生自学、讨论，推动学生参与到自主探究、合作交流、归纳概括中去；帮助学生在探究性学习中，逐步学会毛泽东主席在《实践论》中所倡导的"去粗取精、去伪存真、由此及彼、由表及里"的思维方法，提高辨析判断、发明创造的智慧和能力。

体验与生成的过程，是教师主导作用和学生主体作用相结合的过程，教师的表现是创设问题情境——捕捉各种信息，进一步引导、点拨——评价激励；学生的表现是进入问题情境——自主探究、合作交流——展示探究的结果。为了训练学生的思维能力，教师要缜密地观察学生的学习状况，及时采取有针对性的措施，引领学生在自主探究、合作交流中对学习内容形成深层次的体验和感悟，这样思维能力才能得到充分锻炼，探究的结果才能丰富多彩。

质疑分享——照亮前进的道路。学生对教师提出的问题进行深入研究后，必然会有不同的思考路径、方法，产生不同的理解和结论。这些不同的思路和想法有的是正确的，甚至是奇思妙想；有的是不完整的、错误的甚至是荒诞的。这说明学生的思维已经充分发散开来，这恰恰就是智慧课堂所要追求的效果。真正的教育，是学生能够运用知识分析问题、解决问题，能够阐述自己的观点和主张，能够在碰撞与交流中真正体会智慧和能力的提高。

教师要营造好自由发表的环境，需要做到以下三点：第一，给每一个学生提供展示的权利和机会。最好先是小组内交流，然后在全班展示。保护好学生主动参与思考的积极性，促使他们建立充分的自信。第二，在学生展示自己思考成果的过程中，教师不要轻易肯定或否定学生的结论，而是引导其他学生进行质疑与辩解。"真理越辩越明"，在深入的辩论中，学生的辨析能力和创新能力得到了锻炼和提高。第三，教师在学生充分研讨之后给予必要的指导，对于正确的结论要鼓励学生予以汲取；对于学生科学的奇思妙想、与众不同的方法，教师要予以表扬和鼓励，引导其他学生共享；对于不完善的结论，教师要鼓励学生予以补充；对于错误的结论，教师要引导学生分析原因，使其知其然知其所以然。

评价激励——为智慧火炬加油。评价的目的是促进学生合作探究的积极性，主要方法是肯定学生的成绩和进步。教师的评价主要是评价学习小组，组内每个学生的发言代表着自己的小组,组内的所有学生享有同样的评价结果。教师要充分肯定小组的作用,鼓励小组内互相学习,实现组内学生的共同发展,培养学生的责任意识、团队精神、社会化能力。评价内容主要包括三个方面:一是看广度,即看各小组学生参与研究讨论的积极性,是否全员参与,发言是否积极;二是看深度,看各小组学生理解问题的深度,是否有科学的奇思妙想;三是看各小组每个学生的教学目标达成度。三个方面均以等级的形式予以表达。

3.从教学模式发展到教学文化

教学模式是指在一定教学思想或教学理论指导下建立起来的较为稳定的教学活动结构框架和活动程序,其中每一种模式都有其特定的逻辑步骤和操作程序,它规定了在教学活动中师生先做什么、后做什么,各步骤应当完成的任务。而教学文化是一种持久成形的思维方式、价值观念和行为习惯的类型或范式,是教学背景下师生的课堂生活方式。因此,教学模式是教学文化的实施载体,教学文化是教学模式的丰富和发展。将教学模式向教学文化推进,不仅让自主学习、合作学习、探究学习、研究性学习等以追求学生智慧和能力的教学行为成为师生的一种意识、一种习惯、一种常态,更让课堂中培植智慧的沃土常在。

(三)智慧课堂的实践反思

智慧课堂作为一种新型的课堂教学形态,通过构建和应用基于新一代信息技术的理想学习环境,有效解决了传统课堂教学过程中存在并难以解决的问题,增强了学生的主体地位和主动学习意识,提高了课堂决策分析和互动交流能力,提升了课堂教学质量和效率。基于实时交互与动态学习数据分析,智慧课堂实现了以数据为基础的高效课堂,主要体现在以下几个方面。

1.搭建智慧化课堂教学环境

智慧课堂以云计算、大数据等现代教育技术为支撑,在智慧教育理念的指导下,结合现代教育理论,针对课前、课中、课后的教学闭环,搭建以新媒体、智能设备为主的硬件环境,基于互联网、校园网、课堂微型互动服务器,构建以教室为单位的无线网络环境,实现课堂内各终端设备的无缝交互和智慧应用,打破传统教室黑板、讲台和时空的限制,重塑课堂教学互动模式,形成智慧化教学环境与学习环境。

2.促进课堂形态与结构的变革

智慧课堂教学推进信息技术与教育教学的深度融合,通过大数据的深化应用,促进课堂形态与结构变革和教学模式创新。新技术、新媒体和智能设备为学生提供了多样化认知工具和有利于学生建构意义的学习情境,实现师生、生生之间的沟通与交流的立体化和即时化,为教师和学生提供开放、共享的课堂,实现传统课堂向数字化"体验馆"和"实验场"的转变,使教师可以采取更灵活的方式进行教育活动,为学生激发潜能、发展智慧提供有利条件。

3.变革传统课堂的教与学方式

基于伴随式的动态数据采集,智慧课堂实现了传统教学观念、教学模式、教学内容的变革。通过常态化应用,教学从传统的以教师为中心强调知识传授的教学模式转变为以学生为中心强调认知建构的教学模式;从传统多媒体教学仅改变了黑板(或白板)的呈现形式向信息技术支撑下的师生实时互动转变,师生、生生之间的沟通交流更加立体化、即时化。教学资源实现富媒体多样化、按需智能化推送、实时动态更新。基于活动的、项目的教学,结合依托数据分析的精准教学与点评,使得个性化教学和因材施教得以实现,推动教育教学的颠覆性变革。

4.形成新型师生角色与关系

基于智慧课堂的师生移动端工具的应用,在教室取消讲台,教师始终面向学生进行教学,融入学生之中,这有利于师生互动,师生可以平等交流,从而增进学生对教师的亲近感。智慧课堂以建构主义学习理论为依据,倡导教育为学习服务,教师是学习服务的提供者、帮助者,学生是学习服务、知识探索服务的享受者,教师的工作是为学生更好地去探索与掌握知识服务,帮助学生自主学习和构建知识。

5.构建全过程动态评价反馈体系

智慧课堂为重构以形成性评价为核心的教学评价体系及评价策略提供了良好的条件。利用以数据为基础的学习分析与反馈技术提供测评练习,教师可以及时完成学生学习全过程的诊断评价,对学生的评价从主观评价转向数字化客观评价,实现伴随式、精准化评价诊断,从而推动教学评价从注重结果转变为注重过程。我国教育信息化发展已取得了显著成效,但随着信息技术的发展和教育教学新需求的不断增长,信息技术和教育的深度融合既是教育发展的内在需要,也是未来教育信息化发展的必然趋势。以智慧教育理念为指导、以先进信息技术为依托的智慧课堂在打破传统课堂教学模式、提升教学效率、构建个性化学习空间等方面发挥着日益重要的作用和巨大的价值。如何进一步发挥智慧课堂的价值,提升其实用性仍将是未来我国基础教育信息化发展的一个重要命题。

第三节　智慧课堂的生成策略

▌一、启发心智,以培养智慧为目标

课堂教学是在规定的时间和场地,师生共同进行的有目的的教育活动过程。那么课堂教学的目标是什么呢?自新课改实行以后,课程标准由过去仅重视"双基"的二维目标慢慢地向三维目标转换。关于三维目标,《基础教育课程改革纲要(试行)》这样

表述:国家课程标准"应体现国家对不同阶段的学生在知识与技能、过程与方法、情感态度与价值观等方面的基本要求,规定各门课程的性质、目标、内容框架,提出教学和评价建议"。根据这一要求,在新课改的背景下,普通课堂教学都应该以三维目标为实现标准,然而在智慧课堂上,学生思维和思考力的培养要得到更多的关注。因此,在智慧课堂中要让学生活在思考里,而不是每天照旧上课,而且要把学生脑力劳动当成其课堂教学的最终目标。只有这样才能将智慧课堂和普通课堂区别开来。

开发、培养、发展学生的智慧是智慧课堂追求目标的着重点,这并不是空喊口号,而是要把这个重要目标贯穿到每节课中,在看似平常的课堂上通过教师的智慧来引导学生进行脑力活动,从而激发出智慧的火花。以课堂上常用的教学方法——谈话法为例,不同类型的教师会有不同的使用方法。如果是一个平庸的教师,课堂就是他借助对话这一形式将书上现成的答案传达给学生,不喜欢学生持有疑问,他自身只是充当一个传话者的角色。如果是一个普通的教师,或者是一个期望发展学生智慧但却囿于自身能力而不能进行很好操作的教师,他可能在和学生对话的时候会有意识地想激发学生的智慧,但对话却也是僵硬的、形式化的,而且对于学生的疑惑和不解,鉴于自身能力问题,此类教师也不能给予一个很好的解释和引导,而仅用"这个问题问得很有新意,我们可以留到下节课来讨论"或者"你的回答很好,很有新意"等这样公式化的评语回馈给学生。但是优秀的教师却能够因势利导,通过学生的疑惑和不解,了解学生对于知识的掌握度和思考能力、迁移能力,进而通过有效的对话形式和学生展开讨论,让学生展开思维的翅膀,启发学生思考,从而利于学生智慧的生成。

二、解放学生,注重引导

皮亚杰认为知识的获得是儿童主动探索和操纵环境的结果,是作为儿童的主体与客体相互作用的结果,而学习是儿童进行发明与发现的过程。他认为教育的真正目的不是向儿童直接转移知识,而是设置充满智慧刺激的环境,让儿童自行探索,主动学到知识。这意味着我们在教育中要注意发挥学生的主体性,不要把知识强行灌输给学生,相反,要设法向学生呈现一些能够引起他们的兴趣、具有挑战性的材料,并允许学生依靠自己的力量解决问题。

还原学生主体地位,是新课改以来我们一直呼吁的主题,但在现实的课堂中还没有落实到位。在教学实践中,很多教师只是将落实学生的主体地位作为一个形式,并没有将"主体"地位真正地归还于学生,因此真正掌控课堂、真正掌握教学进度的,其实还是教师。此外,教师还在课堂上扮演一个滔滔不绝的讲演者和灌输者的角色,学生只是一个被动的聆听者和接受者。当然,真正地落实学生的主体地位并不是说要完全抛弃教师的教和指导,彻底地否定教师的作用。鉴于学生自身身心发展的特点和制约性,把学习这件事彻底地交给学生,有其操作的不合理性和困难性,因此,我们倡导的"还原学生的主体地位"是把教师的教和学生的学结合起来,把课堂的活动过程当成一个师生交往、积极互动、共同发展的教与学的过程。在这个过程中教师和学生通过相互启发、相互沟通、相互补充来达到共同思考、共同进步的目的。学生思考能力的提升、智慧的培养是每节课所追求的目标,因此教师在这样的课堂中要更多地扮演一个引领者、启发者的角色。

强调学生的主体地位、个体知识的获得需要学生在原有知识基础上对客体进行操作。既然学生的个人知识是在操作中得来的,那么教师在课堂上就应该给学生尽可能多的探究、操作的机会。一堂课有 45 分钟,如果教师把全部的时间都用来讲授,那样既累了教师,也不能让学生真正地形成个体知识。一个好的教师应该会预留一部分时间给学生讨论、操作、表达,这并不是教师偷懒,而是一个智慧课堂管理者应该表现出来的教学风格。让学生成为课堂真正的主体。学生主体参与教学实质上是在教学中解放学生,使他们在一定的自主性活动中获得主动发展。但是课堂中学生的参与也不是乱参与,而是让学生在感兴趣的前提下主动地参与。智慧课堂中的参与是学生在教师的指导下,有目的、有秩序地参与,并且还是一种主动参与。在这种参与的情况下,学生与教师的思想达成碰撞,学生在思维的矛盾中拨开乌云见晴天,最后,学生的自信心与自尊心都得到满足。

▌三、预留空间,主动探究

在课堂上总有那么几个学生是没有开动脑筋来思考的,他们只是坐在教室里听着教师上课,却并没有思考,他们像其他的学生一样每天都在教室里度过 6 小时,但这 6 小时对他们来说只是时间的消遣。这些学生在课堂上总是无所事事,随着时间的推移,很容易走入歧途,甚至道德败坏。因此,如果一个人在课堂上荒废了思考,不会思考,那么课堂无论是对学生还是对教师来说都是有害的,学生首先应该成为思考领域的劳动者。学生在课堂上学习,是为了将来在面对社会时能有一种应对的综合能力,而这种能力的获得不仅需要学习具体的知识,还必须展开与知识相关的能力的训练。这种训练需要学生开动脑筋,把具体的知识和生活中的事情联系起来,进行思考,这样才能为以后的生活打好基础。

我 想在生活中、在学校里很多家长和教师都遇到过这种情况:孩子在小学的时候很聪明,学什么都很快也学得很好,但是到了初中,学习想要变好却不那么容易了,许多女学生在小学时候成绩名列前茅,到了初中却变得不会学习了,考试成绩总是在后面几名,学习不再像小学时一样轻松愉快,而是变成了一种负担。为什么会出现这种情况?问题的关键就在于,在课堂上教师剥夺了学生思考的权利,剥夺了学生自己探究的兴趣,教师更多的是通过灌输的方式把知识教给学生,为了应付考试采取题海战术,让学生不断地做习题。最后学生迷失在知识里,迷失在题海里,丧失了思考的能力。虽然这种方式能够让学生很快地学到知识,让学生在短时间里学习不那么吃力,但从长远看,这是害了学生,让学生丧失了学习的能力。这就是为什么后面学生学习得越来越吃力。在这样的课堂里教师用自己的方式快速地给学生传递知识,却忘了教给学生如何思考、如何去获得新知识,从而阻碍了学生智慧的发展。

学生真正地获得知识是要通过教师的引导,靠学生自己的探究,而不是靠教师直接给予。教师应该教会学生用心去感知新知识,而不是去强记新知识,让学生在新的知识里面寻找以前学过知识的停靠点,通过自己熟悉的知识慢慢适应、理解新知识。这个过程就是学生将新知识熟练、内化的过程。知识只有在这种情况下才是学生用思考换来的。那么怎样才能让学生自己进行探究呢?怎样才能让学生开动脑筋呢?可想而知,学生学习的难度不应太大,教师应将学生学习难度范围控制在"最近发展区"内,学生通过教师的某种提示或者帮助再结合自己的脑力思考能够达到学习的要求,教师的提问就是一个很好引导学生思考的方式,用不同的问题让学生思考,也会有不同的学习效果。

▍四、创设情境,唤醒智慧

什么样的教学环境才能促使学生智慧的发展呢?这种教学环境必定是让学生感觉轻松的、和谐的、愉悦的。试想一个人在一种紧张的、不自然的氛围当中,怎么能很好地思考,更不用说进行创造、进行脑力劳动了。因此,教师的首要任务就是营造一个让学生感到愉悦的、和谐的课堂氛围,使学生的心态自由开放,能够自由地思考,只有这样才能达到人的生命的自由。智慧有其鲜明的外部特征:愉快、欢悦、幸福,这是智慧的表情。充满智慧的人总是愉快的,总是洋溢着幸福感。要让学生智慧起来,首先就要让他们愉快起来、自由起来,只有愉快的心态和自由的氛围才可能有智慧火花的闪现。

首先,和谐愉悦的课堂氛围是建立在人格平等的基础上的,教师能够真正地和学生成为朋友。教师要有细心、爱心、耐心,有着把整个心灵献给学生的情怀,能够从学生的角度来理解课堂与课外发生的一切,真正地和学生做朋友,思考学生思考的问题,关注学生关注的问题。学生能从教师平等的眼神中感受到被尊重、被肯定,从而产生信任。正是这些良好的情绪促使了学生能在和谐的氛围中放飞思考和想象的翅膀,从而引领智慧的发展。其次,教师还要把对学生的耐心很好地表现出来,无论是通过行动还是语言,要让学生感受到教师的情绪,以及教师在课堂上的激情。教师在熟悉所教内容的前提下,有了良好的情绪调节,可以调动学生的情绪。学生在这种自由、自主的环境中也能更好地思考。最后,要给学生提供心理的安全和自由。心理的安全和自由是催生创造的两个条件。心理安全的环境就是指一种没有批评、不同的见解均得到尊重与鼓励的环境;心理自由的环境就是提供机会让学生敢想,敢于向书本、向权威说"不",也就是"给学生以思想的自由、感情的自由、创造的自由"。学生一旦获得这些自由就能在课堂上畅所欲言,能够展开思维和想象的翅膀,尽情地在课堂中翱翔。

▍五、紧着预设,宽着生成

预设与生成是矛盾的对立统一体,课堂教学既需要预设,也需要生成,预设体现教学的计划性和封闭性,生成体现教学的动态性和开放性,两者具有互补性。在课堂教学中我们应该"紧着预设,宽着生成"。智慧课堂呼唤高水平的预设与精彩的生成。

预设在课堂教学中是必要的。古人说:"凡事预则立,不预则废。"学校教学都是有计划的,预设是保证教学质量的前提,学校在开展一个学期或者是一个学年的工作之前,必须对这个学期的工作有一个清晰的思路。这在课堂上也是一样,教师在上课之前必须对这节课有自己清晰的思路,明白上课的目标是什么、内容是什么,采用什么授课方式来上这节课。但是,在传统的课堂中,教师过分追求预设,使上课的过程变成了一个演出教案的过程,不允许中间有任何的节外生枝。这种沉闷和程式化的教学使课堂缺乏乐趣,也缺乏对智慧的启发和挑战。

众所周知,课堂是一个动态生成的过程,学生是一个个有思想的生命,教师不可能要求所有的想法都是其想要的,也不可能穷尽所有可能在课堂上发生的情况。教师也不可能把学生所有的反应都罗列出来,然后想象出每一种学生反应的应对策略,这样做既耗时也不现实。课堂不是情景的演出场,不是每个人都有固定的台词。学生在上课时可能会被突如其来的响声所吸引,或者被窗外的风景所吸引,或者会被其他学生的小动作所吸引等。因此智慧的课堂应该是预设与生成并存的课堂,智慧型教师应该将预设与生成结合起来,在动态生成中让课堂朝着预设的方向发展。

一个好的教师会给自己的教案留一定的空间,在备课的时候能够把课堂的动态生成也作为备课的一部分,智慧型的教师不会在一堂课上死抱住一个教案不放,而是能够根据学生的反应随时调整计划甚至改变计划,这并不是天马行空地教学,也不是对教育规律的不尊重,相反,恰恰是为了尊重教育规律,一切从学生现有的状况出发。改变教学计划甚至脱离教学计划并不意味着课堂是随意的、跟着教师的灵感走的,临时的改变也是智慧型教师的一个体现,因为改变来源于观察,只有经过入微的观察和具有高超的课堂驾驭能力才会促使教师做出改变。虽说生成才是更好地针对学生的教学方案,但这不意味课堂不需要预设。假如对课堂没有计划而完全是教师的临场发挥,那样课堂也会变成放任自流的,学校工作也就失去意义和价值。智慧的课堂是"紧着预设,宽着生成"的。

六、抓住细节,探寻教学时机

完整的课堂教学是由一个个小的课堂细节构成的,课堂细节具有不确定性和偶然性,教师或许在备课或者预设时,无法想象出课堂上会发生什么样的事情、会出现什么样的状况,但真正智慧的教师应该能够及时地把握住课堂上的每一个小细节,能够根据学生在课堂上即兴的表现及时调整教学行为,不再忽略学生真实的反应,甚至能够根据学生的问题或质疑旁征博引,这样的课堂不仅能够使预设的教学得以完成,而且还会让学生有一段意外的心智之旅。另外,教师的这种临时机智更能激发学生的质疑精神,而这不就是我们的课堂、我们的教育所需要的吗?

课堂是由无数个细节构成的,那细节存在的形态是什么样的呢? 教师如何去发现所谓的"细节"从而发掘教育时机呢? 课堂细节可以是学生的一句话、一个眼神、一个动作或是一种表情。而智慧的教师应该能够从学生们的表情、疑问、眼神当中读懂他们的想法,比如刚才"我"所讲的知识他们有没有听懂,是完全不懂还是一知半解。当然这首先要建立在教师对学生非常了解的基础上。另外,教师能够发现课堂细节只是一个前提,我们的终极目标是通过细节达到锻炼学生心智的目的。

▌七、善待差异,激励智慧

学生是学习和发展的主动接受者,是主体,每一位学生都是个性鲜明的独特个体,"教育就是要在每一个个体独特生命的基础上去促进他们的成长、发展和完善,而不是去遏止、压抑和抹杀这种个性和独特性"。学生是一个个不同的个体,让不同的学生得到不同的发展,并且得到最适合于他的发展是教育所追求的目标。这也就是我们通常说的"因材施教",根据学生不同的特质,教师给予不同的教育。教师不在课堂上一刀切,不用同样的要求来要求所有的学生,不用一样的标准来衡量不同发展的学生。

首先,在教学中教师应该尊重学生在性格、情感、思想等方面的独特性。教师的责任应该是让不同个性的学生得到充分的发展。其次,因为每个学生的个性不同,所以教师对学生的评价也是因人而异的,教师应多采用激励性评价。每个人的智能是不一样的,教师不应用一种标准来衡量所有的学生。评价学生的标准可以更人文、更具有关怀性。这样学生在得到教师肯定的同时能形成对自己的肯定。

随着我们社会全方位地进步与发展,课堂教学目标也悄然地发生着改变,新课程改革的兴起对课堂教学提出了新的要求与挑战,教师的教学不仅要使学生成为有知识的人,而且还要让学生成为有智慧、能适应社会需求与发展的人,这就使得我们课堂教学的关注点与落脚点更多地指向了学生自身的生命和智慧的成长。因此,人们对传统意义上的课堂教学有了新的认识与理解,人们开始认识到课堂既是学生学习的地方,也是学生生活和生命智慧成长的地方。然而,那些富有生机和活力的教学场景并没有如人们所期盼的那样在课堂教学中出现,教师的理性、德行还是很缺乏,具有生命创造和灵性的学生仍然很少,甚至几乎没有出现过。因此,让智慧回归教育,让智慧唤醒课堂,让智慧引领教师专业成长,这是时代的呼唤,是教师专业成长的需要,是课堂教学焕发生机与活力的契机,是新时期教育教学改革的重大使命,可以说,智慧课堂的提出适应了课程改革的需要与发展,它是课堂教学的一种品质状态和境界。而教学智慧是课堂教学的良好内在品质,自由、和谐、开放和创造是教学智慧的表现形式,真、善、美是其价值判断。教学智慧渗透、内化于课堂教学中的教学目标、教学过程、教学环境、教学管理和教学评价等各个方面。智慧课堂追求的是对生命的尊重、对智慧的开发、对美好生活的向往。

第五章　智慧课堂在教学中的应用

本章回答了在学校教学实践中如何开展和应用智慧课堂教学的问题,分析了智慧课堂的教学实用流程和基本环节,阐述了智慧课堂教学中基于信息化平台进行备课和教学预设、开展互动教学、实施个性化辅导等教学应用策略。

第一节　智慧课堂的教学程序

智慧课堂理论与技术构建的目的和归宿在于应用。因此,必须围绕在学校教学实践中如何开展和应用智慧课堂教学进行进一步的研究,探讨智慧课堂教学的实用流程和具体的教学策略与方法,提供智慧课堂教学的实用指南。

一、智慧教学目标

在现实生活中,人们所从事的各种活动都是有目的的。人们在从事活动之前,会在头脑中设想可能发生的情况和预期的结果,从某种意义上来说,它具有一定的行为指导作用。其在教学活动中亦是如此,教学目标存在于教学活动之前,是教学工作者对于教学活动结果的一种构想和期望。智慧教学的最终目标是通过智慧课堂教学促进学生智慧生成,培养学生成为智慧型人才。关于智慧教学目标的论述分为三部分——总目标、三维目标和具体目标,下面来分别进行阐述。

(一)总目标

学生的智慧生成是一个长期的、内隐的过程,从主客体关系来看,人的智慧成长包括三个方面:主体对外部世界的主观认识和把握(即理性智慧)、主体对外部世界的能动改造(即实践智慧)和主体对外部世界和与主体世界关系的认识和把握(即价值智慧)。智慧课堂教学与以往课堂不同的是,其目的在于引导学生由浅入深地学习,培养学生学会学习的能力,最重要的莫过于促进学生创造性学习,最终实现启迪学生心智,促进学生智慧成长的目标。智慧课堂可以说是集多种智慧于一身的结合体,它包括德行智慧、理性智慧、实践智慧、价值智慧等。总之,智慧课堂是一种知性与理性相伴、科学与人文相伴、理论与实践结合、技术促进智慧生成、充满创造精神的积极课堂。

（二）具体目标

教学目标又称学习目标,它是学生学习的出发点和归宿,决定着教学的方向,引导着学生的学习行为。我们在设计学习活动、评价学习结果时都要以学习目标为依据。学习目标与学习内容一样具有层级结构,包括课程目标、单元目标和课时目标三个层级。

课程目标是指整个课程结束之后学生需要达到的目标,涉及德、智、体、美、劳等宏观方面。单元目标是课程目标细分后的子目标,规定了每个单元结束之后学生应该学会什么,具体涉及学习者的认知、动作技能和情感方面所达到的水平。课时目标又是单元目标的子目标,详细到每一课时的知识点掌握。

学习目标的表征有很多方式,目前被广为接受的是布鲁姆的学习目标分类理论和加涅的学习结果分类理论。布鲁姆主要从形式的角度对学习目标进行分类,而加涅主要是从内容的角度对学习结果进行分类。这两者都是指导学习目标设计的很有实用价值的学说。本研究比较认同加涅的学习结果分类,其目的是想说明不同的学习结果具有不同的学习条件,学习结果分别是言语信息、智慧技能、认知策略、态度和动作技能,前三者属于认知领域。在认知领域,言语信息是指能用语言符号表达的知识,其中又分为三小类:符号记忆、事实知识、有组织的整体知识;智慧技能是指运用符号与外界相互作用的能力,其中又分为五小类:辨别、具体概念、定义性概念、规则和高级规则(问题解决);认知策略是指有关学习者如何控制学习过程的各种方法。动作技能是指通过练习获得的、按一定规则使自身运动协调的能力。态度是指习得的对人、事、物等的情感反应,对于大学生来说,主要是指对学习所产生的各种情感反应。

（三）三维目标

智慧课堂教学目标的预设,要符合新课改提出的"三位一体"的课程目标,即知识与技能、过程与方法、情感态度与价值观。在进行目标设计时,教学实施者要善于利用智慧课堂的有利环境,根据每节课的教学内容特点,设计出具体的学习目标,恰当地将三维目标融入智慧课堂环境下智慧学习的过程中。

二、智慧教学活动

教学活动可以理解成为了达到某个特定的学习目标而进行的师生行为的总和。

教学活动和学习活动侧重点不同,教学活动这一术语相对于学习活动而言,更侧重于师生活动的综合行为,体现以教师为主导、以学生为主体的思想。智慧课堂教学活动的设计是本章的核心部分,活动的设计应该提高其多元性和多选择性,只有这样才能更好地适应学习者之间的个体差异。智慧课堂教学活动分为课前、课中和课后三个部分,每个部分都由教师活动和学生活动共同组成。具体内容如下。

（一）课前预习反馈,实时数据呈现

在课前预习活动的设计过程中,教师要依据具体的学习目标要求,结合学生特征分析结果,有针对性地进行预习内容的设计,制作预习资料,提供拓展资源,用于学生的课前预习活动。教师设计好教学活动之后通过移动设备将其推送给学生,学生开始课前学习。

在课前预习阶段,传统课堂教学流程可以简单概括为:教师备课——学生预习。教师对学生的分析主要是依据个人经验和对学生的主观认识,缺少对学生情况的深入调查。而学生预习具有很大的自由性和不可控性,有没有认真预习全依赖学生的自觉性。课前只有极少数学生会主动与教师交流,师生之间的交流互动难以得到保障,这导致教与学之间脱节,教学质量低下。

智慧课堂教学模式的课前预习环节从很大程度上解决了传统课堂出现的问题,具体包括以下环节:

1.制作预习材料

预习材料的制作是教学活动设计的重点,一般包括自制微课、精选优秀慕课、选择富媒体资源、制作预习检测题四个内容。

（1）自制微课

微课是互联网时代下诞生的新宠,是一种新型数字化教学资源,其核心内容是课堂教学片段。学生可以通过移动设备随时反复观看,同时适合教师的观摩、学习和反思。目前有关微课的网站有很多,比如浙江微课网、中国微课网、全国高校微课教学平台等。在这些网站上高校教师可以观看相关作品,从作品的方案设计、呈现方式等方面进行研究学习,在交流评价区能够对作品进行评价,也可以将自制的微课在相关网站上进行投递,参加比赛。微课的制作方法有很多,比较常见的是移动设备拍摄、录屏软件录制、数码相机拍摄、可汗学院模式录制等。微课的制作工具多种多样、层出不穷,常见的录屏软件有 CamtasiaStudio、屏幕录像专家、微课大师等。

（2）精选优秀慕课

慕课（MOOC）即大规模开放在线课程,是近年来涌现的一种新型在线课程资源。慕课具有开放性、大规模、社会化等特点,它起源于开放资源运动,受到国内外教育界的广泛重视。目前国外慕课的三大巨头是 Coursera、edX、Udacity,它们吸引了世界顶级高校的参与。与此同时,国内的慕课迅速发展起来。国内较具影响力的慕课平台有清华大学推出的"学堂在线"、爱课程网与网易云课堂携手打造的"中国大学 MOOC"、隶属于北京奥鹏远程教育中心有限公司的"慕课网"。随着移动互联网技术的发展以及智能手机的普及,国内慕课网站相继推出移动端 APP,学生通过手机即可观看优秀课程资源。这三大平台汇聚数百家名校的精品课程,覆盖的学科众多,全国多数 985高校入驻,有大量的免费课程和优质课程。

课前教师可以查找与本课程相关的慕课资源,通过手机将其推送给学生,学生不用打开电脑,直接用手机即可观看名校慕课。平台上的慕课可以作为教师教学课程的补充,一方面给学生提供了新型的学习途径,有利于激发学生的学习兴趣;另一方面辅助了课程教学。教师也可以通过名校慕课观摩学习,提升自己的教学效果。

（3）选择富媒体资源

富媒体从字面来看即丰富的媒体之意,形象地说,就是随着信息技术的发展,在互联网上出现的多种媒体形式,包括文字、图片、声音、动画、视频等。富媒体之富,是建立在互联网的基础之上的,是多媒体信息与交互性信息的深度融合。选择富媒体资源是智慧课堂教学的课前预习活动的重要任务,主要从以下两点把握:一是选择合适的学习资源,从内容上来说其应和课堂教学内容相关,包括课程目标、数字教材、多媒体课件、网络视频、测试题、参考资料等。教师根据课程所需,选择合适的资源类型;二是选择合适的推送方式,推送形式包括教师自制的微视频、自制的多媒体课件、电子文档、网址分享、网络视频、慕课视频等。不是每次课前预习所推送的资源都涵盖以上形式,教师要根据每节课的教学所需选择相应的推送方式。

（4）制作预习检测题

预习检测题的设计是为了检测学生课前预习的效果,利于教师进行课前诊断,并进行教学内容调整。预习题的设计要围绕学习任务,符合学生的学习规律,与生活实际相结合。智慧课堂教学强调学生的个体知识建构,因此预习题要尽量有挑战性和趣味性,能够激发学生学习动机。检测题的题型包括客观题和主观题,客观题一般有单选题、多选题、判断题和投票题,主观题有简答题、分析题等。教师可以通过手机平台及时了解学生做题情况,并进行课前准备。

2.资源发布

教师将制作好的预习资源通过智慧课堂信息技术平台发布给学生,学生移动端就会实时收到提醒。教师发布资源的同时可以选择班级,设定预习截止时间。教师发布的资源形式多样,包括微视频、精选的网络在线课程、课件、链接、预习题等,供学生选择学习。与之前仅仅把课件传给学生相比,教师精选的资源更加丰富多样,能够激发一些学生的学习兴趣。

3.自主预习

学生接收到教师推送的课前预习资料后,便可以根据自己的时间情况进行自主学习,并在指定时间内完成预习任务。智慧课堂的课前预习是具有可控性的,学生有没有预习、预习的情况和答题情况都会在教师端以数据的形式直观呈现,教师可以通过相关平台进行实时监控,即时了解学生的预习情况,并对预习数据进行分析,初步了解学生在预习过程中遇到的问题以及容易出错的知识点,做好教学记录。

4.在线交流

学生可以对教师分享的预习资料发表意见,比如哪里有错误或者不当,也可以推荐自己认为比较好的资料给大家。针对预习过程中遇到的问题,学生可以在学习平台上与教师进行沟通交流,提出疑问或意见,教师给予初步解释,并对教学内容进行调整。学生还可以给教师出谋划策,以学生的角度来设计教学活动。教师可以采取相应的策略,鼓励学生交流互动,增进师生感情。

5.教学方案

教师根据学生的预习情况、答题情况和交流情况,进行综合分析,对教学设计方案进行修改优化。其包括以下几个方面:一致性检测,检查所设计的各个学习活动,确保它们的具体设计与学习目标一致;思考是否可以增加或者改变学习外部形态;思考是否可以增加一些任务类型,使教学过程的任务类型更加丰富;思考如何提高学生的参与度;思考如何才能使得学生的学习产生外部的学习成果;思考如何提升学生的学习动力。

6.学习心得

学生预习完成后,可以在学习平台上写下自己的学习心得,对自己的学习行为进行反思,这也是课前在线学习评价的一部分。反思可以让学生更客观地评价自己,是学习活动的重要组成部分。

(二)课中立体互动,师生持续沟通

在课中互动阶段,传统课堂主要是"教师讲课——学生听课,教师提问——学生回答,布置作业——课后作业"这三个环节,从这三个环节可以看出传统课堂互动性的缺乏,学生处于被动地位。相比之下,智慧课堂教学的关键就在于课堂互动,其核心是立体化的互动过程。智慧课堂在教学的过程中,强调学生的主体地位,教师起到引导者、促进者的作用。它不同于传统的课堂互动,不仅仅是课堂上师生之间言语的互动,最大的不同在于它借助相关信息技术学习平台来实现师生之间立体的、多元的、持续的、高效的互动,在互动的过程中促进学生智慧的生成。课中学习活动流程采用"6+5流程"结构,即包括教师教的6个环节和学生学的5个环节,即创设情境、整理反馈、确定问题、多屏教学、多屏学习、任务推送、合作探究、课堂随测、限时提交、实时点评、巩固内化。

1.整理问题、确定问题

将班级学生每4~5个人分为一小组,小组讨论课前预习时遇到的问题,小组成员通过交流讨论初步解决问题,把无法解决的问题通过移动设备上报给教师,教师记录每个小组的问题,并根据课前预习情况做出判断,筛选典型问题,最后进行重点讲解。

2.创设情境、导入新课

学习情境的创设有利于学生快速进入学习状态,教师可以采用多种方式来创设学习情景,导入教学内容。由于课前阶段学生已经对学习内容进行了初步预习,教师可以通过预习反馈、测验练习等形式导入新课。

3.多屏教与学

智慧课堂多屏显示包括教师端计算机、教师移动设备、学生移动设备、投影屏等。智能手机采用无线投影技术多角度、可视化呈现教学内容,教师可以利用投影屏创设教学情景,使学生沉浸其中,可以降低学习者的学习认知难度。教师可以使用课堂互动反馈平台就相关问题调查学生的想法,并将统计结果实时呈现在教室的大屏幕上,供师生共同分析。此外,学生还可以借助反馈平台提出问题,问题会在投影屏上及时展现出来,供大家一起讨论、解决。

移动互联网络支持教师与学生的实时互动,教室里配备可移动的桌椅,课前教师可以利用无线网络向学生传输资源和工具,课堂上,教室布局可以是秧苗式或半圆式,以师生互动为主,调整课堂布局。小组合作讨论问题时,每个小组桌椅移动呈圆形布局,布局灵活。小组成员可以使用移动设备讨论问题,绘制思维导图,等等,这样便于同伴之间的交流互动。在学习的过程中,学生可以利用手中的移动设备书写笔记并在线存储。学生通过智能手机可以结成学习伙伴,这样便于课上分享资源、课下相互讨论学习。多元交互不仅活跃课堂气氛,还能激发学生创造性思维的形成。

4.布置新任务、合作探究

多屏教学解决了学生课前的预习问题,随后进入进阶练习阶段,教师通过手中的移动设备下达新的学习任务,并组织和指导小组内部开展合作探究学习,培养学生分析问题、解决问题的能力。

5.课堂随测、限时提交

智慧课堂教学环境下,课堂随测主要是教师通过教师端推送测试题,学生通过智能手机学习平台接收测试题并完成提交。平台的测评系统会自动生成客观题的答题情况,以柱状图的形式显示出来,同时生成答题的正确率。这种直观的形式能把测试结果及时反馈给教师,用以错因分析和问题讲解。此外,每个小组可使用移动设备将小组作业或作品无线发送给教师端,教师将其投射到大屏幕上,开启投票器进行电子投票,投票的结果实时展现。课堂随测既可以在教学的过程中进行,用以检验某个知识点的掌握情况,又可以在某章教学任务完成之后进行,以检测学生对章节内容的把握。总之,智慧课堂利用移动设备和基于云服务的测评系统,具有立体多元分析评价的功能,对学生的测试实时处理、即时反馈,并对全班学生的测评成绩进行统计分析。

6.实时点评、巩固内化

基于平台的数据分析,教师根据反馈的结果对每个小组的作业进行点评,比较、分析各小组的学习成果,其他小组也可以发表他们的意见和想法,思维的碰撞也许会产生意想不到的结果。在教师点评的过程中,师生之间的交流进一步加深,小组之间互相学习,这有利于培养学生的批判性思维,能够促进学生知识的意义建构。

（三）课后个性辅导,兼顾学生差异

课后习题主要是为了帮助学生巩固和复习上一章节的学习内容,习题类型一般要比预习题型多样一些,包括客观题和主观题,客观题又分为单选题、多选题和判断题,主观题分为简答题、论述题和操作题。教师要根据课程目标设计符合课程内容的习题,对于操作类习题,教师可以以其他形式进行,比如要求学生录制操作视频,通过在线通信工具上传给教师。学生之间可以互相学习,教师可以对此进行点评。

在课后阶段,传统课堂主要是要求学生统一完成课上布置的作业,下堂课上交给教师,教师课下批改,再下堂课学生才能得到作业情况的反馈,反馈不够及时,而且作业点评也只是解决共性问题,无法顾及每一个学生的差异。作业反馈的滞后性所产生的问题会影响到学生的连续学习。而智慧课堂很好地解决了这个问题,通过智慧学习平台,教师可以针对学生个体差异推送个性化的复习资源,发布有针对性的课后习题。学生在一定期限内完成课后作业后提交给教师,教师端平台就会收到学生的答题情况。对于客观题,智慧学习平台能够自动批改并及时反馈给教师,教师还可以对主观题进行批改点评,然后把批改情况通过录制微课的形式反馈给学生。这种个性化辅导的方式更加高效、直观、快捷,学生能够及时查看作业情况,在线与教师交流,更正作业,进行总结反思。

三、智慧教学评价

教学评价是指根据一定的教学目标,收集教学过程中产生的相关数据和信息并对其进行量化分析,以此对教学效果以及学习者的学习态度、学习行为等做出价值判断的过程。教学评价作为整个学习系统的反馈调节机制,在学习过程中起着重要作用。教学评价的目的,一方面是要检查学习活动的结果,另一方面,更是为了激励学习者。教学评价作为教学模式的最后一个环节非常重要,好的教学评价设计可以对学习者的学习活动起到引导作用,数据分析得到的结果提醒学习者做出相关调整,使得学习活动的开展更加高效。

新课改的背景下,教学评价要想真正体现学生的主体地位、以学生的全面发展为本,就必须改革传统的教学评价模式。智慧教学评价的评价思想是以学生的"学"来评教师的"教",即以学论教的思想。其评价主体首先是学生,在智慧课堂教学模式下,学生的学习分为课外和课内,课外主要是线上平台学习,课内主要是线下课堂学习。

目前,高职院校对于学生的课程评价主要是形成性评价和总结性评价相结合。形成性评价主要来自学生的课后作业和课堂考勤情况,缺乏有效性和合理性;总结性评价主要来自学生期末考试成绩,导致学生对平时学习不够重视,学生仅在临近期末时期突击复习,学习效果较差。与单一的教学评价相比,智慧课堂教学模式采用了多元评价的方法,即评价主体多元、评价方式多元、评价内容多元,充分发挥其激励和导向功能。传统的评价方式单一、片面,无法综合评价学生的学习效果,智慧课堂学习评价将从线上评价和线下评价两个方面进行评价设计。

(一)线上评价

学生利用智能手机进行在线学习的过程中,会留下大量关于学习行为、学习偏好、学习习惯等数据,这些数据可以说是每个学生的信息资产。学习平台所记录的行为数据是进行在线学习评价的重要依据。具体评价指标如表5-1所示。

表5-1　线上评价指标体系

一级指标	二级指标	三级指标	评价内容
课前	学习态度	预习情况	预习多少、访问总时长、得分、具体题目选项、问题反馈
课中	学习投入度 学习参与度	学习心得 出勤情况 课堂随测 师生互动 章节作业	在线文字记载 出勤次数 答题情况、得分 资源共享、投票、弹幕、限时做题
课后	学习效果	期末测试	得分、总用时、答题细节

(二)线下评价

线下评价指的是对学生在实体课堂上的学习行为做出的一系列评价。课堂教学是依托传统教室环境进行的,包括教师讲授、问题探索、小组合作解决问题、展示成果、教师点评等一系列学习活动。线下评价是基于智慧课堂的教学评价的重要组成部分,主要包括学生的课堂学习状态、自我评价和学习成果。学习状态具体表现为学生在课堂上的交流状态、情绪状态、注意力状态、思维状态和结果状态。自我评价是指对自己学习过程的客观评价。学习成果包括学生完成的作品、作业和测试结果等。具体评价指标如表5-2所示。

表 5-2　线下评价指标体系

一级指标	二级指标	评价内容
交流状态	师生交流 生生交流	是否积极回答问题； 是否与教师主动交流互动； 是否积极参与讨论及小组协作； 能否提出具有价值的个人见解
结果状态	学习结果	是否掌握所学的知识，并达到学习目标； 学习能力和实践能力是否得到提高
情绪状态	学习过程情绪	是否具有成功的学习体验，对学习是否充满信心； 是否具有好奇心和求知欲； 是否能够长时间保持学习兴趣； 学习过程是否愉悦； 学习兴趣是否得到增强
注意力状态	注意力保持	对学习内容是否能保持较长时间的注意力； 学生的目光是否能一直跟随着教师； 听课时是否全神贯注
思维状态	课堂思维	讨论问题时是否能积极参与、踊跃发言； 回答问题时是否思路连贯、条理清晰； 回答是否具有新意、创意； 学生是否敢于质疑
学习成果	期末测试、课程作业或作品	期末测试的成绩和作品的质量
自我评价	评价量表	对自己的学习情况进行客观评价

第二节　信息化环境下开展互动教学

　　智慧课堂的互动教学，是把教学过程看作一个动态发展着的、教与学统一的、交互影响和交互活动的过程。具有强大的互动交流能力是大数据时代智慧课堂的核心标志。在互动过程中，强调学生是活动的主体，教师是活动的指导者、点拨者、促进者。它不同于传统的互动教学，不仅仅是师生间、生生间的语言交流讨论，最根本的不同之处在于，它借助智能化的移动学习工具和信息化支撑平台实现教师与学生的立体化互动交流。

一、信息化环境下互动性教学的形成背景

教育是历史发展过程中的产物,任何形式的教育都不可能脱离当时科技的支持与制约。人类进入信息时代后,多媒体技术、网络技术,作为信息时代的两大支柱,架构起新时代的宏大景观,它们正以神奇的力量改变着人类的生产、生活、交往以及学习、思维等方式,对我们的教育,特别是对课堂教学这一基本的教育实施途径也产生了巨大的冲击,迫使我们的教育模式必须改革,来适应信息技术的发展,从而进一步促进信息技术的不断发展。

在人类社会中,任何一个个体都不是单一、孤立存在的,而是在与周围的人及环境的相互作用中存在和发展的,"社会是人们交互作用的产物"。"一个人的发展取决于和他直接或间接进行交往的其他一切人的发展。"学生也正是在与周围人特别是父母、教师和同学的相互作用中不断发展成长的。师生互动、学生互动对学生认知社会、性格发展和心理健康具有十分重要的影响。在信息时代,网络技术为师生的互动提供了广阔的平台,加强对信息化环境下师生互动的相关问题进行研究和实践,对于改进教育方法,提高教育效率,无疑是一项十分重要而有意义的工作。

二、国内外研究现状

(一)网络互动教学的理论与方法缺乏系统性研究

通过对国内外有关的学术刊物(如《电化教育研究》《中国电化教育》、*EducationalTechnology&Society* 等)、教育网站和国际国内有关学术会议(GCCCE、ICCE、CBE 等)的论文集进行分析,网络互动教学的设计研究主要是关于建构主义学习环境的设计和协作学习的设计等方面的内容,缺乏系统的研究。可以说,网络教学的设计理论的研究还处于初级阶段,还有很多问题需要去研究和探索。例如,在信息化环境下如何利用网络资源进行主动学习、如何利用虚拟情境进行探究学习、如何利用通信工具进行协商学习、如何利用先进媒体进行创造性学习,以及教师如何指导学生进行互动学习的设计等方面,都值得我们去研究。

(二)网络互动教学的评价研究刚刚起步

随着 Internet 应用的普及,网络教学已成为一种重要的教学手段,网络教室成为教学的重要场所。然而,与传统教学相比,网络教学的质量保证体系却显得不够完善、不够健全。如何保证网络教学的质量,建立一个行之有效的网络教学评价模型,已成为网络教学研究的一个重要课题。时至 2000 年,教育部批准全国 31 所高校建立网络教育学院,却没有制定出如何保证网络教育质量的相关政策。美国国家教育政策研究所(TheInstituteForHigherEducationPolicy)于 2000 年 4 月也发表了一份名为《在线教育质

111

量:远程互联网教育成功应用的标准》的报告,然而,这些文章(报告)也仅仅是描述性地定义网络教学的评价指标,而对如何组织评价、如何获取定量数据、评价数据如何促进教学等方面内容则很少涉及。目前,网络教学仅限于单方面通过网络进行教学,而对其评价性研究还刚刚开始,还没有充分发挥出网络的巨大教育作用。

三、信息化环境下互动性教学概述

(一)网络教学

目前网络教学的定义并不唯一。网络教学通常可以理解为利用 WWW 各种特性和资源的超媒体教学程序来创造一种有意义的学习环境,在这种学习环境中学习得到促进和支持,它是一种可以充分体现学习者的主体地位、以探究学习作为主要学习方式的教学活动。

网络教学以计算机网络为依托构建教学环境,但是它不应排斥传统的课堂教学方式,它的教学活动组织要在传统的课堂、网络等方面同时展开,形成课堂内外、网络内外多方互动的教学局面。

(二)网络互动教学

互动教学是指师生间双向沟通的教学方法,是一种鼓励学生积极参与、反映和创造,并逐步养成独立思考习惯的教学方法。它包括课堂互动教学和网络互动教学两个方向。

课堂互动教学指在课堂教学环境中,师生之间、学生之间、人与媒体、环境之间及人与在媒体影响下的内容之间,在教学传播过程中通过对信息的交换、沟通和分享、创造而产生的相互影响、相互作用的方式和过程。

网络互动教学是指依据建构主义学习理论并以网络及多媒体技术为依托而构建的一种在线式(Online)的学习方式。这种互动教学是以网络课程为中介,以网络通信技术为实现条件,以学习者为中心的学习方式,它是将教师、学生通过网络集于一个"虚拟教室",形式为虚拟学习社区的教学方式,是借助特定的软件技术实现教师、学生间的教和学的过程。网络互动教学将语音、视频、幻灯片、白板、问答等教学工具和活动整合于同一操作界面,教师和学生通过语音、视频、文字等手段实现教学过程的实时互动交流。

伴随科技的进步,网络进入传统课堂越来越成为可能。基于网络的互动课堂教学整合了网络教学和课堂教学的优势,将成为未来学校教育、教学的一个研究热点。这也是本节研究的重点。

(三)网络互动教学环境

网络互动教学环境是指为网络互动教学活动提供支持的各种外部条件。网络教学实践的环境有三个要素:平台、资源与服务。平台是体现网络教学特色的重要依靠,是实施教学的前提,是教学环境的重要组成部分,是资源与教学活动的载体,它包括网络教学支撑软件系统与服务器等硬件系统,以及支持网上教学的各种工具。资源包括素材、讲义、课件以及网络上能够搜集到的各种资料,这是网络教学的重要特色,是网络教学的基础。服务是保障网络教学成功实施的必要条件,包括教师对学生的学习指导与帮助,也包括技术人员对教学提供的技术服务。

(四)网络互动教学模式

从网络互动教学赖以进行的条件来看,我们可以将信息化环境下的互动性教学分为多媒体互动教学和仿真互动教学两种类型。前者依赖多媒体网络实现教学信息的快速搜集、传输、处理;后者则主要依赖计算机仿真技术实现高交互性的网络教学。

多媒体技术是一种汇集了文字、图形、图像、动画、声音、视频、特效等,包含了无限想象的空间,并能够通过计算机进行综合处理和控制,能够支持完成一系列交互式操作的信息技术。多媒体具有集成性、控制性、交互性、非线性、实时性、方便性等特点,它不仅改变了我们学习和理解问题的方式,还改变了我们传播信息的方式。随着互联网的发展和迅速普及,多媒体技术的出现和在教学上的普及应用,使得现代教育技术正经历着一场网络化的革命。

1.多媒体网络教学的交互性

多媒体网络教学中的交互是指在一定的教学思想、教学理论和学习理论指导下,在多媒体网络教学环境和资源支持下,教学活动的各要素之间保持信息交流的互动形式。这种交互是发生在学习者和学习环境之间的事件。它有多种分类方法。从交互的对象来看,有发生在学习者与教师、专家之间或学习者相互之间的人际交互,还有发生在学习者与学习材料之间或学习者与教学软件之间的内容交互。从反馈时间的差异来看,它又可分为同步交互和异步交互两种。

与传统教学中的交互相比,多媒体网络教学中的交互的形式和特点发生了很大的变化。

(1)时空性。在信息化环境下,学习者几乎不受时间和空间的限制,可随时随地与教师及同伴进行信息交互,信息反馈可以实时也可以非实时,特别是实时交互,可达到类似面对面交流的效果。这使学习者可方便地获得帮助,及时发现自己的进步与不足,按要求调整学习,从而提高学习效率。

(2)多样性。多样性体现在许多方面。首先是信息形式的多样性,网络交互可以从一切可由网络传播的视、听材料中获得信息。其次是交互内容的多样性,网络交互不仅可以针对教学内容,还可以涉及所有与学习有关的话题。第三是交互手段的多样性,Internet功能各异的信息服务都可以作为传播教学信息的途径。最后是交互对象的多样性,学习者的交互对象不再是有限几个学习者或教师,而是扩大到教师群体和学习者群体,直至其他网络访问者。他们无论从年龄、知识水平、价值观等方面都可能存在较大的差异,这就给学习者提供了不同层次的经验。

(3)动态性。在网络教学中,学习者可以对交互的速度、时间、地点和交互方式做个性化设定。他们可以选择任何内容继而采用某种方式与他人进行交互,随时在网上提出问题或发表看法;可以随时与学习同一课程或同一科目的教师或学习者进行交流,即使这些人分布在不同地区甚至不同国度。交互的动态性支持建构主义学习理论提倡的自主学习过程,但是由于学习者的交互行为和交互内容往往是不可预测的,因此这对交互设计提出了更高的要求。

(4)自主性。基于网络的多媒体教学使学习者拥有充分的学习自主权。一方面,学习者可以通过对学习信息和学习活动的着意控制,实现知识建构;另一方面,学习者可自由选择自己喜欢的方式与教师或其他学习者交流观点,分享心得、信息及成果,进行协作学习。

(5)延迟性。网络交互中文本、语音、视频等交互信息的生成和接收速度均低于课堂中的言语交互。即使是采用同步交互的方式,信息的接收也会由于网络传输效率和用户操作效率而产生延迟,这不可避免地影响到对信息的加工、理解和反应。但是,延迟也可以为我们提供帮助。解决一些结构不良的问题,需要用充足的时间来搜集信息和深入思考,这时让交互有一定的时间差即进行异步交互是合理的。这在课堂交互中并不容易做到。

2.信息化环境下仿真教学的交互特征

计算机仿真技术可以分析和研究系统运行行为,揭示系统动态过程和运动规律,其最大的特征是交互性。在计算机仿真环境下的多向互动教学,淡化了教师的教,注重利用各种手段和媒介促进学生自主的学。比如可以结合虚拟现实技术、人工智能技术等多学科领域的最新技术,为学生创建一个多感官的交互渠道,如视觉、听觉、触觉、嗅觉和味觉等。学生通过感官、语言、手势甚至表情等比较"自然"的方式与计算机进行交互,自主学习的空间更加广阔,创造性的思维更加活跃,学习效果获得了空前的提高。

(五)信息化环境下互动性教学的基本要素

网络技术和多媒体技术的发展,不但没有削弱教师在教学过程中的作用,反而要求教师具有更高的能力,而学生也不再是被动的接受者,有了主动学习的空间。

1.教师

网络技术和多媒体技术的发展,不但没有削弱教师在教学过程中的作用,相反,对教师的能力提出了更高的要求。

(1)提高交互的意识。多媒体网络教育要求教师具有现代教育意识。如果教师仍然停留在传统的教育观念上,还没有建立以开放、创新、个性化等为特点的网络交互意识,他就不会有设计网络交互活动的主动性。

(2)提高综合能力。在多媒体信息化环境下进行的教学交互活动,对教师提出了更高的要求,需要教师全面提高综合能力,及时摄取最新知识。首先,要具有熟练操作网络和多媒体的能力;第二,能运用各种教学方法,灵活组织教学活动,创设轻松愉快的教学环境和融洽的心理氛围,激发学习者探究兴趣和创造性思维,培养学习者自主探索的能力;第三,根据交互反馈的情况及时对学习者予以恰当的评价,以维持较高水平的交互活动。

(3)掌握丰富的材料。在网络交互性教学活动中,学生置身于知识的海洋中,随时会向教师提出诸多问题,这个时候就需要教师用丰富的知识和方法来处理,教师在交互时必须提供丰富的资源并对学生做出及时的反馈评价,从而使学生有效地把知识内化为自己的认知结构,以指导自己的认识和实践。教师必须努力学习,使自己成为一名"杂家"。

2.学生

在网络环境下进行的交互性教学中,学生不再是等待哺育的幼鸟,而是能主动捕食的蜥蜴,因此,学生必须具备以下条件。

(1)掌握多媒体应用技术。学生要熟练地掌握多媒体技术,特别要熟练地操作计算机,能够熟练使用常用的计算机软件,充分利用学校、家庭、社会上的计算机,练习计算机使用技能。

(2)具有自主探索的精神。信息化环境下进行的交互性教学,置学生于浩瀚富饶的海洋之中,学生必须有自主探索、研究学习的精神,不断地发现问题,研究问题,解决问题,使自己的能力得到不断升华。

(3)具有自我控制能力。信息化环境下进行的交互性教学,给学生一片自由的天地,网络游戏、网络聊天具有很大的诱惑力,如果学生没有自我控制能力,或许会走向其反面,这影响学生的健康发展。

3.学习材料

不同学习材料的内容直接影响到网络教学的交互。要素学习是学习者对前人经验的接受,教学有着严密的逻辑结构并通常配有相应数量的练习。此时交互必须提供丰富的资源及对意义建构做出适量的反馈评价。对问题解决的学习要求学习者有效地把知识内化为自己的认知结构,以指导自己的认识和实践。利用多媒体技术和虚拟现实技术,创设开放性的问题情境,支持查询和搜集信息,成立协作小组,实现教师指导与监控,完成总结和互评。探究学习是学习者通过自主参与获得知识的过程,应利用网络加强同伴之间的交互,或利用计算机的各种工具,让学习者设计各种情境,搜集各种信息。

4.网络

在进行网络交互教学时,网络的软硬件环境是必须考虑的一个重要因素。设计者首先要考察现有的网络环境是否能够满足学习的需求,如网络是否畅通,传输速率如何,操作系统对交互平台的兼容程度如何,等等。如果网络环境不佳,将会挫伤学习者交互的积极性和学习的耐心,甚至会致使学习者放弃交互活动。其次设计者还要考虑软件设计的艺术性。精彩动人的交互界面、良好的导航组织结构和界面规划能给学习者艺术享受,这无疑会增强学习者的交互动机。

四、信息化环境下互动性教学系统设计

网络互动性教学是开发和利用网络知识与信息资源进行互动学习的过程,在此意义上,网络成为学习资源,网络互动教学则是对此资源的开发、利用与再生。

网络互动教学还意味着把网络作为教学的一种环境,正如传统的教学发生在教室之内,网络互动教学则视网络为一个大的教室,只不过这个教室已经超越了时空的界限,大得能覆盖全球,在这个教室里没有教师与学生之分,没有区域与时间的判别,你可以在任何时间、任何地点,向任何人去进行学习,你同样也可以成为他人的教师。因此网络互动教学概括起来就是:网络可以作为教学的工具,网络可以作为教学的资源,网络可以作为教学环境。如何利用网络工具,实现网络互动教学,要从以下几方面开展工作。

(一)教师与学生角色的定位

与传统的教学不同,网络下互动性教学具有自身的许多特点,教师和学生要重新定位自己,以适应新的环境下新的教学形式,充分开发其作用,发挥其效率,最大限度地获取教学成果。

1.教师的定位

网络教学使学生在学习中按自身实际情况选择不同的学习方式、学习进度、学习途径以达到自身最佳的学习状态,这些优点是传统教学模式难以达到的,这就对教师提出了更高的要求。面对浩如烟海的网络信息资源,学生需要在短时间内明确自己的学习目标,选择自己的学习内容,寻找可有效利用的网络资源,这就需要有经验、受过专业训练的教师的有效指导。因此,在网络教学中教师如何确定自己在网络教学中的位置尤为重要。

(1)教师的主要职能由"教"变为"导"

信息时代,人们很容易从网络等媒介中获得信息和知识,教师已不再是知识的拥有者,学生可以通过各种信息途径获取比教师更多、更精确的知识。因此,教师的职责已经不再是单纯的传授知识,教师的任务更多地体现在"导"上,"导"可以理解为引导或者指导。教师需要帮助学生确定适合个体需要和个体实际的学习目标,创设丰富的教学情景,激发学生获取知识和能力的动机,培养学生健康的学习兴趣,从而发展学生认知、判断、选择等各种能力;教师需要帮助学生养成良好的学习习惯,塑造高尚的道德、健全的人格和健康的心理。比如一篇课文的教授,传统教授方式仅局限在教师

的讲授,教师把自己的理解与意愿强加于学生的思想之上,这样很难达到灵活理解的效果;而网络互动模式下的教学就会让学生灵活运作起来,把活动的空间留给学生,而教师则变为引导者,引导学生在正确的路上找到明确的目标。

(2)提高、扩展教师知识技能的掌握

既然教师要作为一个引导者,那么扮演这样的角色,对教师的知识技能掌握的要求必定要更高、更严格。首先,教师要掌握计算机知识,在引导学生在网络中互动学习时,自己也必须熟练使用网络工具,这是做好引导工作的基础。其次,在传统教学模式下,各科教师所具有的知识或技能仅局限于本学科,而现在各个学科之间的联系越来越紧密。在一个大的网络教学环境中,我们的教师就不可以只是掌握本学科知识技能了,因为学生会在查询交流过程中接收到各个层面发送给他们的信息,他们的知识面变得广阔,疑问就会变多,教师也就不只是要做好教授本学科知识的一个单一传授者,而是要做好一个近似"百事通"的角色,这样才能更好引导学生找出目标,走对网络互动学习的道路。

(3)教师与学生建立开放型的合作关系

计算机网络的全球化,很好地支持了地理上分离的学校、研究单位和个体间的合作,为每一个教师和学生提供更为公平、开放地获取知识与信息的途径,这就使教学中的师生关系发生了巨大转变,教师与学生的合作关系更加开放,教师可以通过网络与自己的学生进行正式或非正式的交流,并进行各种问题讨论,在这种环境中相互尊重与信任是合作基础。传统的师道尊严被暂时搁置,在网络环境中他们可以自由地探讨成长过程及学习过程中遇到的各种问题,合作研究共同感兴趣的问题。此时的教师与学生在两个空间,不会面对面地接触,他们不必在意错误的出现会给自己带来精神压力,不必避讳自己的情感流露,可以自由交流、互相学习。

(4)教师应不断开发设计新的课程

在信息时代里,学科领域间的分界线越来越模糊,教师要以建构主义的学习理论为基础,确定学生在学校应该学什么,以一系列的新技能为核心来改组课程。教师作为课程的主要实施者,要积极规划课程的内容,制定教学方法和策略,制定课程的评价方法和手段,做一名完美的教导者。

(5)教师要成为学生学习的组织者

在网络中,学习的进度、难度都要由学生个体选择,这就要求学习者具有更高的自觉性。教师需要组织、辅导、帮助学生克服惰性,使其形成良好的学习习惯,并找到适合自身各方面的学习方法等,从而不断激励学生向前,保证某个阶段的基本发展要求达标。

2.学生的定位

以上对网络环境下的教师做了分析,那么在此环境下的学生又呈现怎样的状态呢?20世纪90年代以后,基于Internet的教育网络的广泛应用,改变了传统的以教师

117

为中心的教学结构,以学生为中心的教学结构逐渐发展起来。网络学习环境中的学生将完全不同于传统课堂教学中的学生。网络学习的理论基础是建构主义学习理论,它是基于多媒体技术和网络技术的发展而形成的一种新的学习理论。它强调以学生为中心,要求将学生从外部刺激的被动接受者和知识的灌输对象转变为信息加工的主体和知识意义的主动建构者。网络学习环境中的学生,就是这样一种新型的学生。

(1)树立全新的学习行为

面对网络学习环境中大量的信息,学生不是机械地、被动地接收,在大多数情况下,学生是主动地接收信息,甚至是有选择地去接收与理解信息。

①目标性行为。网络学习环境中的教育教学资源极其丰富,它们通常是由教师和专业技术人员按照教学大纲和教学需求,并依据现代教育理论和教学方法制作完成的,也就是说,教学资源本身就具有一定的目标性。同时,网络学习环境是一个开放的学习环境,这种学习环境非常灵活、自由,学生可根据自己的要求进行资料查询、在线交流、小组讨论,从而达到自己的学习目标,以实现学习行为的目标性。

②主动性行为。网络学习是以学生为中心的,因此,这种学习是一种主动而非被动的学习。学生为适应社会和经济发展的需求,从生存的意义上讲会形成一种发自内心的学习动机,这是一种真正的自我需求,是一种最有效的学习动机。在这种学习动机的驱使下,学生就会主动围绕工作或生活中的实际问题在网络中查找资料或进行协同学习等,用他最能接受的方式对该问题加以解决,对知识进行意义建构。

③选择性行为。在教育传播中,人们总是有选择性地接受那些与自己固有观念一致的或者自己需要的信息,逃避那些与自己固有观念相抵触的或自己不感兴趣的信息。人们对某一信息的理解也为人们固有的态度和信仰所制约。在传统课堂教学中,由于课堂信息有限,加上选择性行为的存在,学生筛选后的信息量进一步减少,这不利于学生建构自己的知识系统。网络学习环境中丰富的信息资源则可以最大限度地减少选择性因素的干扰,便于学生自由地建构知识。

(2)掌握全新的学习能力

①具备运用信息工具及网络功能的能力。学生要能灵活运用计算机信息处理软件和网络通信软件,并能熟练掌握网络的基本服务功能。网络的基本服务功能是人际信息交互服务与获取和分享信息的服务。

②具备主动获取信息与善于处理信息的能力。学生要有敏锐的信息意识,能根据自己的学习目的去发现信息,在众多信息中选择和鉴别自己所需要的信息。在网络中获取信息不仅有技术方面的问题,也有方法论问题。学生要学会选择合适的搜索引擎以及评价和筛选信息的方法。

③具备与他人交流、合作的能力。学生在学习中不仅要发挥各自的认知特点,也要具备与他人交流、合作的能力。学生在共同完成某个学习任务的过程中,与同伴相互帮助、相互提示、相互争论、分工合作,这有利于学生对教学内容有比较深刻的理解与掌握。

（3）塑造全新的自我

①塑造自信。在传统课堂教学中师生、生生之间进行的是面对面的交流，而在网络学习环境中师生以及生生之间没有直接面对，因此，其心理状态将完全不同于在传统教学中的心理状态。一方面，在虚拟的网络环境中，学生可以采用匿名的交流方式，这样较容易克服对教师和学习伙伴的畏惧羞涩心理；另一方面，与传统课堂教学不同，学习失败不会被认为是件难堪的事，学生可以马上重新开始，这样就会减轻心理负担和挫折感，继而使学生成为自信的"我"。

②扮演不同的角色。高夫曼（ErvingGoffman）指出，每个人都会在表现自己的过程中，采取他们认为与环境相符的策略，扮演不同角色。在这个过程中，动机起到至关重要的作用。网络学习中，角色扮演通常有两种不同的形式：师生角色扮演与情境角色扮演。由于网络学习缺少面对面的接触，学生只要点一下鼠标就可以从一个站点进入另一个站点，并根据自己的意愿，选择自己所扮演的角色。

③提升自我意识。网络学习是个性学习，有利于学生个性的发展和完善。每位学生都可以根据自己学习的特点，在自己方便的时间从网络中选择适当的学习资源，按照适合自己的学习和交流方式以及学习进度进行学习。这将促使学生成为自身学习进步的创造者和评价者，变"由别人教育"为"个人自我教育"。这种自主的学习方式将有助于学生自我潜能的发掘和自我约束力的增强，也有助于学生自我意识的锻炼。

（二）网络互动性教学设计原则

在网络互动性教学设计中，应树立以学生为本、为学生服务的思想，充分发挥网络教学的优势，创建设计有利于学生素质教育和创新能力培养的多样化的网络课程模式。因此，网络互动性教学设计应遵循以下原则。

1.生本学习原则

在网络教学过程中，学生应该是贯穿始终的教学主体。为此，在进行网络教学设计时必须考虑到学生这个因素，也就是说网络教学设计一定要从学生的角度出发，力求符合学生的心理特征、教育特点和学生的接受能力。因此，网络教学应提供完全个性化的学习环境，使学生进入网络教学系统后，可根据自己的实际情况和课程信息库中的课程设置，选择自己感兴趣的专业课程。同时，学生又是学习的认知主体，学习的过程是学生通过主体探索、发现问题、主动建构的过程。因此，网络教学设计要以学生自主学习为中心，提供丰富的学习资源和灵活多样的检索方式，培养学生的探索式学习和创新精神。

我们的设计要使学生饶有兴趣地追随教师，与教师融为一体，因此要注意以下几点。（1）兴趣性。兴趣是学生最好的学习动力，教师在设计学习课题时，必须注意学生的兴趣，把严肃的课题兴趣化，在课题中加入一些有趣味的素材，使学生乐于研究、乐于探索。

(2)可行性。学习课题要根据学生的实际水平来设计,既不要太难太大,也不要太易太小。教师必须遵循循序渐进的原则,逐步地提高课题的难度,也可以针对不同的学生设计不同难度的课题,进行分层次教学。

(3)合作性。网络探究活动,往往是个人行为,为了培养学生的合作精神,教师在课题设计时,一定要适当地设计需要学生合作完成的内容,培养集体成就感。

(4)激励性。教师设计教学课题时,一定要设计评价标准,依据标准对学生的研究课题进行评价,对学生的研究成果进行公开点评,表扬先进,从而创造出积极探索的学习氛围。

只要坚持好以上四点,学生的探索积极性一定会提高,学生就会与教师形成一个和谐、团结、开拓的学习团体。

2.协作学习原则

协作学习强调在学习过程中通过网络和计算机来支持学生之间的交互活动,以小组形式,在师生之间、生生之间进行讨论、交流、协作,学生通过合作过程共同完成学习。基于网络的协作化学习是指利用计算机网络以及多媒体等相关技术,由多个学习者针对同一学习内容彼此交流和合作,集思广益,以达到对教学内容有比较深刻的理解与掌握的过程。对于某些教学内容的学习需要依赖于教师与学生、学生与学生的交互作用和群体的讨论与协商(如提出问题、参与讨论、发表自己的观点、得到教师的指导与帮助)。这不仅对问题的深化理解和对知识与技能的掌握大有裨益,而且对高级认知能力的发展、合作精神的培养和良好人际关系的形成也有明显的促进作用。目前在基于 Internet 的教育网络中,常用的协作式学习有讨论、竞争、协同、伙伴和角色扮演等多种不同模式。可以说,协作式学习是最能体现网络特性,也最有利于 21 世纪新型人才能力素质培养的教学模式之一。

3.交互学习原则

交互包括学生与教师之间的交流、学生与学生之间的交流、学生与教学材料之间的交互、教师与教学材料之间的交互等。针对不同类型的交互,采取不同的方式和方法,运用不同的交互手段和交互管理规则。

网络课程可以根据教师和学生的要求以非顺序、超文本的方式呈现教学内容。教师和学生通过对教学材料的选择,以最佳的学习顺序根据导航系统进行学习,从而提高学习效率。恰当的交互方式的设计有助于提高学习效率。另外,教师和学生要通过通信手段进行灵活多样的信息交流。在师生都在线的情况下,网络课程应能做到实时交互。教学媒体要能对学生提供的信息立即反应,不拖延地向学生送出反馈信息。网络课程应该在学生学习的同时对学习者的学习情况进行记录、统计,给出结果以供学生和教师进行参考。

4.开放学习原则

在网络课程中,网络课程结构整体上应是开放的,易于评价、维护与修改。提高网络课程结构的开放性,提供相关的参考资料和相应的网址,对于同一知识内容提供不同角度的解释和描述,让学生在不同看法中进行交互思考,从而提高学生分析问题和解决问题的能力。

5.构建融洽的情感网络原则

任何学习活动都发生在特定的环境中。网络学习环境包括网络技术平台、网络学习资源、网上学习社区等一切网络学习系统赖以存在和发展的条件。网络学习环境不仅包括学习者在其中进行自由探索和自主学习的场所,还包括学习者与教学材料、支持系统之间在交流过程中所形成的氛围。情感是人们对客观事实是否符合自己需要、愿望和观点而产生的体验,是人们对客观事物的反映形式。认知互动为求共识,情感互动为求共鸣。共鸣或共振是事物间达到高度一致的产物,人们学习上的共鸣会产生意想不到的结果,因此,我们要努力让网络学习者产生共鸣,达到最佳的学习效果,这就需要拿起情感这把钥匙。

网络教学一方面可以使信息交流的行为距离变得很近,另一方面又可以促使人更远离现实环境而"自闭",催化了情感自闭。这不利于教育对人的全方位塑造,导致教育的人文质量下降。因此,教学设计中师生间的所有交往活动不应当都归结于人的认知活动。学生的情感是教育目标中不可或缺的重要部分,忽视了对情感的关注,学校培养出来的学生就是残缺的,最终带来的将是整个社会的残缺。下面是促进情感交流的一些策略。

(1)建立虚拟的情感交流环境。第一,个别化的(不仅有内容和技能的自适应,还包括情绪和情感的自适应);第二,系统化的(各种学习模块相互支持,互相沟通,有机组合,润滑过渡)。为学习者虚拟一个有感情的、有动力的、充满人文精神的学习情境,让他们觉得与每一种媒体之间都存在着潜在的对话,与远端的教师和其他学习者有着心灵上、情感上的交流和沟通,而不是置身"荒原",陷入迷宫,使原本灌输知识的教学资源变成富有人情味的"活生生"的教育资源。通过高科技加强互动,将学习者与教师、学习者与学习者、学习者与各种媒体友好地连接在一起,并能随时进行心灵联系和情感交互。

(2)融入科学人文思想。在大力提倡素质教育的今天,人文教育和人文关怀理应成为各类教育的中心内容,网络教育也不例外。并且由于网络教育中师生之间复杂的精神交往被简化为"机"和"机"的无情冷交往,师生之间、生生之间的人文关怀被淡忘。因此它更加强调及时、完善、全方位的服务,更加强调"以人为本"的人文关怀,更加重视人的发展和生命质量的提高。因此在网络教育中树立全面发展的人文理念是不可或缺的。

(3)设计情境性网络课程。情境是情感教育的基石。具体情境中的具体知识与活动在人类的学习与智力活动中起着核心作用。学习应该在丰富的、复杂的、真实的情境中进行,而不应只是面对情境化的技能培训材料;而且,学习要通过学习者与其同伴及特定情境的积极互动来进行,而不是只对各种抽象化的技能进行训练,应采用 Holmberg 的"有指导的教学会谈"理论,重视远程学习课程材料的教学设计,强调采取模拟谈话策略,开发具有谈话风格的学习材料,促进学习者与学习材料间的交互,促进学习者对于所学内容的意义建构。Bartlett 提出以讲故事的体例方法来促进交互; Juler 提出"自由交谈"方式,建议在教材中鼓励学生随机交互;Sims 的"演员策略"建议将学习者作为环境的一部分,作为一个演员参与整个学习过程。这样即使学生利用课程独立学习,其交流过程也类似于学生与教师的交流,不同于学生与机器或学习内容的交流。

(4)实施探究、发现、合作式学习。时代要求学生具备为促进社会发展所需的多种多样的能力和见识,学生必须有机会参与到与他们兴趣相关的、值得投入时间和精力的、以问题为导向的活动中,他们的学习不能局限于学习运用、概括性的学习、纯粹个体的认知,他们应该在促进合作的学习环境中,通过真实的活动获得能力。网络为教师和设计人员提供了很多机会,使他们能够开发融入了情境学习因素的学习环境,如基于问题的学习、协作学习、探究性学习、研究性学习等。所以网络课程的设计应从关注知识和技能转向注重在真实情境中的问题解决和批判性思维的培养,所设计的学习环境应能促进教师、学生和计算机三方面的互动,支持合作学习。一方面,教师和学生要加强网络教学中的协作和交互,多开展协作学习和集体活动;另一方面,教师要组织学生定期见面,或让学生每隔一段时间到校内进行一次短期学习,从而使网络教育在虚拟教学与现实交流中平衡发展。

(5)虚拟教学与实践教学相结合。网络教学的最高境界是虚拟现实,学习者可超越时间和空间的有形障碍,过着一种虚拟的学习生活。虽然这一切所构成的虚拟环境非常接近现实情境,但它毕竟是假的。这种虚拟现实可以弥补传统教学的不足,但不能取代传统教学。虚拟的联系并不能培养真实的人类感情,因此,应规定学生到校内学习的时间,在实践教学中发挥教师潜移默化的情感作用以及易于控制的优势,在网络教育中强化教师的监督、指导作用。把传统学习方式的优势和数字化学习的优势结合起来,既要发挥教师引导、启发、监控教学过程的主导作用,又要重视学生积极性、主动性和创造性的发挥,力求实现二者有机结合,达到最佳学习效果。这也就是何克抗教授所说的混合学习,这是国际教育技术界关于教育思想和教学观念的大提高与大转变。

(6)加强上网引导,创设网络心理健康教育。互联网不仅仅是桌上电脑里的一座公共图书馆,当学习者需要从互联网上得到多于现实生活所能提供的东西的时候,他们还需要引导和帮助。虽然我们有义务指导学习者远离互联网上的危险和麻烦,但很多人明显感到力不从心。虽然过滤软件和网站能够发挥一定的作用,但是自动化的工具不具有指导作用。师生之间的教学阻隔、网络规范的真空性、网络信息良莠不齐诱发了一些学生的心理问题和网络道德失范,所以当学习者浏览网上世界的时候,家长和教师对学习者负有指导责任。同时，要开展信息道德教育，以德治网，关注青少年的心理健康，增强他们的信息识别力和文化判断力，使其形成健康文明的上网观念，增强其对网络污染与文化侵略的免疫力和抵制力，增强其遵守网络规范和网络道德的意识，从而使网络更好地为学习者服务。

（7）完善学习支持服务体系，为学习者提供及时有效的帮助。为学习者提供全程、全面、及时、便捷的学习支持服务，是培养学生良好学习行为和学习习惯的一个重要的、直接的影响因素。因此，由软硬件支撑的教学平台不仅应及时提供辅导、答疑、讨论和作业评比等动态教学资源和信息，还要提供远程学习咨询，以及能够实施导航、内容浏览、查询、实时和非实时交互教学，能够实施网上的教务、考务管理等，构成完善的学习支持服务系统，为学生的自主学习提供多样化的选择。在此基础上增加教师对网络学习的参与度，教师需要从目标的确定、路径的选择到减少学生困惑、如何获取相应的学习资源、搜索引擎的选择、培养和激发学习者的自主学习动机等方面提供帮助，并且配备站点教师，提供充分的在线及时交流和异步交互，使学习者实施良好的自我监控，逐步适应网络学习方式。

第三节　信息化环境下实施个性化辅导

个性化辅导是指教师在教学过程中以全体学生为中心，根据学生的不同水平和个性化特征，来组织设计和实施针对性、差异化的辅导活动。智慧课堂个性化辅导，借助智慧课堂信息化平台的强大功能优势，针对不同的学生实施个别化、针对性辅导，使得每个学生都能根据自己的学习程度和基础主动参与教师的辅导，这样就减少了学生复习巩固知识的盲目性，减少了作业量，可以使学生将更多的时间用于新知识的预习和学习，从而提高个性化辅导的效率和效果。

一、智慧课堂中个性化辅导实施的理论逻辑

（一）智慧课堂与个性化辅导的共同价值基础

个性化辅导实现的逻辑起点是对个性化辅导在智慧课堂中实现的内在机理的阐明。其主要明确智慧课堂中个性化辅导要实现什么，以及基于二者之间的理论联结讨论如何实现的问题。基于对已有研究的剖析和对智慧课堂自身特点与个性化辅导在智慧课堂中内涵的论述，本研究认为智慧课堂中个性化辅导要实现的是"转识成智"，这也是二者共同的价值基础。

何谓"转识成智"？"转识成智"中的"识"主要指知识，"智"主要指智慧，基于认

识论的视角对"转识成智"进行阐释,就是指人认识的发展过程,是从无知到有知,再从有知到有智慧的辩证发展过程,就是指"在自我的实践体验、反思批判和认知建构中把一般认识成果转化为认识世界和改造世界的能力和个性化智慧,或者说,就是把普遍的、一般的和共性的知识转化成特殊的、个别的和个性化的学习能力、工作技能和生活智慧,即学习、工作和生活的本领"。可以明确地说,"教育的全部目的就是使人具有活跃的智慧",智慧课堂中所蕴含的智慧教育愿景正是"转识成智",它是智慧课堂的基本价值取向。智慧课堂是智慧教育的主阵地,其承担着实现智慧教育,以能够面对新时代的挑战的重任。所以从知识走向智慧,让人从知识的学习者,走向知识的开发者,从知识的储备者变为智慧的传播者作为智慧课堂的基本价值理念,支撑着智慧课堂的发展。

智慧课堂可以为"转识成智"搭建课堂教学平台,提供现代技术支持,变革传统教学模式,但只是在形式上推动了课堂中的智慧形成,是"转识成智"的外推力。要真正意义上地达成"转识成智"这一愿景,需要在智慧课堂中提供更有价值的内容,要抓准智慧课堂"转识成智"的核心要义,即个人化知识的形成。个人化知识即个人所具有的知识,"它既是一种知识的存在形态,也是一种知识的形成过程"。这里存在两层含义,一是个人原本所拥有的知识,它本就存在于个人,二是将公共知识转化为个人的知识。所以个人化的知识"既是一种静态的'知识',亦是一种动态的'识知'"。这种动态的个人化识知的过程,就是智慧课堂中智慧形成的过程,所形成的个人化知识是个人对公共知识重新的反思与构建,是智慧加工的过程。智慧课堂的核心内容是个人化知识的动态建立过程,这种过程需要通过智慧课堂中的个性化辅导活动来实现。在知识层面上,个性化辅导秉承"因材施教"的教学思想,推动了个人化知识的形成。同时,基于后现代主义理论中知识不确定性的观点,个性化辅导更注重的就是培养学生学习能力,从知识中心转向了能力中心,实质即培养学生的智慧形成。在人才培养上,个性化辅导强调尊重学生个性发展与个体差异性,凸显学生的自主性。这种教育取向促进了智慧的形成,使学生的发展有符合自身需要的方向与空间,学生不再是公共知识的储存者,而进一步成为个人化知识的创造者。学会对知识进行反思以明确个人所需,进行知识的重新构建,正是学生智慧形成的关键。综上所述,"转识成智"是智慧课堂与个性化辅导的共同目的与价值追求,二者在理论层面上的有效联结正是建立在这一共同的价值取向之上,其使智慧课堂与个性化辅导形成完整的科学的内部机理,对二者内部动力的明晰即对智慧课堂中个性化辅导实现逻辑源点的明确。

(二)智慧课堂中个性化辅导的分层逻辑

明晰要实现什么的逻辑起点后,亟须明确如何实现的逻辑过程。智慧课堂中个性化辅导的实现主要依托于分层教学的形式。传统意义上的分层教学主要是教师根据学生学情的差异性,有针对性地对学生进行区别对待,在教学目标的制定、教学内容的选择、教学评价的内容等方面体现出各个层次间的差异性。分层教学自身蕴含着"因材施教"的思想,与个性化辅导同根同源。但同样受班级授课制等因素的限制,分层教学始终停留在课堂教学活动中的分组教学等基本形式。智慧课堂中个性化辅导的实现,让分层教学有了更丰富的内涵。依托于信息技术,分层不仅是学情的分层,在内容选择、评价分析等方面都有了更高效的分层方式。同时分层教学只是个性化辅导的一种教学形式,其并不等同于个性化辅导,个性化辅导不是简单地对学生进行差异区分而进行的教学,所以在实现过程中,需要体现个性化辅导中的分层逻辑。智慧课堂中个性化辅导的分层,首先是依托大数据分析技术对学生的学情进行掌握,基于此对学情进行第一次分层。第一次分层具有明显的预设性,是个性化辅导中分层的准备依据。其意义在于从教师"教"的角度出发,能够以学定教,在课堂教学前做到对教学设计的整体把握。其次,在课堂教学活动中,基于交互技术与数据分析技术,明确学生兴趣偏好与问题需求,基于此进行课堂教学活动中的学情分层,这次分层具有明显的生成性。其意义在于让课堂教学能够形成动态发展,满足学生即时的学习需求,尊重学生差异性发展的特点。再次,是进行课堂教学中实时训练与巩固的分层,在这一分层中包括训练内容与形式的差异选择。最后,是教学评价的分层评价,其在形式上不囿于教师对学生的评价,还包括生生间的评价与自我评价,所以在不同的评价形式中所体现的分层方式也有所不同。智慧课堂中个性化辅导的分层逻辑在形式上比传统意义的分层教学复杂,但是其有信息技术的支持以及智慧课堂条件的保障,在实现上更容易达成。

智慧课堂中个性化辅导的分层逻辑,以布鲁姆的教学目标分类为主,布鲁姆将教学目标分为认知、情感与动作技能三大领域。认知领域具体包含知识、领会、运用、分析、综合、评价这六个层级。在情感领域,包括了接受、反应、价值评价、组织与个性化等几个方面。教师在实施的课堂训练中,对课堂训练形式与内容的分层也是依据这五个层级进行设计的。

(三)智慧课堂中个性化辅导实现的动力原理

智慧课堂中个性化辅导最终想要实现的目的是"转识成智",在这个实现过程中存在着多种实现的可能,这些实现的可能,是智慧课堂中个性化辅导实现的内在动力。阐明智慧课堂中个性化辅导实现的可能,可以确定智慧课堂中个性化辅导实现逻辑的驱动力。师生关系的变革,是智慧课堂中个性化辅导实现过程中的可能,这种关系变革也是个性化辅导实现的动力。

教师与学生是智慧课堂个性化辅导中的关键因素。

从教师层面来说,首先,角色定位体现出了教师在课堂教学中的关键性,教师作为课堂教学的组织者、学生学习活动的引导者,是确定教学活动整体架构的重要部分。教师作为教学活动中的人,还具有自己的主体性,是实现个性化教学的实施者。其次,教师与教学活动中的各个因素都有关联性,教师与学生之间的师生关系决定了教学活动中的诸多因素以及对教学形式的选择。教学环境的创设、教学资源与设计的制作,都是基于教师这一因素来定夺的。同时,教师自身的能力,如对教学的把控能力、教师的个性化辅导能力等,都是个性化辅导实现的影响因素。所以,需要挖掘教师在智慧课堂中所表现出的价值与作用,将教师作为智慧课堂中实现个性化辅导的关键因素,来设计个性化辅导的实现过程。

从 学生层面来说,在智慧课堂中学生作为教学活动中的主体,其主体性凸显,个性发展得到尊重,这必然是实现个性化辅导的关键。学生自主学习的能力是可发展的,所以在智慧课堂中,学生的自主性与创造性都发生着较大的变化,这些变化都直接影响了个性化辅导的实现。学生作为教学活动的主体,可以说是整个教学活动的核心,个性化辅导旨在让学生能够实现个性与多元发展,尊重学生个体化差异。因此,个性化辅导中的诸多因素,如教师与技术、环境与形式都直接受到学生的影响,同时直接影响学生。学生作为一个中间关键量,存在于教学活动与教学效果之间,他们有相互的作用。在实现个性化辅导的过程中,把握好学生因素至关重要,只有厘清学生每一个环节的操作方法与价值意义,才能让个性化的学在智慧课堂中真正实现。智慧课堂中个性化辅导使教师与学生间的关系变革成为可能。传统课堂教学中师生关系正在由主客体关系转向双主体关系。在智慧课堂个性化辅导实现的过程中,首先,师生的角色定位发生了变化,学生作为教学活动中的主体,其主体性更加凸显,而教师逐渐转变为教学活动的组织者与引导者。其次,基于平台技术的支持,学生话语权回归,学生在教学过程中的主导能力提升,其主导性的增强改变了师生关系中的被动因素,学生与教师间的交流空间被大大拓展,所以伙伴型师生关系常态化的实现在智慧课堂个性化辅导中成为可能。

(四)智慧课堂中个性化辅导实现的关键环节

基于上文对智慧课堂中个性化实现的目标和内在可能与动力的厘清,我们可以进一步论述每一个环节实现的关键点与最终目标,以最终确立智慧课堂中个性化辅导的理论逻辑。

根据教学活动的特点,将教学活动划分为课前、课中与课后三段。在课前,主要环节是利用平台化的技术交互生成个性化的学习资源。学生自主预习的学习资源是课前教学环节的关键,所以课前环节设计探索主要围绕如何形成个性化学习资源展开,思考平台化技术为个性化资源的形成所提供的支持。在课前阶段,个性化学习资源的形成关键在于教师能够分层地推送资源,以让每个学生获得属于自己的学习资源。在课中,主要环节是利用平台化、交互与大数据等信息技术的支持,实现分层教学,体现智慧课堂中个性化辅导的分层逻辑,形成立体交互的课堂,以培养学生的自主学习能力,给予学生最大的话语权。同时,智慧课堂中的教学依托大数据平台,在达到直观实时反馈的同时需要实现精准化的教学,所以课中环节设计的探索主要围绕分层、交互与精准的目标来设计。在课后,主要环节是课后的反馈与评价。依托于大数据技术,以多元化评价为目标,实现形成学生个性化的课后巩固方案。同时,在课后支持学生以泛在学习的形式开展课后巩固环节,利用信息技术的支持,打破学习活动的时间与空间界限,让学生能够根据自身情况,自主安排课后巩固的时间。

简而论之,智慧课堂中个性化辅导实现的逻辑起点为个性化辅导最终实现目的,逻辑建立的内在动力为智慧课堂中个性化辅导实现的可能,具体实现过程由课前、课中与课后三段确立关键环节,明确实现目标而组成。

▌二、智慧课堂中个性化辅导实现的条件

本部分对智慧课堂中个性化辅导实现的条件进行了厘清,从理论条件与实践条件两个角度,剖析智慧课堂中要实现个性化辅导需要何种支持作为实现的保障机制。在理论层面,在二者的理论基础中,进一步阐明该理论对个性化辅导实现的影响和意义,以强化智慧课堂中个性化辅导实现的理论支持;在实践层面,深入挖掘个性化辅导实现的关键因素与条件价值,确保智慧课堂中个性化辅导的实现能够在实践层面获取更多的保障与支持。

(一)智慧课堂中个性化辅导实现的理论支持

1.人本主义教育理论对智慧课堂中个性化辅导的价值

人本主义教育观是以人本主义哲学和人本主义心理学作为方法论基础和价值标准的一种教育理论。人本主义教育理论的核心就是对人的关注和对人之所以为人的一种教育思考,其要义可以总结为以下几点:第一,是突出人的主体性。人本主义教育理论强调人的自我选择与自我实现,在教育中即指人能够进行自我设计。该理论强调调整教师与学生之间所存在的关系为"我与你"的关系,以达到"自我完成"和"自我生成"的教育目的。第二,人本主义教育观对人的非理性进行了突出与强调。人本主义教育观非理性的突出主要体现在,"在认识上,强调对整体的把握,尤其是把人的心理现象、人的学习或者说人的教育作为一个整体的、不可分割的'整体';在方法上,它强调教育过程本身,尤其是学生'此时此刻'的心理体验过程,强调学生心理体验过程的愉悦性,以便学生能够逐步达到'自我实现'的理想境界"。在指导思想上,人本主义教育观的一个引人注目之处是对人的创造潜能的重视与强调,这不仅是人本主义教育关于人的基本认识之一,而且是人本主义教育组织教学过程、选择教学方法、确定教学内容、规定教学形式的基本依据之一。第三,人本主义教育观肯定人的超越性。人本主义教育观认为教育是可以培养"完人"的,是可以通过教育使人成为完全人格的人,以完成人的自我实现。也正是因为人自身所具有的超越性,决定了人是动态发展的、具有开发性的,而非封闭的、固化的存在。这种对人的超越性的强调,奠定了人本主义

教育观对完人教育的追求。

人本主义教育理论在智慧课堂中的价值,首先在于智慧课堂的技术条件设计的实现,需要人本主义教育理论。课堂教学中的信息技术一直处于工具观的影响下,最终造成了技术理性下,课堂教学中人性的遮蔽。而人本主义教育理论中,对人的主体性的诉求,是当前教育信息化快速发展的时代,信息技术设计与升级的理论基础。可以看到,智慧课堂中的信息技术设计的出发点,不再是使用工具,而是为凸显人的主体性建造技术环境,比如平台技术的开发与交互技术的不断升级,是为了实现教师与学生之间、学生与学生之间的沟通对话,为人的自主性学习提供便利的技术条件。其次,绝对的技术理性造成了信息技术与教学始终无法深度融合,造成技术与教学的"貌合神离",而真正要使信息技术的发展成为课堂教学变革的推动力,还需要理解人的非理性的存在,如在智慧课堂中,教学资源的选取和情境的创造,不再是呈现式与强加式的实现,而是遵循人对教学整体性的倾向,将其贯穿于整个教学活动之中。

人本主义教育理论对智慧课堂中个性化辅导的价值,首先体现在人本主义教育理论中突出人的主体性是个性化辅导的基本原则。在传统教学中,人的主体性缺失是由来已久的问题。而个性化辅导提倡发展学生的个性、主动性与创造性,突出人的主体性是个性化辅导的基本原则。要实现个性化辅导,在理论层面要满足对人的主体性的追求,要认识到学生与教师在教学过程中都是自由存在的人。人本主义对人的自主性的呼唤,与个性化辅导对人的个性发展的追求,其共同目的都是实现教学过程中"人能为人"的愿景。同时,人本主义教育理论所强调的人的主体性,不是孤立的人的意向、活动与行为,而是与他人的自主性具有协同性和关联性。个性化辅导同样不是强调个人主义的突出,不是将个性与共性作为对立面而存在的。在这一层面,人本主义教育理论为个性化辅导的实现,指明了方向:个性化辅导不是个人主义的教与学,是在共性中存在的个性,是在教学中体现与发展的人的个性,这种个性既遵循人与人之间的差异性,也默认为存在于共性之中。

其次,人本主义对人的非理性的强调,是个性化辅导中教学模式与形式构建的关键理论支持。传统教学中教学模式的固化与程序化,是对人的理性的一种刻板追求。人本主义对人的非理性的追求,打开了课堂教学模式变革方向的思路,个性化辅导的模式与形式的构建,正是本着尊重人的非理性的原则,让学生与教师能够在无障碍沟通、无时间与空间界限的环境下开展学习活动。所以,在实现个性化辅导的设计环节中,从理论层面上我们需要关注整个教学活动的整体性,关注师生在教学活动环节中的心理体验与愉悦感,只有摆脱理性的束缚与知识本位课堂的绝对理性的控制,才能最终真正落实尊重人的个性发展,系统且完整地实现个性化辅导。

最后,人本主义教育理论中对人的超越性的关注,是对个性化辅导价值追求的理论肯定。"全人"教育也正是实现个性化辅导所追求的目标。传统教学中所存在的永恒真理与权威压制,都让学生丧失了对自己的"自我实现",每一个学生的独特性,在传统教学中都受到了抹杀。人的超越性的唤醒，是学生与教师在课堂教学中，能够发展自身潜能、丰满人性的前提。个性化辅导所遵循的原则与设构的模式都是基于人的超越性的唤醒。因此，人本主义教育理论的支持是个性化辅导实现的关键理论条件。

2.多元智能理论对智慧课堂中个性化辅导的价值

多元智能理论是 1983 年由加德纳提出的一种新型智能观念。这一理论主要针对传统教育中较为片面的智能一元论提出。加德纳认为，智力是在某种文化环境中，个体处理信息的生理和心理潜能，这种潜能可以被文化环境激活，以解决实际问题和创造文化所珍视的产品。同时，多元智能理论认为人所具备的智能并不是唯一的，人所拥有的智能是多重的，人类的智能是具有多元性、整体性、平等性、发展性、语境性和文化性等特点的多重智能。每个人所发展的水平是不相同的，而多元智能理论并非去讨论每个人拥有多少智能，因为智能是每个人都具有的一些能力，只不过具有一定的差异性，这些智能表现出的差异性就是每个人的智能结构。多元智能理论认为人至少拥有九种智能，这九种智能分别为：语言言语智能、数理逻辑智能、空间视觉智能、身体运动智能、音乐节奏智能、人际交往智能、自我认知智能、自然观察智能与存在智能。这九种智能并不是存在于人智能结构中的独立因素，而是基于个体差异以不同的表现形式存在，它们有机地、以独特的方式不同程度地组合在一起，以独特的方式共同发挥着作用。因此，多元智能理论系统地、完整地展现了人的智能结构与智能发展。

智慧课堂的发展不是单纯依靠信息技术的升级而前进的，这种新兴的课堂教学模式也需坚实的理论支撑，多元智能理论就是智慧课堂的理论支持之一。

首先，多元智能理论多元化与个性化的教育内涵可以在智慧课堂中得以实现。从教的层面来说，多元智能理论推动了智慧课堂中教师基本观念的树立。智慧课堂中的教师角色与定位不同于传统课堂，其需要教师树立多元化与自主化的教学观，教师不能固守教材、使教学过程程序化。依据多元智能理论对人的智能结构的建立，智慧课堂中的教学形式也不应只停留在训练学生语言与数理逻辑的层面上。另外，多元智能理论是智慧课堂教学资源搭建与选用的依据，智慧课堂的教学资源丰富，其资源库内容海量，似乎杂乱无章的教学资源却在课堂内被恰到好处地选用。这是在多元智能理论的指导下进行的。

其次，多元智能理论的差异性发展内涵，推动了智慧课堂多元化评价的建设。虽然多元智能理论指出人的智能具有很多种，但是并不是每个人的所有智能都是均衡发展的，其发展程度并不相同。所以教师也不能用唯一的固定标准去评价本身就具有差异性发展的学生。这一思想坚定了智慧课堂动态的教学评价，也支持了智慧课堂的整个评价系统。

最后，多元智能理论的情境化内涵丰富了智慧课堂的可视化教学方式。多元智能理论传入我国以后，作为一种理论指导，在课程改革与课堂教学改革方面有着重要的影响。多元智能理论自身所带有的多元化、个性化、自主化与情景化的教育内涵，恰好与我国传统课堂教学与课程的长久积弊相对症，因此，多元智能理论是变革传统课堂教学弊端的重要理论支持。在多元智能理论变革教学的过程中，多元智能作为一种教育目标存在过，作为一种课程形式存在过，作为一种教学形式存在过，显然这种将多元智能理论转化为目标、形式与课程的实践，是一种简单的理论与实践的结合，只是将各种所能遇见的问题，都框入了多元智能理论当中。所以，多元智能理论如果作为一种目标或者教学形式，反而会导致教学从传统教学的只注重语言与逻辑智能发展，变为给每个学生定性一种智能，然后在这种定性目标下去发展学生的智能，这无异于成为另一种僵化的教学。因此，多元智能理论是指导教学的一种理论思想，不能等同于某种课程或者教学形式，也不能将其生搬硬套成为某种教学模式。个性化辅导从理念与价值、过程与评价方面都受到了多元智能理论系统化的支持。个性化辅导以尊重学生个性化差异、学生个性化的学与教师个性化的教为核心。因为教学不能固守单一智能，而应鼓励推进学生多元化的发展，这是多元智能理论对个性化辅导价值取向的肯定。

(二)个性化辅导观对智慧课堂中个性化辅导实现的动力支持

智慧课堂中个性化辅导的实现需要教师个性化的教学观与学生个性化的学习观的支持。我们梳理已有研究发现，师生缺乏个性化的教学观和学习观，是造成个性化辅导缺失的重要原因。师生个性化辅导观的形成是个性化辅导实现的先决条件，在个性化辅导中有着重要的支持作用。所以结合相关实践经验，师生在智慧课堂教学中形成个性化的教学观和学习观，是实现个性化辅导的保障条件之一。

1.教师个性化辅导观对智慧课堂中个性化辅导实现的支持

(1)教师自身个性发展是个性化辅导实现的主体力量

教师也是教学活动中存在的人，有自己的主观意识，但是传统课堂教学诸多因素的束缚，将教师锻造成了具有相同风格的"讲课机器"。教师在课堂教学中有自己的个性与风格，这是让学生与教学活动实现个性化的必要前提。"如果我们说学校用知识进行教育，那么，知识的教育力量首先就在于教师的个性。"所以说，教师在教学过程中体现出的自身个性的价值，不仅有利于教师形成教学风格与自我教学特色，而且是知识教育力量、力度把控的重要因素。

传统课堂中，由于教学模式的固化与教学形式的单一，教师的个性缺失是必然结果。但是，在智慧课堂中，教师个性缺失依然存在。本研究通过梳理已有研究与实践中对教师的一些随机访谈，发现教师自身个性发展的实际状况如下：

第一，教师对教师个性的内涵没有准确的把握，不论是在传统课堂中还是在智慧课堂中，教师都没有关注与在意自身的个性发展。许多教师将教师个性的发展狭义地理解为教学风格，这也限制了教师对教师个性的关注力。在智慧课堂中，教学内容丰富，学生主动性提升，如果教师没有理解自身个性的内涵，就更难在智慧课堂中判断自己是否有教师个性。

第二,智慧课堂中信息技术的持续加强与教师个性产生了博弈。基于随机访谈我们发现智慧课堂中教师个性的缺失与信息技术的能动性增强有关。较多的教师表示,自己只能在课堂有限的时间中成为信息技术的组织者,有被信息技术"奴役"的感觉。这与教师没有深入把握技术特征、简单地基于工具主义使用信息技术有关。教师作为教学活动的引导者与组织者,其自身主体性应该凸显,在技术使用中应注重人文向度,而非成为技术工具的束缚者。

第三,在智慧课堂中,教师个性的培养阻力来源于学生的自主性增强。传统课堂中,教师个性发展的阻力,来源于教学模式的固化、集体备课资源的统一化、学生被动式接受、教师灌输式讲授。但是在智慧课堂中,基于互联网与移动终端技术的支持,学生的自主性增强,学生的个性化凸显,这让教师进入了新的教学活动适应期,教师难以把控学生的进度与学生在学习过程中的需要,这使得教师无力去培养自身个性。

简而言之,在智慧课堂中要实现个性化辅导,能够达成个性化的"教",其前提条件是要保障教师有个性。因此,首先需要加强教师对教师个性内涵的理解,唤醒教师对自身个性发展的意识,以确保未来在智慧课堂中,教师有培养自身个性的要求。其次,在智慧课堂教学中教师应不断更新技术观,摒弃与信息技术进行博弈的姿态,在将二者平衡的教学过程中寻找自己的个性发展的可能。只有确保教师有个性,有发展自身个性的意识与动力,才能形成个性化的教学观。

(2)教师自主意识培养是个性化辅导实现的持续能量

"教师要形成独特的个性化辅导,就必须有自己的独立意识,对教材、学生、教学过程都要有自己独特的见解,不能人云亦云。"在智慧课堂中,个性化辅导的实现需要教师个性化的教,教师个性化的教一方面体现在教师自身的个性,另一方面体现在教师自主的意识,需要教师能够在教学过程中摒弃从众心理。

传统课堂教学中,教师缺乏自主意识主要是由于教学资源的匮乏、集体备课形式的单一等,其表现出教师在教学过程中的被动与固化,依据现有的教学资源墨守成规,并没有能够与自己的主观思想融会贯通。智慧课堂中,教师自主意识的缺乏主要体现在以下几个方面:第一,对数据统计缺乏教师自身的分析,依托于大数据技术,智慧课堂中学生各方面的发展都被贴上了数据的标签,随着数据的增多,大数据的数据分析日益增强,依靠这些数据可以做出精准的判断。但是,在大数据时代,这并不意味着所有事情的结果都依靠数据的量化,尤其面对教学过程中学生的发展问题,不能"唯数据"是从,如果都是仅靠数据的分析去形成学生的发展评价等,其无异于教师从传统课堂中无思想的机械化教学转变为智慧课堂中无思想的数据化教学。所以,在智慧课堂中,教师不仅要会看数据分析,更要会用数据分析。在用数据的过程中,对于出现的同样的数据分析结果,教师只有注入不同的思想,以数据分析为依据,对学生的分析具有自己的见解,才能体现出教师的自主性。第二,体现在教师过度依赖于人工智能,有

"人工智能云亦云"的现象。当下,人工智能发展已经让其与教学的结合成为趋势,传统教学中,必须需要教师智慧,需要由教师自主意识判断的工作,也逐渐被人工智能所取代。如在智学网平台,对英语作文等主观题目的批改已经能够达到智能化批改的程度,这种智能化的批改形式上减少了教师的教学任务,但是并不意味着可以代替教师进行自主性的思考。但是,许多教师完全依赖人工智能,人工智能的结果成为唯一的标准,教师对此并没有自己的思考与见解,这样最终会导致教师的自主性缺失,教学效果变弱。同样的题目,同样的批阅程序,造就出同样的结果,这不仅不利于个性化辅导,反而阻碍了个性化辅导的实现。

所以,教师有自主意识,有独立思考教学的意识,是教师形成个性化辅导观的必要前提,是实现个性化辅导的关键条件。对于教师的自主意识的培养,首先教师需要对学生有自己的认识与判断,不仅不能人云亦云,更不能唯数据是从,在信息技术辅助的基础上,用有思想、有教师自我判断的方式开展教学活动,这是达成个性化辅导的前提。其次教师需要对教材与教学评价有主观的把握。在智慧课堂中,电子教材资源丰富,教材参考资料齐全,但是这并不能代替教师对教材的独立思考,挖掘教材并形成教师不同的理解才是个性的教的根本。另外,在教学评价上,依托数据的多元评价,并不是技术支持下的形式上的多元评价,它更应该有教师自身的思考。只有对学生的评价灌输了教师个人的思想,才能形成真正有意义的评价。

(3)智慧课堂中教师对师生观与角色定位的认识

正确的师生观是教师在教学中必须坚持的,但是在智慧课堂中,师生关系发生的变革,使得教师的师生观发生偏移。以实现个性化辅导为目的,形成智慧课堂中恰当的师生观,是教师形成个性化辅导观的基础之一。随着智慧课堂中学生自主性的凸显,学生与教师的关系从传统课堂中主客体关系转变为双主体关系,这种双主体关系,明确了学生是学习主体的地位,强调了教师组织与引导的作用。在这种关系的变革中,有部分教师对教师的角色与定位产生了新的理解,这导致师生观的偏移。

智慧课堂中师生关系的变革是个性化辅导实现逻辑的动力系统,基于实践,本研究发现智慧课堂中的教师更愿意将自己的角色认同为服务于学生的人,相比于传统课堂,教学过程中的主动权发生了转变。在传统课堂中,以知识为本位,教师作为知识的传递者,拥有教学过程中的主动权,但是在智慧课堂中,以达成学生个性化、多元化发展为愿景,学生自主学习的能力提升,学生成为知识的需求者,掌握了教学活动中的主动权。这种主动权的转换,原本是课堂教学正常的发展规律,但是在权利消减的过程中,许多教师形成了如服务者、学习者的角色定位,弱化了教师对课堂教学的组织与引导的作用。这种角色定位容易让教师形成以学生为先的观念,在课堂教学中失去主观能动性,进而形成教学过程中的惰性。教师仅机械化地满足学生的学习需求,就认为这样达成了个性化辅导,却未意识到,这种惰性是阻碍教师形成个性化辅导观的本质原因。所以要形成个性化的教学观,教师必须对自己的角色有一个正确定位,认识到教师在课堂教学活动中组织、引导的价值,发挥教师对课堂教学的主控权,这是教师形成个性化辅导观的前提。

2.学生个性化学习观对智慧课堂中个性化辅导实现的支持

智慧课堂中要实现个性化辅导的一个重要条件是学生能够进行个性化的学习,如果仅有技术支持与教师个性化的教学,学生却没有个性化的学习观,那么个性化辅导必然无法实现。

(1)学生对学习资源的整合与使用是个性化辅导实现的先行条件

在教学过程中,学生对学习资源的整合与使用,体现了学生的学习观。传统课堂中,学习资源对于学生来说较为局限于教材与教师所提供的学习素材。学生能够自主去做的只是接收这些学习资源,自主性较高的学生能够将接收的学习资源按照自己的需要进行一个分类与整理。所以,在长期的传统课堂学习中,从学习资源使用的角度来看,学生的学习观趋于被动,也缺乏主动去整合与使用学习资源的意识,更无法达到在学习资源层面的个性化。在智慧课堂中,学习资源形式较为丰富,学生可获取学习资源的渠道增多,因此学生所能获得的学习资源在数量上大幅增长。但是,智慧课堂中学生对学习资源的自主性仍有缺失。首先,其表现在学生面对海量的学习资源时,没有明晰自身学习的目的,批量化接收现象较为普遍。这种没有进行自主思考就全部获取的行为,是传统课堂中的思维惯性所造成的。其次,学生对学习资源的动态性生成较弱,"学习资源的动态性,一方面是指构成个性化学习资源的各要素之间的关系是不断地生成与变化的;另一方面是指针对不同的学习领域、不同的学习层次、不同的学习环境,学习资源要保持动态的调整",简单地说,学习资源不是一成不变的,学生需要根据自己的学习需要与学习环境的不同,使学习资源保持动态的调整状态,以使学习资源能够有个性化的展现。所以,要在智慧课堂中树立学生个性化的学习观,首先要形成正确的学习资源使用观。对资源的整合,学生需要对自己的学习需要有较为清晰的认识。同时,学生能够基于自己的需求,通过整合将原有资源形成新的学习资源。另外,在学习资源的使用过程中,要形成学生个性化的学习观,需要以学生能够个性化使用学习资源为基础。个性化的使用教学资源主要体现在,学生在使用学习资源的过程中,明白自身为什么使用这一资源、怎么使用与什么时间使用三个问题。在传统课堂教学中,教学资源的使用往往不需要学生去明确这三个问题,学生只是被动地记忆或者接收学习资源。在智慧课堂中,如果学生对待学习资源的使用仍然是同一模式,那么必然会阻碍个性化辅导的实现。

总的来说,要满足个性化辅导的实现,学生使用学习资源需要由三个阶段组成。第一个阶段是学习资源的选用,即明确为什么使用的问题。在智慧课堂中,鼓励学生多元化发展,对于同一个知识点的学习,每个学生需要的学习资源并不相同。在技术层面,智慧课堂已经可以为学生提供分层推送,但是仍需要学生明确自己的学习目的,以及构架好这个学习资源对以后学习的系统化帮助,所以在选取学习资源阶段,学生通过明确自身需求以及后续学习的需要,已经使得选用的学习资源具有一定的差异性,但是这种差异性又包含着解决同一个知识点学习的共性。第二阶段是学习资源的使用形式,智慧课堂中的学习资源不再局限于课堂中的教材以及教师所准备的影像资料等。在内容上电子资源逐渐增多,零碎化信息是电子资源的特点,因此学生在使用学习资源的方式上有了多样的选择,应更加注重资源的生成性。例如,对于同一知识点的学习,学生可能需要视频材料与相关的生活素材,在探究式、研讨式的学习中,学生更多的是将学习资源作为佐证材料,在项目式与混合式的教学中,学生倾向于将学习资源作为帮助自己深入拓展知识点的基础。所以以何种形式使用学习资源,取决于学生以何种模式学习,其呈现出学生多元化思想的特点。第三阶段是确定学习资源的使用时间。智慧课堂一个明显的特点就是凸显泛在化的学习,学生随时都可以进行学习活动,这也就意味着学生使用学习资源的可支配时间不是局限于课堂之上,而是贯穿于整个教学过程之中的,学生在课前、课中与课后都可以使用学习资源。所以,学习资源的使用时间需要学生依据自己的学习目的与大数据分析等反馈,确定这一学习资源是课前预习、课中参与学习,还是课后巩固的资源。不同的学生针对同一资源,对资源的安排是有差异性的,明确何时使用学习资源,是学生个性化学习观的又一体现。

(2)学生自主与合作学习能力的提升是个性化辅导实现的必要支点

智慧课堂中学生自主学习的空间大了许多,但是从传统课堂向智慧课堂转型的过程中,学生对智慧课堂自主化的教学模式并未完全适应,仍保持着传统课堂中被动学习的惯性。为了能够形成学生个性化的学习观,以实现智慧课堂中个性化辅导,学生自主学习与合作学习的能力仍需要更多地提升。

学生自主能力的提升是学生个性化学习观形成的前提与可能,相较于传统课堂,学生自主学习能力的含义也拓宽许多,这不仅仅体现在学生学习自主性的凸显,还体现在学生在学习过程中的首创性、合作性与反思性。首创性是学生创新能力的体现,在教学资源丰富、学习形式多样的教学过程中,学生进行探究式与研讨式的学习模式逐渐成为常态,在这种模式下,学生对于资源的整合利用以及学生间进行的头脑风暴,都能激发学生在学习活动中的创新性,而这种创新性正符合智慧课堂中学生多元化发展的方向,是学生个性化学习观的形成需要重点加强的部分。合作性与反思性的需要,是因为目前智慧课堂的开展多以小组学习的教学形式进行。在小组学习中,学生的自主性体现在需要知道如何与其他学生合作,首先需要的是合作精神,学生合作精神的缺乏是目前较为突出的问题。因为技术的辅助与学习形式的多样,更多的学生选择了独立地进行学习活动。独立并不意味着自主性的凸显,在项目式学习中如果没有小组间的合作,个人的所得往往是缺失的。所以需要让学生首先树立合作精神,愿意合作及懂得合作是提升合作性的基础。

(三)信息技术对智慧课堂中个性化辅导实现的工具支持

对于个性化辅导在智慧课堂中的实现,信息技术的支持是必要条件。

1.智慧课堂中的平台技术

平台化的思想源自互联网思维,开放、共享与交互联结是互联网思维的核心,平台化技术首先是对教学资源的技术支持,平台化技术的开放让教学资源得到了高效的整合,使得教学资源在数量上的丰富程度大大提升。教学资源的匮乏是教学形式单一、教学模式固化的一个重要原因。基于互联网的平台化技术,将各种形式的教学资源整合,形成内容丰富、形式多样的资源库,这种资源库的支持是使课堂教学从单一转向多元的基础条件。另外,随着互联网技术常态化应用与移动终端技术不断成熟,教学资源整合为资源库已经是平台化技术的基础功能,分层与实时推送展示功能的深入应用,让平台化技术不再是云端化资源,而能够"落地生根"。教学资源的分层是平台化技术与大数据支持的产物,以往虽然能够把各个零散的教学资源整合在一个资源库中,但这种资源库的存在只能在数量上丰富教学资源,起到化零为整的作用。在教学实践中,我们往往又要在庞杂的资源库中进行选取,对于教师而言,选取的标准往往会依据教学目标而定,然而对于学生而言,从资源库中选取何种类型与内容的资源进行学习,往往很难有合理的依据。因此,通过大数据技术形成的量化分析将资源库中的资源进行分层是十分有必要的技术。例如科大讯飞的"畅言智慧课堂"中将资源库中的教学资源依据学生知识点的掌握情况,进行排列分层。较多学生不能掌握的知识点的相关资源,在资源库中排在靠前的位置,这样学生在选取资源时,能够轻松地获得更符合自己学情的资源。同时,教学资源的实时推送与选取支持了课堂动态的生成。在传统课堂教学中,教师一般在课前会将需要的教学资源选取完成,在教学过程中只能限制性地使用已经准备好的资源。但是,教学资源的推送与实时选取功能,保障了教学资源能够满足教学过程中的动态生成,教师可以随时根据教学中的实时需要将资源推送到每个学生的移动终端上。

2.智慧课堂中的交互技术

交互技术在课堂教学中的应用,为情境化的教学、师生关系在课堂教学中的变革以及教学形式的多样化都提供了条件。基于多元智能理论,教学中的情境越来越丰富,信息技术的发展让图片、视频技术在情境化教学中已经成为常态化的应用,但是这种情境化教学的技术仍然只能停留在展示的层面,只是对学生感官上的刺激,学生的情境参与感不高。交互技术依托平板电脑等移动终端,让每个学生都能在情境中发声,同时支持上传学生自己的微视频、微声音等,让情境化教学立体呈现,真正地入情入境。同时,交互技术真正给了学生在课堂上的话语权。在课堂上,因为时间的限制,不能让每个学生都发表自己的意见,但是在课下学生可以发表自己的想法与观点,在班级空间,与同学、老师一起讨论。这种话语权的回归,让智慧课堂中的师生关系发生了本质的变革,话语上的平等才是主体地位的真正体现。并且交互技术方便了在课堂中学生之间的交流,学生可以通过移动终端,随时加入讨论,或以小组形式进行学习,可以通过移动终端落实小组的学习任务,实时呈现给教师。这种交互技术是学生能够在教学过程中发声的基本条件。

3.智慧课堂中的大数据技术

目前的信息化时代可以说是一个数据的时代,大数据诱发了教学的多样变革,支持了教学评价的精准化、教学设计的定制化与教学模式的科学化。我国在应试教育转型为素质教育时,就提出了教学评价需要多元化,单单依靠一张试卷来评价学生显然是一种片面的评价。但是多元化评价至今都难以达到常态化的教学评价,其中重要的原因就是其操作难度较高。大数据的出现将原本难以划清标准的多元评价,以数据的形式进行统计,使过程性评价逐渐替代了结果性评价。同时,每个学生的信息都形成了一个属于他们自己的数据库,多元化的标准评价都转换成了精确的数据并被直观地体现出来,这为精准的多元化评价提供了保障。并且,要想实现教学定制,大数据技术的支持也是必不可少的条件。大数据通过对每个学生薄弱知识点的展示,能够直观并且完整地展现出每个学生的需求,以及一个班级共同的学习需要,这使得教师的教能够精准对接学生的学习需要,使得学生定制化的需求更加清晰、教师的反馈更加精准。最后,大数据技术为教学模式的创新提供了条件,它能够科学地调整教学模式,而非盲目跟风。教学模式的固化是传统教学中影响个性化辅导实现的一大弊病,何种教学模式才是有效的一直是在讨论的问题,大数据技术可以科学地为教学模式的变革提供数据决策,如目前线上线下混合式的教学模式,我们可以通过数据反馈直接获知此类教学模式是否有效。

▌三、智慧课堂中个性化辅导实现的路径

基于前文所述智慧课堂中个性化辅导实现的逻辑,我们将教学活动分为课前、课中与课后三部分,分别探索三部分中的关键环节,明确通过关键环节需要达成的目标,以形成整个智慧课堂中个性化辅导实现的路径。

根据智慧课堂中个性化辅导实现的逻辑理论与实践过程中的特点,在个性化辅导实现过程中,有以下几个关键环节。首先在课前,主要环节是个性化学习资源的生成,这种资源的生成是整个个性化辅导活动的开始。个性化学习资源的生成可以实现课前教师与学生的反馈联结,以明确本节教学活动的教学内容与教学目标,达到"以学定教"的最终效果。其次,课中主要环节是打造分层的教学。如上文所述,这种分层逻辑在信息技术支持下,达到学情分层、目标分层以及内容分层甚至反馈分层。在这种逻辑下的分层最终要实现的是师生能够立体式地交互以及实现精准化的课堂教学。同层次间与不同层次间学生与教师、学生与学生可以进行实时的交流与协作,将交互立体化以便于学生发散思维,找准自己的兴趣偏好,从而体现学生间的差异性。同时,让课堂中的教学更加精细与准确,是课中教学环节需要达成的目标之一。让个人的学习能力在课堂教学中得到发展是个性化辅导的追求,而精细与准确的课堂是实现这一目标的前提。最后,课后的主要环节是设计个性化课后巩固方案,最终实现教师多元化评价与学生泛在化的学

习。与传统课堂有别的是,课后的学习巩固需要学生打破时间与空间的界限,随时随地进行有效的巩固与复习,这给予学生更多的学习自主权,现代信息技术也为学生泛在化学习提供了支持条件。另外,多元化的评价是个性化辅导课后评价的基本原则,从形式到内容上都需要丰富评价的维度,以便达到多元化评价的目的。

(一)生成个性化课前学习资源,实现师生分层推送与反馈联结

智慧课堂中个性化辅导课前的关键环节主要是形成课前学习资源,最终实现教师的以学定教,以及学生明确教学活动的学习需求,达成师生之间的反馈联结。

1.教师利用智慧课堂交互技术与资源平台达成以学定教和分层设计

(1)课前教学资源的选用与制作

课前教学资源的主要目的是为学生提供课前预习材料,传统课堂中课前预习的资源以教材与习题为主,形式较为单一,智慧课堂教学中课前预习的资源形式丰富,教师可选用与制作的资源大致有以下几种形式。

第一,线上优质微课与慕课。互联网时代使互联网技术已经成为常态化的应用,尤其"互联网+教育"的发展,让线上线下混合教学模式更加成熟与完善,线上资源的获取与使用在教学实践中已经非常普遍。微课作为"互联网+教育"的热门产物,以教学小片段为形式,以随时随地可反复观看为优势,迅速成为课堂教学中一种重要形式。同时,微课也是课前预习的优质资源之一,其时长较短且视频内容趣味性高,情境性较强,适合课前激发学生的兴趣,但是短小的视频又对学生留白,给学生以思考的空间。同时,同一教学内容的微课众多,不同知识点、不同的教学片段资源都相对比较丰富,教师在选用微课时,可以依据学生较为薄弱的知识点进行选取,为后面的分层推送做好准备。另外,自制微课也是智慧课堂中助力教师实现个性化的教的途径之一,例如科大讯飞的"畅言智慧课堂"系统,已经上线了微课空间,方便教师自制微课,同时提供了各种形式的微课模板,针对不同的教学形式以及学生群体,教师可以方便地选取相应的微课模板进行制作,这种自制的微课,完整地体现了教师个人的教学智慧以及教学风格,是形成个性化的教的必要过程。同时,慕课也是互联网的产物,慕课是指大规模的在线课程,这种在线课程在智慧课堂中能够很好地进行动态生成,例如学生将相关慕课作为预习材料,在这种慕课形式下,学生对于一个知识点可以听到来自全国各地的、不同的教师、不同的教学形式的讲解。在这种差异化教学中,学生对这个知识点的发散性增强,这样能够较好地达到预习效果。

第二,选择多种形式的媒体资源进行整合。传统教学过程中的预习除了教材,另外就是一些习题的辅助。在智慧课堂中,媒体资源更多的是对教学内容情境上的创设,例如视频资源、在线的尝试性习题以及知识点的实践应用。这些资源既可以单独地呈现给学生,也可以根据具体的学情,由教师进行个性化的整合使用。目前许多公司研发的智慧课堂系统都有科学的整合模板,对情境视频、习题与实践应用等资源的

数量都有比例划分,最终再统一将其整合为一个完整的课前预习资源包推送给学生,这样就形成了既多元又统一的课前预习资源。

(2)教学资源的分层推送与学生反馈的接收

智慧课堂中移动终端技术的成熟可以支持教师随时随地地向学生终端推送资源。首先,这是对泛在化学习的支持,泛在化学习强调让教学打破时间与空间的界限,以适应当下碎片化知识的时代。虽然泛在化学习更多的价值是丰富了教学的组织形式,但是在教学时间与空间的选择上给了教师与学生很大的自主性。它可以依据学生不同的安排与教师教学进度,随时随地地推送资源,避免了传统课堂中课上40分钟的局限。分层教学的理念在个性化辅导中贯穿始终,在资源推送环节,智慧课堂实现个性化辅导的关键在于教师能够对课前预习资源进行分层推送。预习资源的分层推送是整个教学过程中的第一次分层推送。在具体操作过程中,第一次分层推送一般是教师依据对学情的主观分析,依据学生对课前预习资源的偏爱与喜欢以及对知识点理解的不同需求,将不同的预习资源推送给不同的学生。如对于学习兴趣较弱的学生,教师可以科学地推送情境性较强的视频资源,以引发学生的学习兴趣;对于探究能力较强的学生,教师可以推送知识性较强、可探究的空间较大的资源,以引导学生深入思考。因此,在教师的主观意识判断的基础上完成的第一次分层推送,可以形成个性化辅导的雏形,为后面的以学定教、定制化教学设计打下基础。

分层推送工作后,就是接收学生反馈的环节。传统课堂中,学生预习效果的反馈渠道较为单一,往往是将课中学生的学习效果作为学生预习的反馈,但这种反馈其实已经是在课堂教学中进行了,在一定意义上这种反馈非常滞后,从而导致失去了学生预习反馈的价值。智慧课堂中,教师接收学生预习反馈的形式较为多样。首先,基于平台化技术,教师可以在平台上与学生进行交流与讨论,如科大讯飞"畅言智慧课堂"系统中的"班级空间"功能,为师生提供了共享与交互的平台,在教师推送预习资源后,学生关于预习后的想法与感受都可以通过文字、图片与短视频的方式在班级空间内与教师、同学进行交流,在平台的交流中,教师可以得到学生预习后的反馈。其次,基于移动终端技术与大数据统计技术,教师可以规定学生统一提交预习反馈的时间,利用大数据技术分析,得出数据化的反馈报告。这种反馈形式更加高效便捷,能够直观地反映学生的课前预习情况。

最后,针对学生预习情况的反馈,教师可以进行二次分层推送。第二次分层推送与第一次相比,教师主观性削弱许多,更多的是依据大数据分析技术,更精准地对学生进行第二次分层推送。二次分层推送的内容主要是针对学生的预习反馈,进行资源的补充。但是并不是每一次课前预习与每一个学生都需要二次的资源补充,教师可以根据实际反馈情况进行定夺。

(3)教学设计的分层设计与定制化

课前预习的目的之一是让教师能够更好地以学定教,传统课堂中教师更多的是依据教材与主观判断的学情制订教学计划。在智慧课堂中为了实现个性化辅导,以学定教的依据与方式都发生了变革。

首先,智慧课堂中的以学定教,是教师主观判断与客观数据分析同时作为教学目标确定的依据。在课前资源分层推送后,教师基于教学经验,依据学生的反馈与教材在知识层面所要求达到的目标,可以确定本节教学活动的总目标,即全体学生所要达到的共同目标。在这个总目标的统领下,教师再依据学生的数据分析与不同知识点的需求,分层设计教学目标。基于大数据技术,教师可以看到学生通过学习预习资源后的一个数据化反馈,它包括学生对教学内容最感兴趣与最不感兴趣的知识点、能够轻易理解与较难理解的知识点、不同学生在不同知识点上发散思维的数据量,以及一些学生所提出的问题等。依据直观的数据,教师能够较为精准地对教学内容的重点与难点进行把握,教师对教学形式的安排更加符合学生的需要,比如对于学生兴趣度较低的知识点,教师可以采用情境化教学形式,这种教学方法能够较好地激发学生兴趣。对于学生兴趣度较高的知识点,教师可以采用探究式学习、小组合作学习等教学方法,在学生具有探究动力的基础上,进一步深入教学。因此,依托数据反馈,教师已经完成了教学目标及重难点与教学形式的确定,在方便快捷的同时形成了精准化的教学。

另外,在课前预习阶段,对于因材施教的定制教学,教师已经可以通过移动终端的交互技术完成。因为环境条件的限制,大部分的教学活动形式都是班级授课制,班级授课制在环境上极大地限制了个性化辅导,有许多个性化的教学形式在班级授课中往往无法实现,所以许多教师在备课时从这一现实条件出发,不会考虑学生的一些个性化需求。但是基于移动终端技术与互联网交互技术,教师可以打破这些限制,以实现定制化教学。在课前阶段,教师需要进行这些环节:首先,通过数据分析表与平台中学生的反馈,明确学生的定制需求,例如知识点的需求以及不同学生不同关注点的需要。这些需要是设计教学过程的依据。第二,制作学案。传统教学中的学案是统一设计、统一发放的。智慧课堂中,教师依据不同学生的需求可以设计多种形式的学案。并且,目前研发的智慧课堂系统中,例如科大讯飞的"畅言智慧课堂",已经支持模板化的设计,可以进行一键定制,依据之前的数据分析,通过大数据处理技术,自动生成每个学生的学案,再由教师基于教学活动的实际需要,对一键生成的学案进行个别的调整。这种学案既满足了每个学生的需求,又注入了教师对教学活动的整体思想,高效便捷地体现了教师个性的教。最后,利用移动终端技术将学案推送给学生,让每个学生获得自己的专属学案,从而为后续的教学提供个性化的学习材料。

2.学生基于课前平台的交流与学习资源来提升兴趣与明确需求

学生作为教学的主体,是智慧课堂中个性化辅导的重要因素。在课前,学生需要进行预习活动,传统课堂中学生的预习往往是以课后作业的形式来表现的,学生需要独自完成对教材的熟悉,提升的是学生对教材的感悟。但是在智慧课堂中,更多的是让学生在熟悉教学内容的基础上明确自身需求,提升的是学生对自身发展需要的明确性。所以,在整个课前预习活动中,学生最终解决的问题只有一个——明确自己在教学活动中需要什么。

(1)通过分享与交流,丰富课前预习资源

学生在移动终端上接收了教师所推送的预习资源后,在预习过程中,要注意预习资源的动态性与学习性。首先,学生在熟悉预习资源的基础上,可以在"班级空间"等交互平台上,分享自己的预习所得,分享与交流的过程也是教学资源动态生成的过程。学生在交互平台上的发言,相较于课堂中的发言,自由性更高,开放度更大,容易激发学生自我的想法与灵感,这种想法与想法的联结,能够生成一些新的资源,使每个学生都能有属于自己的个性化课前资源。另外,在分享与交流的同时,也鼓励学生独立自主地丰富课前预习资源。如一些教学所需实验器材的制作与开发,教学活动中所需素材的寻找,等等。这些独立自主的工作能够使学生更加熟悉教学内容,明确知道自己在这一教学活动中的需要,同时使学生在自主活动中能够发现自己的兴趣所在。所以这种线上交流、线下自学的预习模式,能够很好地照顾学生的多元化发展,帮助学生在短时间内明确自身的学习需要。

(2)明确学习需要,将预习活动的结果反馈给教师

学生完成预习活动后,需要在智慧课堂的个人空间中对自己预习后的结果进行记录。对预习结果进行记录的表格,一种是由教师或学生自行设计的,根据学生预习特点,主要记录学生的兴趣点与预习中所遇到的问题;一种是由智慧课堂系统自动生成的,主要是数据化的直观体现。在完成预习结果的记录后,学生不仅应该熟悉教学内容,更应该对教学内容有一个自我认知。这种自我认知体现在学生是否能够定制适合自己的教学。这是学生在课前环节的一个小结,这种形式让学生明确自己的需求,同时依托平台化技术对教师进行即时的反馈,以能够高效地让师生共同完成反馈联结,从而确定教学的目标与内容。

(二)打造分层教学模式,凸显师生立体式交互与精准化教学

传统课堂教学以讲授法为主,主要教学过程为教师通过情境导入新课,讲授新知,通过对学生的个别提问以及课堂练习巩固新知。在这种教学设计中,我们可以看到教师讲授占时较多,师生对话与生间互动很少,整体把控权在教师,学生的话语权缺失。这是传统课堂中个性化辅导开展的不利因素。加德纳认为,未来的教育是以个人为中心的。因此,个性化辅导课堂中的环节设计,需要对这些不利因素进行消除。本研究开展了为期3个月的课堂实验,通过课堂观察、课例分析,从实践层面对智慧课堂个性化辅导中的环节进行归纳总结,通过将理论与实践相结合,设计能够在智慧课堂中实现个性化辅导的合理路径。

在实现的各个环节中,智慧课堂体现出一些特征。首先,智慧课堂教学的每一个环节都突出了立体式交互的特征。不论是教师与学生之间,还是学生与学生之间,都

是双向的推送与反馈。在传统课堂教学中,教师与学生之间也有沟通,但是这种沟通往往是教师指向学生的单向输出,并且不是教师指向全体学生,就是教师指向某一个学生,学生在这个过程中一直处于被动接受状态。在智慧课堂中,教师与学生的立体式交互体现在教师与学生是双向交流,既存在教师指向学生,同时学生也可以对教师进行反馈;这种双向交流在纵向上也是立体的,教师可以与全班学生进行交流,可以单独与个别的学生进行交流,也可以与不同层次的学生进行交流与反馈,所以教师与学生之间的交流与反馈的局限被打破。同时,学生与学生之间的交流增强。他们既可以在小组内进行线下交流合作,也可以在小组间进行线上讨论学习,这种线上线下混合交流的模式,在学生与学生间交流的时间与深度上都有所增强。其次,智慧课堂教学的每一个环节都凸显了合理预设、注重动态生成的特征。智慧课堂中的个性化辅导既要实现个性化的学,也要包含个性化的教。因此,如果预设过多,整个教学过程便无法满足学生与教师的一些个性化学习,所以在教学过程中,进行动态化的学习路径设计,是智慧课堂在课堂教学中实现个性化辅导的关键。动态化的学习路径的完成与生成性的教学,既能体现教师的教学智慧,在教学中彰显教师的风格,也可以满足学生之间的发展差异,让每一个学生都能在集体化的班级教学中得到适合自己的发展。

智慧课堂中的个性化辅导,在课堂中主要包括以下几个环节:创设情境与发现问题、分屏教学与合作学习、实时训练与分层反馈、即时数据与个别反馈、问题解决与总结评价。

1.创设情境,发现问题

与传统课堂不同的是,这一环节是由教师与学生共同参与完成的。传统课堂中更多的是教师通过展示图片或者视频以创设教学情境,其目的是以情境激发学生的学习兴趣,以导入教学内容。智慧课堂中,情境创设的目的除了激发学生的学习兴趣以外,更重要的是发现问题,以问题为导向开展教学活动。由于平台化技术的支持,在情境创设方面,不仅教师可以创设情境,学生也可以进行创设,或者师生利用信息技术共同创设情境。如在资源平台上,学生推送情境视频或者生活中与教学内容相关的现象,教师在公共屏幕上进行展示或者加工,以共同完成情境的创设。这类情境创设,由于不是教师完全自主地进行推送给学生,有学生自我的思考在其中,因此学生对情境的代入感与接受度更高,情境创设的多元化与生成性更强。在教学实验中发现,在教师引导下,同一教学内容在不同班级所创设的情境都有所不同,这些情境更多地体现了学生个人的主观意愿,这种创设的形式能够让学生更自然地在此情境中进行思考与发现,也避免了传统教学中,教师创设情境与学生生活经验相背离、学生被动接受情境、在情境中思考兴趣不高的现象。同时对于教师来说,它也发挥了教师智慧,对于平台中学生所创设的情境,教师需要进行筛选与加工,选取恰当的、合适的、能反映大部分学生意愿的情境,在公共屏幕进行展示。这一过程不仅加强了学生对生活实践的感悟,更从课堂教学活动的开始便给予学生自主学习的权利,让学生能够基于自身情况创设情境并发现问题,为整个教学活动的个人定制化提供基础。同时这一过程展现了教师的个性风采,教师不再是机械化地展示备课素材,而是融合教师智慧,体现教师个人个性。教师与学生一起创设情境,这也提升了教师教的个性化水平。

2.教师进行分屏教学,学生按照小组进行合作学习

师生通过共同进行情境的创设,明确了教学活动需要解决的问题。教师进行分屏教学环节,智慧课堂依托于移动终端技术,在智慧课堂教学中使用平板电脑移动终端进行教学,因此,每一个学生与教师都有属于自己的终端屏幕,同时教室除了黑板之外,还有一个交互式屏幕作为公共屏幕。智慧课堂基于无线网络技术支持教师进行无线投影,教师利用移动设备可以多角度、多方位地进行教学资源的投放。因此,整个教师的教学过程属于分屏教学的过程。开展分屏教学时,教学形式多为合作讨论式学习,教室的布置一般为可移动桌椅,学生入座的形式为圆桌形或田字形,学生可以多角度、多方位地观察教师投影,这样方便师生间交流互动。

教师多屏教学首先进行的是资源的多屏推送。在情境创设后,学生根据发现的问题以及想解决的问题进行分组。每一个小组都有一个需要解决的主题,学生进入项目式的学习中。教师可以根据项目学习小组需要解决的主题,选择与这一小组相关的教学资源,将其实时推送给小组成员。在推送资源这一过程中,首先推送的教学资源可以是教师课前备课活动所准备的资源,也可以是教师根据实际需要,即时从资源库中下载并推送的资源,以保证教学过程的动态生成,满足学生在学习过程中的即时需要,凸显教师对整体教学活动的思考。其次,教师推送资源的时机是这一环节的关键。推送资源的时机依据的是学生的讨论交流与教师授课的节奏,在学生交流讨论的过程中,学生可以通过移动设备向教师发出即时的讨论结果与交流过程中遇到的问题,教师据此继续推送教学资源,避免一次推送所有资源而限制学生思考方向。最后,教师通过资源的多屏共享进行教学。在学生进行交流学习后,教师需要对学生的学习成果进行阶段性小结,各个小组的学生可以通过平台化技术,实时地将自己的学习成果分享在公共平台上,教师对其进行投影,并对每个小组的成果进行讲解与评价,以拓宽教学的深度,带领与引导学生进一步探究。这种教学过程在形式上鼓励了学生进行交流与协作,将最大的话语权交还给学生,同时教师引导学生继续学习,在加深教学内容的把控力的同时,自然而然地与整个学习活动融合在一起,不会使学生产生被动感,师生间的对话也从一问一答走向了协商讨论与交流。从开始各组不同的问题解决到共同的交流分享,体现出教师对教学动态生成的把握,也尊重了学生学习的个性化差异需求,每个学生都在自己感兴趣的问题讨论下共同学习新知。

学生在这一环节进行合作学习。接收到教师所推送的资源后,在教师的引导下,学生对所需解决的问题需要进行方案构设与选择方案两个环节。"方案构设始于对形成方案所需知识的调用,调用的知识一方面是在以往学习过程中已经具备的已知知识,另一方面是需要学习的新知识。"因此,构设方案的环节,实际上是学生对已有知

识的应用,学生在应用过程中遇到阻力后,再与教师共同进行新知识的学习以完成方案构设的过程,可以说构设方案是学习新知,而其本质是温故知新的过程。并且在构设方案的过程中,学生能够满足自身多元化发展的需求。学生构设方案的最终目的是解决问题,在目标明确的情况下,学生需要考虑方案所用的方法和步骤,以及最终方案的操作流程和所运用的知识原理。在解决问题的方法上,由于每个学生的直观经验不同,他们会有格局差异与不同方法,所以构设一个方案需要学生合作交流,在每个人的差异中求得共同发展,这就是学生构设方案的意义所在。

其次是选择方案的环节,这一环节主要是能够让学生形成一个动态的学习路径,而非静态线性的学习路径。如果学生创设方案后就结束了交流学习,改为接受教师所传授的新知,那么这种学生学习的路径依然是静态的,只是在形式上学生进行了言语上的沟通与合作,但是最终话语权依然在于教师,学生虽然有个性化学习的萌芽,但是选择方案环节的缺失让个性化学习的路径被打断。在选择方案的环节,教师将各个小组的方案进行投影,分屏进行推送,在选择方案的环节中,主要进行的是教师与学生对方案的比较,这种比较是基于设计方案时所学的新知,是一个对新知识应用的过程,在比较过程中如果发现方案的弊端,学生可以重新回到构设方案阶段再次进行构设。在教师的引导下,构设方案与选择方案形成了一个回路,这种闭合的回路是学生学习的一个动态路径,随时可以产生新的方案,学生在体现个体想法的同时获得新的知识。

3.教师进行实时课堂训练,学生实施分层反馈

这一环节主要是对上一教学环节的深入与巩固。教师在进行分屏教学并且与学生共同学习与分享了新知识后,需要在这一过程中或者之后对新知识进行巩固,同时学生需要进行分层的反馈,加强与加深自己对新知识的理解。智慧课堂中教师进行实时的课堂训练与传统课堂中的课堂训练在形式与内容上都有所区别。形式上,智慧课堂尊重学生的多元化发展以及教师自我个性的实现,所以不囿于习题的训练。针对不同学生逻辑思维、言语思维等能力的差异,教师选择的课堂训练在形式上有习题训练、情境训练、实践与实验应用训练。在实时训练中,教师针对不同层次的学生,会选择不同形式的课堂训练。

依据这个标准,教师实时推送的课堂练习可以分为三大类,对于基础层面的学生,表现为在小组学习中反馈较弱,对知识性学习掌握不牢靠,以第一种形式的推送为主,旨在让学生能够加深对所学新知识的掌握,巩固对所学新知识的理解,为后续的教学环节打下基础。在这一层面,学生以对所学新知识的接受和反应为主,所以推送内容中识记内容所占比例较大,以概念性的学习内容为核心,学生能够在实时训练后达到第一层的教学目标。我们通过教学实践的观察发现,在课堂教学中大部分的学生已经处于第二层次,表现为学生对基础概念的接受与反应已经完成,学生接受新知识后已经能够达到领会与简单运用的程度,这在大数据分析所反馈的数据上可以直观地表现为能够利用所学知识形成一个基本的解决方案。对于这一类学生,教师可推送以情境

为载体形式的问题解决类练习,如教师利用互联网技术下载与教学内容相关的情境短视频,将这些短视频推送给学生,教师根据具体的教学需要可以预设相关问题,也可以将问题的发现留给学生,学生需要有将情境问题转换为所学知识的思维过程。在这一层面,有两类可推送给学生的训练内容。第一类,是对学生分析与应用的能力进行训练,主要目的在于学生能够将实际情境问题转化为所学知识的模型,以便解决问题,这依托于学生对所学内容的分析与应用。第二类,是对学生评价与比较能力进行训练,这一类推送内容对学生的要求要高于第一类推送内容对学生的要求,这一类的推送内容不仅要求学生能够对所学新知识进行理解与应用,还需要学生在此基础上能够对所学新知识进行评价与比较;不仅需要学生对所学新知识达到一个较好的掌握程度,还需要学生对所学新知识的整个体系融会贯通,只有这样才能做到准确地评价与比较。在教学过程中,有个别接受能力较强的学生已经能够达到第三层次,具体表现为学生对于情境化的问题能够熟练地分析与应用,并且对不同的解决方案做出合理的评价。对于这一层次的学生,教师更多的是以实践与应用的形式来进行课堂训练,适当地进行拔高性训练。如在内容上,教师可以抛出一个与教学内容相关的前沿性问题,这类问题本身具有开放性与创新性,学生在解决时所反馈的方案,除了运用所学知识外,也包含了其个人思想特点与思考问题角度的个人特色,或是教师让学生对一个策略性方案进行评估,这种评估不仅是知识运用的考验,更是个人思维逻辑的一种体现,同时基于学生个体发展的差异性,不同学生对此类问题的擅长方向与兴趣点都不相同,因此在课堂实践中,这一类内容的反馈通常能看到学生从不同的视角出发进行评估。

学生在这一环节进行分层反馈,第一是反馈小组进行交流与合作学习时,选择的问题解决方案,第二是对教师课堂实时训练的反馈。对问题解决方案反馈的分层主要是以小组形式进行的,是以方案内容为区别的分层,不同小组解决的问题不同或是方案不同,各小组依据具体内容进行区分反馈。智慧课堂中学生可以直接将反馈内容上传至讨论平台,也可通过抢答、小组间 PK 的形式进行反馈,以增加课堂教学的趣味性,激发学生合作交流的学习动力。对教师实时训练反馈的分层,主要是依据教师训练形式进行的,如知识性习题层面的学生,将习题答案通过移动设备反馈给教师,情境问题解决层面的学生将自己的解决方案实时地推送给教师。目前智慧课堂的系统,已经支持将学生名单实时进行分组,每一个层面的学生所反馈的内容,都会自动归入所在组别中。智慧课堂中的学生反馈,能够实时高效地集中反映每一个学生的意愿,使每个学生拥有了平等的话语权。同时分层反馈的形式,从内容上或者形式上进行划分,能够让每一个层面的学生都能有与其个人发展相适应的反馈机制,在集体反馈的班级化教学中,实现了尊重每个学生的个性化发展。

4.教师根据数据调整教学,学生进行个别反馈

智慧课堂的一个重要特点是课堂教学的动态生成性,这是它与传统课堂教学的不同之处。传统教学中由于诸多因素的限制,往往预设大于生成,预设性过强的课堂教

学不利于教师智慧的成长以及学生个性化的发展。在智慧教学中,教师需要精准把脉,随时调整教学过程,避免整个教学活动静态进行。所以,这一环节主要依托于大数据分析技术,以数据化的形式为教师呈现教学活动的发展动向,以及每一个学生在教学过程中的动态学情。以数据的精准性来满足教师对教学活动的精准化判断,以便教师能够精确地把握教学活动的动态发展。在教学活动这一环节,学生从分层反馈阶段转向个别反馈阶段,依托移动设备的交互技术,在教师的教学过程中,学生个人可以通过设备随时向教师发出反馈,反馈信息单独出现在教师一人的移动设备上,以便教师在教学过程中对学生个人的反馈进行处理,同时不影响整体教学活动的进展。

首先,教师依托大数据分析技术,对学生在教学活动中的表现以数据的形式进行呈现。一是对学生在教学过程中的学习行为进行"全景式描绘"。即智慧课堂系统通过搜集从小组合作交流、解决方案的构设与选择、分层反馈课堂训练等环节到各个层面的学生所体现的相关数据,如构设方案数、与教师的反馈量、小组平台发言数等信息,对这些信息数据进行分析,全景化地对每一个层面进行了直观的描绘,教师可以清晰地看到哪一个层面的学生兴趣度更高,哪一个层面的学生掌握度更好,等等,以便教师从宏观的角度去调整教学。二是对学生在教学过程中的学习行为进行"特写"。教师可以在自己的移动设备上,随时点击某一个学生的姓名,对这一个学生在本节教学活动中的所有动态数据进行查看。另外,大数据技术中的云计算等数据分析技术,可以对单独的学生所呈现的数据与所有这个层面或者其他层面的学生所呈现的数据,进行关联性或者差异性的分析。教师可以直观地通过个别学生的数据,迅速高效地分析出某一个学生在课堂教学中的短板与优势,以便更好地对一些临界生在教学活动中的状况进行把握。通过数据的"全景式描绘"与"特写",教师能够直观且精准地对之前分层教学的所有环节的效果进行快速判断,实时地调整整个课堂教学的教学方向,在预设的基础上进行动态生成。

其次,学生可以进行个别反馈。在教师的教学过程中,在合作交流学习与课堂实时训练后,教师并不能确定每一个学生都能够掌握教学内容,学生掌握的程度也不是完全相同的。但是传统课堂中,如果学生需要向教师反馈问题,整个教学活动就会被打断,因此很难实现个别学生对教师的实时反馈。在智慧课堂中,依托于交互技术,学生可以在自己的移动设备上实时地向教师终端推送信息,只有教师一人可以在自己的设备上看到学生随时推送来的信息,教师可以在教学过程中自然地融入对个别学生提出问题的解答而不打断原有的教学节奏。如果多数学生对此问题进行反馈,教师也可以明确一个生成性的教学难点,在原有教学节奏的基础上,对此问题进行解释。因此,虽然这是班级授课制下的教学活动,但是并没有限制学生个人反馈的实现,反而因为学生的个人反馈激发了教师的教学智慧,也体现了学生的学习智慧,对于知识性的教学活动,学生能够"转识成智",这让个性化辅导在智慧课堂中能够实质性地实现。

5.师生共同解决问题并总结,对整个课堂教学过程进行评价

这一环节是教师对本节教学活动的一个总结与评价。在传统课堂中,教师对教学活动的总结大多是对知识的总结与回顾以及布置课下练习。但是智慧课堂中,教师不再是对知识点进行总结与回顾,而是对学生进行总结与评价。教师以大数据分析为依据,可以将数据分析结果直接地投影在教室公共屏幕上,这些数据可以直观地反映出每一个学生在这一节教学活动中达成的教学目标数,以及对每一个知识点的掌握程度。例如智学网的学情分析平台,通过对本节课实时训练结果的记录,以及每一个学生在平台上所反馈的信息,进行关键词频分析,可以呈现出这个学生在这节课对每一个知识点的掌握程度。因此,在解决课堂情境问题的基础上,教师更多的是要呈现每一个学生在教学过程中的动态数据,同时可以在班级空间中即时地为本节课数据层面上较为优秀的学生"点赞"等,以激发学生的学习兴趣。在这一环节,学生除了接收教师的信息之外,也可以对本节课自身的数据分析加以补充,因为大数据技术在对数据进行搜集时,数据价值密度较大,所以虽然许多数据很直观,但是冗余数据也相对较多,学生自身对数据的补充与修改,是对数据的一个提纯化过程,从长远来看,它能为学生建立一个更加精准且科学的数据库。同时,学生根据教师对学生知识点掌握情况的分析,自身对知识点形成一个系统归纳,每一个学生在每一节教学活动结束后,都能形成一个属于自己的知识点体系,而不是传统课堂中,由教师统一呈现的知识点网络。由于掌握程度的差异性,每一个学生每节课所整理的知识点体系也呈现出差异性,这为课后巩固环节的个性化学习提供了基础。

（三）设计个性化课后巩固方案,完成多元性评价与泛在化学习

1.智慧课堂中个性化课后巩固方案的设计

课后,主要是学生对教学内容的巩固和进一步理解与应用以及教师对学生学习活动进行评价。与传统教学中学生先完成作业进行知识性巩固,教师再批改作业对学生进行评价不同,在智慧课堂中,学生的巩固与教师的评价具有系统性和整体性,没有明显的阶段划分,教师对课后巩固方案进行统一设计。

（1）实现个性化课后作业的布置

在传统课堂中,课后作业是统一布置的,不论哪一个层次的学生,所面对的课后作业均是相同的,作业的同一性与规范化是传统课堂课后作业布置的常态。这种作业布置受各种条件的限制,在班级授课制下,如果教师给每一个学生布置一份适合其一人的作业,所花费的时间成本与人力成本会大大提高。在互联网技术与移动终端交互技术的支持下,传统课堂中所受的条件限制被打破,教师可以高效便捷地为每一个学生推送一份适合其学情的个性化作业。

首先,对作业内容的选择需要更加精准。既然智慧课堂能够满足"一人一案"的个性化作业布置,在作业内容上教师就需要能够对学生精准把脉,切实使内容与学生

之间能够无缝对接,推送真正适合学生的作业。所以在内容选择上,教师主要依据大数据分析技术与大数据云计算技术进行。在数据分析上,教师可以直观地看到每一个学生的知识点掌握程度,以及学生在课堂教学中的参与程度,这些间接地体现出学生的学习效果。基于数据分析,数据库与教学资源库通过云计算技术可以互相联结,在统计数据的基础上,云计算可以从教学资源库中选取符合数据要求以及对应学生薄弱知识点的习题,自动生成一份习题类型的作业。教师对这份自动生成的作业,基于实际情况与其主观上的判断,可以再进行个别的调整。这样在作业内容上,能够较为精确地针对学生较为薄弱的知识点进行针对性巩固,避免了传统课堂中"题海战术"的低效状况。其次,打破了课后作业在时间与空间上的限制,能够基于现实情况布置课后作业。基于移动终端技术的应用,教师对作业的布置形式,也产生了诸多变革。尤其在时间与空间上,智慧课堂中的作业布置更加体现了"以人为本"的特征,尊重学生的学习习惯与时间安排是智慧课堂中作业推送时机的原则。传统课堂中的作业是由教师集中布置的,基本上规定了学生作业的时间,学生对课后时间的自主安排的权利严重缺失,这也是导致传统课堂作业效果较差的重要原因。由于智慧课堂中互联网技术的支持,教师可以将确定好的作业内容全部传入云端储存空间,由学生自己在任意时间去下载,教师可以随时登录云端查看学生的下载情况以及完成情况。这种形式可以满足学生依据自身实际情况安排时间的要求,也为提升学生作业有效性夯实基础。最后,每日个性化的作业布置,为学生个人学习数据库提供了具有资源价值的日常数据积累。大数据的核心是数据,数据分析与计算都是基于数据产生的,数据的量与数据的价值是数据分析与计算精确性的关键。所以,搜集学生日常的数据在整个课后评价方案中显得尤其重要。通过智慧课堂进行作业内容的选择与布置,能够满足大数据技术对学生日常动态数据的搜集,首先在数量上满足了大数据的实时数据积累,在价值上也避免了大量低效数据的出现。

（2）促进课后云课堂的搭建

依托于互联网交互技术,云教育已经开始逐步作用于课堂教学。"云教育充分考虑到学生的主体地位,以学生为中心,从学习需要的角度出发,完成云教学平台功能的设计和开发。"在智慧课堂中的云教育主要体现为依托云计算技术,建造云教学平台,辅助教学实践的展开。这一技术在智慧课堂中的运用,为教学活动开拓了第二课堂,可以使教学活动能够很好地在课后进行延续,并且搭建这样的平台能够使学生课后巩固的形式更加多样化。

首先,教师可以录制微课并进行个性化的课后巩固。利用云教育搭建的课后教学平台,支持教师录制短时间的微课,同时基于智慧课堂的交互系统,可以分层或是单独将微课进行推送,极大地突破了课堂教学中时间与空间的界限,能够将课堂教学的局限性打破。教师在课后,依据数据分析,可以直观地明确知识点的掌握情况,针对整体掌握较为薄弱的知识点,教师可以录制微课,并将其推送给全部学生,学生可以随时随地利用碎片时间查看教师推送的微课。另外,针对个别学生或是个别层次的学生,教师可以进行不同内容的推送,以实现个性化的课后巩固。相较于传统课堂中教师往往通过占用学生自习时间对学生进行课后巩固,智慧课堂中这种个性化的课后巩固,首先在时间上不会给教师与学生造成负担。学生查看微课的时间可以是自己规划的专用时间,也可以是课间等碎片化的时间,这避免了学生时间被侵占的现象,学生课后接收教学内容的随时随地性,较大地提高了课后巩固环节的效率。对于教师来说,微课的形式更能够精准对症,而非面面俱到,因为面面俱到反而会造成教学的低效。同时,依托于大数据技术与交互技术,教师能够高效地完成微课录制以及推送工作,从而减轻教师在课后环节的负担。

另外,线上微课是课堂内教学内容的延续,教师还可以利用云教育平台,在平台上发起线上讨论,对学生的思路进行扩展,激发学生更高的学习兴趣,满足学生多元化的发展方向。由于课堂中教学时间有限,进行交流合作的活动时间也被大大地限制了,在传统课堂中,许多小组交流合作的学习形式因为时间过短,都只能流于形式,学生并不能进行深入的探讨。因此,课后利用平台交互技术,教师可以提供平台,继续就教学内容发起讨论与交流,线上的交流突破了时间与空间的限制,也让学生的思路更加宽阔。在交流平台上,教师可以随时随地地上传有关资源,拓宽学生的思路。同时,在实践过程中,研究发现由于是线上交流,学生话语权得到归还的同时,其思路更加活跃与开放,个人兴趣偏好更加凸显。教师可以利用此契机,进行个性化的课后拓展,对于在交流讨论中有明显兴趣偏好的学生,可以进行有针对性的引导,让学生能够基于自身情况多元发展。

(3)形成课后学生立体化反馈

传统课堂中,学生在课后完成作业后得到的反馈仅限于教师对作业的评价,这种反馈使得学生课后巩固的形式较为单一。智慧课堂中,基于互联网技术的常态化应用以及移动设备的支持,学生可以接收线上线下的立体式反馈,这种多形式反馈利于学生在反馈中更清晰地描绘自我认知,也使整个教学过程更加丰满。

首先,在智慧课堂教学的个性化辅导中,学生拥有属于自己的个性化错题与总结数据库。由于智慧课堂教学中学生的作业与课后反馈都是在网络平台中进行提交的,系统对每一个学生的提交数据都进行了保存,并可以自动生成学生的错题集以及课后须巩固的部分。这从反馈层面加强了学生课后巩固的精准度。其次,除了线上的巩固,在线下,智慧课堂根据学生兴趣偏好以及巩固后的数据分析,能够生成一份课后报告。每节课的报告由教师打印出来发给学生,学生将其装订成册,基于这份报告学生自己也能精确地对自己的学习状况进行诊断。线上反馈与线下报告的混合模式,使得学生的课后巩固能够立体化呈现。最后,教师对学生的作业进行反馈,依托于数据计算技术,每一道习题都可以按照答案的标准分层。系统将学生的名单录入不同的分层中,这样教师可以直观地看到每个学生所能达到的层次,在课后评价反馈时,能够高效地针对学生所在层次进行评价与反馈，而非平面化、集体化地进行点评。就习题讲评而言，每一道习题在智慧课堂系统中，都依据正确率等数据标明了它的重要程度，这为教师提供参考，避免了传统课堂中教师一题到底、没有重点的低效讲评。总之，分层化与线上线下的个性化反馈，都使学生得到的课后反馈更加立体。

2.多元化评价与泛在化学习

课后多元化与个性化的评价是教学活动的重要环节，但由于诸多条件的限制，进行多元化的评价似乎只停留在理论层面。在智慧课堂中，由于技术的支持与对个性化辅导的追求，在评价主体、评价内容与形式以及教学评价的价值取向等方面，都呈现出了多元化发展的特点。

由于"以学定教"是智慧课堂的基本原则，所以在智慧课堂中的教学评价不仅仅是评价学生，还需要对教师以及教学活动进行评价，课后评价中评价主体的增多让多元化的评价所需条件较高。目前基于互联网支持，线上与线下混合评价的方式已经能够满足对多元主体评价。因此，评价形式也呈现出了线上线下混合评价的方式，不仅可以在线下对学生、教师进行评价，也可以在线上平台进行评价，同时将评价数据录入数据库，这能让数据的分析与技术更加趋于精确。智慧课堂中线上线下混合评价的形式，也更加落实了过程性评价，在以往的教学评价中，过程性评价一直流于形式而未触及实质。

首先，对学生进行评价时，系统可同时进行学生自评、学生互评与教师评价三个方面。在课堂教学中，教学活动基于分层教学的模式多以小组教学展开，小组间的交流合作占据了课堂的大部分时间，因此相较于教师对学生的评价，在智慧课堂中，学生间的评价的价值与意义显得更加重要，同时由于学生间的交流合作，话语权具有一定的对等性，学生之间的评价也更加真实。学生自我评价是基于让学生不断提升自我认知的需要，使学生在每次教学活动后，能够更加明确自身的发展需要，对学习的自主性、主动性都有所增强。教师对学生的评价则更加具有指向性，教师对学生的评价一般基于目标而又指向目标，所以教师对学生的评价是一个评价与反馈的闭路，能够增加整个教学评价体系的完整性。

其次，评价内容涉及知识掌握与解决问题能力、自主与合作学习能力、继续探究与实践能力三个层面。第一，知识掌握与解决问题的能力层面，是以知识掌握的角度进行评价。相较于传统课堂教学，个性化辅导中的知识掌握层面的评价多为形成性的评价，强调评价的动态性。基于大数据技术的支持，学生既拥有自身的数据库，又是自身数据库的数据加工者，在教学活动中形成性评价能够为数据库提供更多的数据支持，最终形成的数据分析较总结性评价更具有精准性。同时，通过利用云计算等信息技术，学生可以建立自己的习题库，这种习题库基于知识的评价与数据的分析在不断更新，针对学生未掌握的知识点自动推送相关习题，以保证评价与反馈有机结合。第二，在自主与合作学习能力层面，更多的是课堂教学中利用平台交互技术的即时评价。学生在小组交流与学习中,可以即时地为学伴"点赞",在学生的自主学习能力有明显提升时,教师可以为学生的资源库升级。这种即时评价伴随着学生自主学习能力提升的过程,以使学生随时都能自我评估学习的状态。第三,在继续探究与实践能力层面,这一评价内容是对课后学生反馈的针对性评价。在课后个性化巩固方案中,不同层次的学生有不同的继续学习与实践的巩固内容,针对这一内容,教师在移动设备上推送资源,并对学生最终的反馈进行评价,这种评价是提升学生继续学习兴趣的关键。

第六章 智慧课堂在学习中的应用

本章的目的是回答在智慧课堂环境下如何开展学习活动。本章分析了智慧课堂的主要环节与学习方式的关系,阐述了在智慧课堂中进行自主学习、合作学习、游戏学习的方式与方法。

第一节 智慧课堂的主要学习方式

智慧课堂是以建构主义学习理论为依据,崇尚以"学习者为中心"的理念,突出学生的主体地位,因此,采取什么样的学习方式来改进学生的学是智慧课堂关注的焦点。智慧课堂信息化平台,为变革传统的学习方式、提升学习的质量和效果提供了重要的手段。

一、智慧课堂学习方式的定义

智慧课堂信息化平台为实现"以学习者为中心"的理念构建了理想的学习环境,在此环境中,学生可以利用各种工具和信息资源,采取信息化的学习方式来达到自己的学习目标,完成知识意义建构的过程。

信息化学习方式是以现代信息技术为基础的学习方式,是指学习者在学习过程中利用信息技术进行有效学习所表现出来的学习活动的基本形式,它揭示了学习者利用信息技术进行具有各种基本属性的学习活动的取向。从学生学习的形式上看,信息化环境下学生学习的方式方法是多种多样的,包括信息化自主学习、合作学习、探究学习、接受学习、体验学习、移动学习等基本方式。

智慧课堂学习方式是在智慧课堂教学中应用的、基于智慧课堂"云、网、端"平台的信息化学习方式。研究智慧课堂学习方式,必须深入了解智慧课堂信息环境对学习到底能够起到什么积极作用,可以从哪些方面起到积极作用,如何充分地发挥这些积极作用。一般来说,智慧课堂学习方式包括学生利用信息技术手段进行自我设计、自我实施的自主学习,基于智慧课堂信息化平台的师生互动、生生互助的合作学习,借助于新兴信息技术创设游戏、仿真情境的游戏化学习,等等。

▌二、智慧课堂教学环节与所用学习方式的关系

基于智慧课堂信息化平台应用,比较典型的学习方式有自主学习、合作学习和游戏学习。这三种学习方式穿插于智慧课堂的课前、课中及课后三个阶段的教学环节,并且不同环节有不同的学习方式,课前和课后学习环节以自主学习方式为主,课中学习环节以合作学习方式为主,游戏学习方式在各学习环节中均可以方便地使用。

第二节 自主化学习方式

▌一、自主学习方式的含义

自主学习是指学生在相对独立的情况下,将自己的学习行为作为自我监控对象,自我设计、自我实施、自我修正,充分发挥主体性的学习活动。智慧课堂的自主学习,是指学生在智慧课堂信息化平台支持下,自主完成智慧课堂课前、课中及课后等环节学习活动的学习方式。自主学习是智慧课堂教学中最重要、最常用的学习方式。

一般地,由于课前预习和课后复习巩固环节是学生在家完成的,在地理空间上具有独立性,而且完成这些任务时,主要靠学生自己独立发现问题、独立思考、独立监控自己的行动,充分依赖学生自己的自主性,交流互动对自主建构知识只是起辅助作用,因此,自主学习方式在课前和课后环节尤显突出。在课中教学过程中,进行探究、练习测试等环节也需要学生自主学习。利用智慧课堂信息化平台,可以极大地调动学生学习的主动性、积极性,可以促进学生自主学习的有效完成。

▌二、自主学习的内部机制

从系统论的观点看,作为一种能力的自主学习本身是一个相对稳定的系统,有其内部结构和构成成分;作为一种过程的自主学习是动态的,有其先后执行的程序和子过程。国外研究者一般用自主学习模型来解释自主学习的构成成分和内在机制。

(一)温纳和巴特勒的自主学习模型

温纳和巴特勒认为,自主学习是个体的元认知调控的认知系统与学习任务、行为表现、外部反馈等因素相互作用的过程。完整的自主学习过程包括四个阶段,即任务

界定阶段、目标设置和计划阶段、策略执行阶段和元认知调节阶段。

在任务界定阶段,学习者利用已有的知识和信念对学习任务的特征和要求进行解释,明确学习任务是什么,完成这一任务有哪些有利和不利条件。影响这一过程的因素主要有四类,分别为领域内知识、任务知识、策略知识和动机性信念。

在目标设置和计划阶段,个体的主要任务是根据个人标准和学习任务的界定构建学习目标、制订学习计划。在这一过程中,学生的自我效能感、目标定向、元认知水平起着最为重要的作用。

在策略执行阶段,元认知监视和控制的作用最为突出。元认知监视主要观察学习进展与目标的一致程度,为元认知控制提供依据;元认知控制主要是根据元认知监视的结果对学习策略进行适时调整,有时也涉及对学习目标和计划的调整。

利用学习策略对学习任务进行加工,最后生成学习结果,学习就进入元认知调节阶段。学习结果既有心理性的(认知的或情感的),也有行为性的。心理性的结果直接受元认知监控。元认知监控接受来自目标和当前学习情况的信息,基于对这两种信息的比较,对学习的结果做出评估;然后把评估结果反馈到知识和信念、设置目标、选用策略等过程或成分,依此来指导下一轮的学习。自主学习过程中的监控也可以监控其自身,生成关于监控情况的信息,为以后更好地监控学习过程提供依据。而行为性的结果借助外部反馈返回到认知系统中,最后进入监控过程。

(二)齐莫曼的自主学习模型

齐莫曼的自主学习模型是以班杜拉的个人、行为、环境交互决定论以及自我调节思想为基础而提出的一个模型。齐莫曼认为,与其他形式的学习一样,自主学习要涉及自我、行为、环境三者之间的交互作用。自主学习者不仅能够对内在学习过程做出主动控制和调节,而且能够在外部反馈的基础上对学习的外在表现和学习环境做出主动监控和调节。就自主学习的内部心理过程来讲,可以按其发生顺序划分为三个阶段,即计划阶段、行为或意志控制阶段和自我反思阶段。

计划阶段主要涉及任务分析过程和自我动机性信念两个方面。任务分析过程又包含两种子过程,一是目标设置,一是策略计划,前者指确定具体的预期性的学习结果,后者指为完成学习目标而选择合适的学习策略。自我动机性信念是学习的内在动机性力量,是学习的原动力,对学习过程具有启动作用。

行为或意志控制阶段主要包含自我控制和自我观察过程。前者帮助学习者把精力集中在学习任务上,后者是指对学习行为的某些具体方面、条件以及进展的跟踪。准确、及时、全面的自我记录是自主学习者此时常用的手段。

自我反思阶段主要涉及两种过程:自我判断和自我反应。自我判断又包含自我评价和归因分析两种过程。前者是指对学习结果与预期目标的一致程度以及学习结果的重要性的评判;后者是指对造成既定学习结果的原因进行分析,如较差的学习成绩是因为能力欠缺还是因为努力不够等。自我反应主要有两种形式。一是自我满意,这是基于对自己学习结果的积极评价而做出的反应。自主学习的学生把获得自我满意感看得比获得物质奖励更为重要。二是适应性或防御性反应。适应性反应是在学习失败后调整自己的学习形式以期在后继的学习中获得成功,防御性反应是为了避免进一步学习失败而消极地应付后继的学习任务。

三、实施自我学习模式过程中,几个亟待解决的问题

教师依据自主学习基本教学程序以及对某一程序的基本要求来安排教学。自主学习模式的一般流程包含四个层次上的学习:第一环是学生通过自学直接达到学习目标;第二环是增加尝试练习和自查小结;第三环是增加协商讨论;第四环是增加教师重点讲授,针对各种层次下的学习各环节提供引导、个性化辅导。

在自主学习模式中,学生自由选择程度的高低取决于主观认识和客观条件两个方面。

(一)主观认识

主观认识是教育机制对学习者自主学习的宽容度和信任度。它取决于主导教育机制的教育思想和国家、社会、家庭以及学习者本身对教育的理解和期望。教育思想的革新和对教育的期望的转变往往比人们想象的更加困难。它牵涉到教育机制的各个环节之间的协调与统一,这也是以学习者为中心的教育思想一直得不到真正实施的主要原因。

当然主观认识还包括学习者本身对自主学习的愿意程度和自信心。并非所有的学习者都愿意为自己的学习负主要责任。这里有态度和动机的原因,也有个性特征和个别偏爱的原因。现存的教育思想和教育模式也可能使学习者养成了依靠教师的学习习惯。

解决主观认识的问题,一方面要加强对自主学习理论和实践的研究,为教育机制的各个环节提供必要的理论依据,另一方面也要求教育机制的各个环节以及学习者本身在主观上进行观念的更新。要使学生能及早进入自主学习状态,可以从两个方面入手。一是积极引导。教师向学生宣传学习的特点、方法,使其对自主学习模式有一个全面的认识,尽快完成学习观念的转变。二是传授方法。学生应该掌握的基本学习方法主要有两类:一类是与学科的学习相关的专用型学习方法;另一类是通用性较强的通用型学习方法。如何向学生传授基本的学习方法? 主要有渗透和专门开设学习方法指导课两种方法。对于通用型的学习方法,教师可以通过开设学习方法指导课,向他们系统地传授科学的学习方法知识;对于专用型学习方法,最适宜的方法是在各学科的导学材料以及各科辅导过程中进行渗透,使学生尽快找到适合自己的学习方法,成为学习的主人。

（二）客观条件

自主学习的客观条件指能够供给学习者自由选择的学习材料、活动场所、学习方式和手段等硬件设施。

丰富多彩的学习材料是满足个别化学习的前提条件，也是达到自主学习的重要物质条件。可以说，在自主学习主观条件比较成熟的情况下，每个学习者的学习需求、活动方式、学习进度都可能不一样。满足这些不同的需求就必须首先提供丰富的学习材料和充足、灵活的学习场所，尤其是在课程设计和教材的编写模式上要突出"以学生为中心"，即必须从学习者的心理特点和便于学生接受、便于自学的指导思想出发，做到深入浅出、可读性强，还必须充分体现网络教育的交互性原则，把教师在面授课中为学生提供的各种反馈、咨询、答疑、鼓励等都融入教材，以减少学生对教师的依赖性。开发学习材料，必须坚持以文字教材为主、视听教材为辅的原则，多种媒体相互匹配、功能互补，充分利用非线性组织的网络信息，提高学习效果。建立和完善学习支持服务系统，如面授辅导，通过信函、电话、电子邮件咨询，建立视听阅览室，提供图书资料，等等，也是当务之急。

四、智慧课堂中的自主化学习方式

（一）独立学习，研讨教学资源

依托智慧课堂信息化平台，学生独立学习和研讨教师推送的学习资源，并找出问题。学生学习教师推送的富媒体资源时，要养成记笔记的习惯。做学习笔记是进行自主学习必不可少的手段。在学习完成后，学生可以通过回忆完成笔记，也可以一边学习一边记录。在信息化条件下，笔记样式可以用电子表格的形式给出。

（二）独立思考，探究问题

在自主学习过程中，学生借助信息化平台的必要支持，进行独立思考和问题探究。首先，对于自己发现的问题，结合自己已有的知识储备，给出初步的结论。然后，通过教师推送的学习资料，或自己上网查询，或在智慧课堂信息化平台上与同学、教师进行讨论交流，去探寻求证。也许在探寻过程中，学生会发现自己初步的判断存在偏颇或缺陷。

（三）自主行动与反思

自主行动与反思是将自主学习所获得的知识与技能转化为实际的行动。自主学习通过积极、主动的行为将自己所学的知识用于实际，并反思行动结果。其主要作用有：

（1）达到了学以致用的目的；

（2）增强了学习的兴趣；

（3）可以激发创新意识；

（4）可以检验自己学习的效果，反思行动结果与学习目标、行动问题的关系，以调整、完善自主学习活动，提高自主学习的有效性。

第三节　合作化学习方式

一、合作学习方式的含义

合作学习，也称小组合作学习，是指学生为了完成共同的任务，有明确的责任分工的小组互助式学习方式。合作学习方式是以小组的形式展开学习活动的，它有以下基本内容和特点：成员之间的相互依赖；成员之间促进性的互动；每个成员都承担个人责任；成员的人际关系和相处技巧；成员的自我评价。合作学习也是智慧课堂教学中最重要、最常用的学习方式。

智慧课堂合作学习是指基于智慧课堂信息化平台的合作学习方式，它不仅具有合作学习的基本特征，更体现出智慧课堂信息化平台对促进合作学习的有效实现所起到的强大作用，并为推进合作学习进入一个崭新阶段提供了重要的支撑。智慧课堂合作学习在课前、课中及课后均可以实施，课前和课后的合作学习主要用于较复杂的、花费时间长（可以是几天或几周的时间）的学习任务，课中的合作学习用来解决经过短时间的合作学习可以当堂解决的问题，就一节智慧课堂教学而言，合作学习主要体现在课中阶段。在课堂教学中，应用智慧课堂信息化平台开展合作学习时，要重点做好分组、实施和评价三个方面的工作。

二、如何分组

由于智慧课堂信息化平台中存有每位学生的特征档案和学习档案，因此，在分组时，只要在"分组类型"选择栏内选择需要的类型，以及每组的人数（一般可选组员人数为2~6人），便可将学生分成多个合作学习小组。智慧课堂信息化平台支持的"分组类型"有：完全随机分组、志趣分组、成绩分组、特长搭配分组、异质分组等。

完全随机分组：平台依据学号，按小组要求的人数，随机组合形成合作学习小组。其优势是充分体现了公平性。不足之处是可能出现小组成员都是实力强或实力弱的学生的情况，不能形成能力方面的互补。

志趣分组：平台在学生档案中的同一志趣类中，进行随机分组，将志趣相投的学生分在同一小组中。其优势是相同的兴趣爱好可以增进小组成员间积极的相互依赖,促进互动;不足之处是遇到不感兴趣的内容时,大家都不愿意参与,不利于学习任务的完成。

成绩分组:平台将学生按该课程学习成绩的好坏分成好、中、差三个组,再从这三个组中随机地选取学生,使每一个合作学习小组内都包含这三种类型的学生。其优势是通过交流、探讨、协作、互助,满足了每位学生"影响力"和"归属"方面的情感需求。不足之处是由于小组成员间存在学习的差异,可能会影响小组合作学习的进度。

特长搭配分组:系统将学生按其特长分成若干个组,再从这些组中随机地选取学生,使每个合作学习小组内都包含不同特长的学生。其优势是可以充分发挥小组成员的特长,实现优势互补,有条不紊地进行协作学习;不足之处是学生得不到全面的锻炼。

异质分组:系统在将学生分组时,会考虑到学生学习能力、文化背景、知识背景和性别等多方面的差异,使每个小组的成员多元化,即小组内成员之间必须有一定的差异。其优点是小组成员能够接触到尽可能多的不同观点,可以扩大知识面。不足之处是小组内能力强的学生容易控制小组的局面,不积极的学生在小组内不出力,其学习收效不大,却享受小组共同的成果。

三、如何合作学习

(一)熟练操作信息化平台,把精力用于合作研究、探讨活动上

合作学习需要搜集资料、归类整理,需要记录讨论过程,需要数据的计算对比,等等,但这些都不是合作学习的主要内容,如果这些工作集中交给小组成员中的某个专人负责,势必会影响到这位学生参与学习内容的研究、探索、讨论、决策等认知活动。因此,小组中的每一位学生都必须承担这些工作,扮演多重角色,既是合作学习的主体,又是"资料整理员""数据分析员""记录员"等。为了把主要精力用于学习内容的研究、探讨上,每位成员需要熟练掌握智慧课堂信息化平台的操作,以及搜索引擎、Word、Excel 的使用,PPT 的制作等。

(二)充分利用信息化环境,提高合作学习效益

各司其职同时展开,把学习内容分成几个模块,小组成员合理分工,每人负责其中一个模块,同时展开资料搜集、归类整理的工作,并提出自己的观点或想法,这是小组合作学习的流程。由于智慧课堂信息化平台中有着大量、丰富的信息资源,成员可以在较短的时间内完成资料的搜集,再由小组成员同时展开工作,这样便可以大大缩短学习准备所花费的时间。更重要的是,由于每人负责其中一个模块的学习内容,在接下来的讨论中,该学生便可以担任该模块内容的组织者,锻炼自己的组织能力,同时增

强小组合作意识。

（三）资源共享,利于探讨

合作学习过程中的小组成员可以将其在学习探索过程中发现的资源信息、学习材料,与小组中的其他成员共享,甚至可以同其他组或全班同学共享。小组成员可以将自己在学习过程中总结的观点形成文字,发布在小组讨论栏内。在讨论过程中,成员可以展示自己搜集到的论据材料,便于其他小组成员发表意见;当遇到小组解决不了的问题时,可以在信息化平台中查找新的资料,或利用平台寻求别人的帮助,比如其他组的成员或老师,直至小组形成统一的观点。最后将合作学习成果汇总上传。

四、如何评价合作学习

开展小组合作学习的目的,主要是培养学生的合作精神、交往能力、竞争意识、主动学习的品质及创新精神等。因此,对合作学习的评价,要将整个评价的重心放在小组成员之间的互助合作上,要重合作过程的协同程度,轻学习结果和个人表现。

举例来说:小组分工的合理性,集体研究活动的形式、频次、效度,小组成员的参与度,达成小组研究结果的方式,等等,属于协同程度评价的指标;个人对分担任务的态度、执行及完成情况,个人达成研究结果的方式以及对合作学习结果的贡献,等等,则属于个人表现的指标。

由于评判指标较多,通常评判标准只能给出模糊评判,所以目前还没有形成统一的评价量规。在智慧课堂信息化平台中,我们预留了合作学习评价模块,教师可以自己填入评价指标及评价等级。这里我们介绍一种合作学习的评价标准,如表6-1所示:

表6-1　合作学习的评价量规

	优	良	中	弱
参与程度	所有学习者都积极参与小组活动	至少 3/4 的学习者积极参与小组活动	至少 1/2 的学习者积极参与小组活动	仅个别学习者积极参与小组活动
责任分配	每一个成员都有任务	任务被小组的大部分成员分担	任务被小组的1/2的成员分担	任务仅由小组的个别成员分担
交流效果	小组成员具有很好的倾听能力和领导能力,共享他人的观点和想法	小组成员具有交互能力,能够围绕任务中心进行讨论	小组成员具有一定的交互能力,能倾听他人的观点,具有一定的讨论能力	小组成员之间很少进行交流,仅有简短的对话,部分成员对交互不感兴趣

	优	良	中	弱
角色扮演	小组成员都有自己明确的角色,能够有效地行使自己的角色	小组成员都有角色,但角色定义不明确,没有很好地行使自己的角色	小组成员都有角色,但没有坚持行使自己的角色	小组成员没有分配角色

在智慧课堂的合作学习评价模块中,教师对每一个小组的各项指标进行评判,系统便会按照相应的权重自动计算并生成综合评价结果。教师根据这一评价结果,对学生的小组合作学习情况进行诊断分析,提出指导意见,帮助学生改进提高。

第四节 游戏化学习方式

一、游戏化学习的含义

游戏化学习是指满足一定教育目标、采用游戏化方式进行的学习活动,又称为学习游戏化。游戏化学习的主体是学生,游戏的过程可以激发学生学习的积极性、主动性和创造性,增强学生对知识的认知、掌握及应用,游戏化学习也是智慧课堂教学中常用的学习方式之一。

智慧课堂游戏化学习,是指在智慧课堂信息环境下,学生使用数字化游戏进行的学习活动。智慧课堂信息化平台不仅搜集了大量国内外现有的教育游戏,也能够支持教师按自己的愿望制作用于学生学习或教师教学的小游戏。在智慧课堂信息化平台上,教师可以根据学生的学习内容、游戏软件特点及学生年龄特征,选择、推送适当的游戏学习软件,用于学生课前、课中及课后的学习。

为了探索和应用合适的游戏化学习方式,必须了解和熟悉以下几个与游戏学习相关的概念。

(1)严肃游戏。19世纪80年代,游戏广泛应用于军事、医学、工业、教育、科研、培训等诸多领域。严肃游戏是"不以娱乐为主要目的的游戏",其特点是远远超越传统游戏市场的互动科技应用,包括人员训练、政策探讨分析、视觉化、模拟、教育以及健康与医疗;能够解决其他方面的问题,诸如训练军人适应异国的文化,让人们在工作时发挥团队精神,教导儿童理解科学原理,等等。

(2)教育游戏。教育游戏是指满足特定教育目的的游戏活动,具有教育性和娱乐性的特点。目前,将游戏用于教育越来越受到世界各国教育界的普遍认可和重视,游戏化教育不仅可以让学生在学习过程中更加有激情和兴趣,还可以培养学生的自主学习意识,帮助其树立正确的学习态度,增进彼此之间的团结协作、共同探讨,激发学生的创新意识。

(3)数字化教育游戏。从参与教育游戏活动的要素来看,当只有人参与游戏活动中时,我们把这种活动称为传统教育游戏。例如学生们通过扮演售货员、顾客等不同的角色,模拟去书店买书的活动,就属于传统教育游戏。而当参与教育游戏活动的要素除了人之外,还需要利用数字技术或借助数字化平台设备时,我们把这种活动称为数字化教育游戏。电脑游戏、网络游戏、电视游戏、模拟游戏、街机游戏及手机游戏等,虽然彼此面目迥异,却有着类似的原理——均采用以信息运算为基础的数字化技术,因此都属于数字化游戏。智慧课堂教学中用于游戏化学习的游戏,均为数字化教育游戏。

可见,教育游戏、数字化教育游戏是严肃游戏的一个分支。在智慧课堂教学中,用于游戏学习的数字化教育游戏是依据学科教育目标、课程标准和教学目的开发研制的,要考虑智慧课堂信息化平台环境的技术和要求。

二、如何挑选游戏化学习软件

智慧课堂数字化教育游戏按照使用对象可以分为两种,一种是用于学生自学的游戏学习软件,另一种是用于教师教学的游戏教学软件。也有一些教育游戏软件既可用于学生学习,也可用于教师教学。

由于不是所有的知识都适合用数字化游戏的方式教学、学习,再加上目前教育游戏是一个正在兴起的新兴行业,很多配套的教学、学习游戏还在研发中。在已有的智慧课堂数字化教育游戏模块中,有一些游戏是按照学科和知识模块进行分类的,如数学、物理、语文、英语、地理以及综合学科等。每一学科再按学科知识分类,如数学学科中有数的运算、方程、几何等。教师可根据学科教学的需要,从中挑选合适的游戏推送给学生自学或复习巩固,或挑选适合教学用的游戏软件用于课堂教学。

挑选教育游戏要把握三个方面的要求:一是目标明确,游戏要能够有助于教学目标的实现,切不可喧宾夺主;二是有针对性。课前用于学生预习的游戏要能激发学生的好奇心,课中要选择可以互动的游戏,课后要推送用于复习巩固或深入研究的游戏;三是有挑战性。游戏难度既要符合学习者的年龄特征及其接受能力,也要有一定的超越,这样才会使学生有能力上的提高。

例如,在中小学数学教学中有一个著名的神龙之盒代数游戏(Dragon-Box)。这是挪威开发商 WeWantToKnow 于 2012 年开发的一款游戏,适合 8 岁以上的学生使用。神龙之盒是教育游戏的典范,以直观、高效率的方式教授数学方程式,可以让你在不知不觉中成为数学高手!方程式起初是用卡通图片表示的,这些卡片在游戏中逐渐被字母和数字代替。代数规则是在一个有趣、好玩的游戏环境中逐步被介绍的。在游戏的最后关卡中,小玩家已经能够独立解答非常复杂的代数方程式了。

三、如何高效地实现游戏化学习

(一)关注学生自主游戏学习过程

好的教育游戏能吸引学生长时间地进行游戏,但如果学生沉迷游戏,那既不利于其身体健康,也不利于其高效地完成学习任务。因此,教师要跟踪、监督、控制好学生的游戏学习行为。教师在课前、课后布置游戏学习任务时,可以定时推送学习游戏,并定时关闭学习游戏链接,可以将学生在游戏中的闯关情况作为成绩记录下来,同时让学生填写游戏学习反思电子表格。

(二)灵活应用游戏促进互动学习

如果学习游戏的设计与教学结合非常紧密,那将是非常美妙的事情。但现有的游戏学习软件,往往不能完全满足教师的教学设计的个性要求,这便需要教师创造性地利用游戏学习软件,将游戏有机地融入课堂的互动环节,以增加教学的趣味性,激发学生学习的积极性。

第七章 智慧课堂的发展方向

本章阐述了从智慧课堂到智慧教育生态圈的发展趋势,基于系统观、生态观的视角,详细分析了以智慧课堂为核心的智慧校园生态系统的定位、发展目标和体系结构,以及智慧教育生态圈的建设思路、体系框架和运行模式。

第一节 信息生态观角度下的教育信息化及智慧教育

前面各章的阐述表明,智慧课堂是教育信息化发展聚焦于学校教学领域的产物,是信息化课堂发展的高级阶段。从智慧课堂自身的发展及其与学校和区域教育宏观环境的关系来看,要使智慧课堂更好地进入常态化、深层次的应用,客观上需要学校形成整体的智慧校园生态环境,实现区域内优质教育资源共建共享和智慧教学的协同创新,构建有利于智慧教学发展的区域、智慧教育生态系统和更宏观层面的智慧教育生态圈。因此,必须从系统观、生态观的新视角,研究教育信息化及其高级阶段——智慧教育的发展问题,加快智慧教育信息生态环境的构建。

一、信息生态观与信息生态系统

(一)信息生态观的定义

众所周知,生态学最早是一门研究有机体与其周围环境相互作用的科学。在其发展过程中,为了解决多方面的需求,它不断突破原有的学科界限,与其他学科相互融合,逐渐形成了许多分支学科,如景观生态学、产业生态学、经济生态学以及信息生态学等。

具体来说,信息生态观是从生态学的角度、以系统论的思维重新审视人类所生存的信息环境的产物。"信息生态"一词最早于 20 世纪八九十年代开始被一些西方学者使用,主要用来表达生态观念与日益复杂的信息环境之间的关联。1997 年,美国学者托马斯·H.达文波特与劳伦斯·普鲁萨克在其合著的《信息生态学:掌握信息与知识环境》中首次提出信息生态观的概念。信息生态观是指对组织内部信息利用方式产生影响的各个复杂问题采取整体的观点,显示在许多不同现象的相互作用时必须利用系统观来分析问题。这一概念将信息生态学与生态系统中知识、管理及决策支持系统联系在一起。在教育信息化和智慧教育领域应用信息生态学的观点与方法,为我们提供了思考和解决问题的新视角、新思路。

(二)信息生态系统的构成

在信息生态学中有一个核心的概念即信息生态系统,它是指在一定的信息空间中由人、信息资源和信息环境构成的一个动态系统。在信息空间中,人、信息资源和信息环境三个要素相互影响、相互作用,其中人的信息活动影响着信息资源、信息环境的状况和整个信息生态系统的状态,反过来,信息资源、信息环境的状况和整个信息生态系统的状态又影响人的状态。在该系统中,信息资源和信息环境是必不可少的有机组成部分,但不是处于核心地位的要素,核心要素是在技术支持下人的活动。它们三者之间的关系引导着整个信息生态系统不断发展变化,决定了系统的演化进程和方向。

(1)信息人。信息人是指进行信息的生产、消费、分解和监督等信息活动的相关人员,他们处在信息生态链的不同位置上,担任着不同的角色,在系统中主要执行信息生产、处理和系统控制任务,构成了一个信息生态链,对整个系统的建立、发展、稳定和消亡起到了巨大的推动作用。信息人的信息意识、信息素质、信息能力状况直接决定着信息资源、信息生态环境的状况,影响着整个信息生态系统的演化进程。

(2)信息资源。信息资源是以数字化形式记录,以多媒体形式表达,存储在计算机磁介质、光介质以及各类通信介质上,并通过计算机网络通信方式进行传递的信息内容的集合。随着云计算、大数据、移动互联网等新一代信息技术的发展和应用,信息资源在数量、结构、分布和传播的范围、类型、媒体形态、传递手段等方面都具有新的特点。

(3)信息环境。信息环境是指影响人们进行信息活动的各种环境因素,主要包括硬件基础设施、软件基础平台、应用系统平台、信息安全、信息观念、信息文化、信息政策和法规等。

(三)信息生态系统的基本特征

我们从系统观、生态观的角度来具体分析信息生态系统,可以看到该系统具有人本性、系统性、多样性、动态演化、关键性"物种"、协同性等基本特性。

(1)人本性。人在信息生态系统中处于核心位置。信息生态系统是围绕人而形成和展开的,其生成、演变的状况都是由人引起的,同时是反过来服务人的,是一种以人为指向和核心即以人为本的信息存在状况。信息生态系统的主体是人,人的信息素质的高低、信息意识的强弱,直接影响信息的流向和整个生态系统的发展方向。

(2)系统性。信息生态系统是由人、信息资源和信息环境三个不同组成部分构成的有机整体。三个要素之间存在着强大的相互联系和相互依赖性,它们的变化都是系统性的。虽然组成要素间也有区别和独立性,但它们却被紧密地联结在一起,一个生态要素所发生的变化会影响整个系统。

(3)多样性。信息生态系统中有许多不同类型的人和不同类型的工具,信息的形式多种多样,信息的内容包罗万象,信息生产、传播、利用的速度和效果也不尽相同,它们以互补的方式共同运作,可见,信息生态系统具有多样性。多样性对于生态的健全,对于系统的持续生存和发展来说,都是非常重要的。

(4)动态演化。健康的信息生态系统总是在动态发展的,在系统内部原有元素互相适应的过程中实现螺旋式上升,即使在系统已经达到平衡时也不会是静态的,它允许新事物的进入,随着生态中的新工具、新需求的出现而不断演化、不断进步。这就需要系统中的相关要素做好充分的准备,以参与和适应信息生态的持续发展。

(5)关键性"物种"。在信息生态系统中存在一些具有丰富业务经验,同时理解和掌握先进技术的人,这些人的存在对于支持新技术的有效使用非常必要。他们在不同机构、不同学科之间发挥桥梁作用,是信息生态中的关键性"物种"。新工具的产生与成功运用要依赖关键性"物种"的促进,同时通过他们的活动实现系统的核心价值。

(6)协同性。信息生态系统强调的是人与信息环境之间的相互作用和影响。在信息生态系统中各种子系统和"物种"之间是协同互动的,在协同互动中推动系统演化。信息生态中的人在协同互动中发挥主导作用,人总是在不断学习、适应和创造,即使工具在一段时间内保持不变,人凭借专业和创造性使用工具的技巧也是在不断演化的,这样才能促使信息生态取得动态平衡。

二、教育信息生态概念的引入

引入"信息生态"的概念,就为我们从系统观、生态观的角度来思考教育信息化和智慧教育提供了一个很好的视角。教育信息化是运用现代信息技术促进教育发展的持续变革过程。这一实践过程涉及诸多要素,涉及各要素间的相互联系、影响和制约。纵观我国教育信息化的发展,从宏观层面上看,在政府大规模的财政支持下,各级各类学校都进行了轰轰烈烈的教育信息化建设,但其主要是大规模的硬件投资,实际的应用缺乏动力和需求,不能使教育系统产生根本性变化,而且整体发展不平衡,不能实现可持续发展。因此,在教育信息化实践中,以系统和生态的观念与方法来构建和谐的教育信息生态系统,强调系统各要素的相互联系、相互影响及其生态内涵,对解决当前我国教育信息化面临的实际问题,推进教育信息化和谐、可持续发展具有重要的意义。

教育信息生态系统就是指在信息化教育环境下,由信息人、教育信息资源和教育信息环境构成的一个自组织、自我进化的系统。人与信息、信息环境之间以信息化教育实践活动为纽带,以技术为手段促进教育信息资源的传输、交流、反馈和循环,形成一种均衡化的运动系统,从而实现系统的核心价值——促进人(教师和学生)的全面发展。"教育信息生态"概念的引入使教育信息化不再局限于技术方面,而越来越重视人、信息、信息环境及其相互关系,强调从整体优化的视角考查信息技术在教育中的角色与定位,更加关注对系统信息流通、共享以及系统整体运行的质量和效果。

三、对教育信息化及智慧教育的启示

将信息生态观的观念与方法应用于教育信息化领域,要从促进与维护整个教育信息生态系统平衡的角度,对系统要素及其关系进行宏观考查与分析,对教育信息生态建设进行合理规划、布局和调控,实现教育信息生态系统的稳定、有序发展。智慧教育是教育信息化发展的高级阶段,同样需要运用"教育信息生态观"来规划和打造智慧教育生态系统。

(一)整体规划教育信息生态发展

依据"信息生态"的系统特性,系统方法对教育信息生态建设具有关键性的作用,具体来说,就是对教育信息生态发展进行整体统筹、长远规划。目前,各级教育信息化建设基本上仍是以技术为中心进行设计的,脱离教育系统整体环境和需求,缺乏与教育系统中其他核心要素的实质联系,有悖于整体性原则。因此,我们必须借鉴系统方法及模式,从教育系统整体的观点出发,充分考虑人、设备、技术、教育教学实践等各方面的因素,关注信息生态系统与外部环境之间的相互联系、相互作用,将教育系统中所有的职能、资源和信息技术都有机结合起来,从系统整体的角度进行全面的思考和统筹规划。

(二)促进关键性"物种"的进化

在教育信息生态系统中,如何使用技术,在什么样的情境下使用,是否恰当地使用,以及判断技术运用的教学效果等,决定的因素都是人,人的素质水平直接决定了这个系统是不是一个动态、开放、多样的系统,决定了"技术"能在该系统中发挥多大的作用以及这个系统的核心价值如何实现。人是信息生态中的关键性"物种",是教育信息生态发展的关键。因此,在教育信息化的进程中,我们要坚持以人为本,把人这一关键性"物种"的进化和发展放在首位,通过信息技术手段促进教师的专业发展和进化,通过技术的应用提高学生的学习效果和创新能力,为师生的共同成长、发挥价值创造良好的条件。

(三)加强生态系统多要素、多角色的协同

教育信息生态系统是由多样化的元素组成的,教育信息生态强调"多样性"和"协调性"。该系统包含由教师、学生、教育管理者、家长、社会监督等组成的多角色人员网络,包含由校园文化环境、网络环境、教室环境、办公环境和学校周边环境等组成的多种类物质环境,也包含由教学实践活动、师生交流活动、教学科研活动、管理活动等组成的多样化实践网络,在信息化教学中还有多媒体网络教室与普通教室、电子书包与传统教材、PPT课件与微课视频、网络社区与真实的班级等多类资源并存。这些不同的角色或物种既相互独立又相互影响,每一个物种角色都有其自身的适应情境,因此我们必须营造多要素、多角色协同演化机制,促进彼此不断调整和适应,建设多样化的健康生态。

(四)推动信息技术与教育的交融

教育信息生态最为关注的是在技术支持下的人的活动,当信息技术进入教育领域时,只有"技术"开始发挥其特有的作用,真正成为教育信息生态的有机组成部分,并与其他角色和活动融为一体,才能真正实现教育信息生态的和谐发展。这种融合应是双向的、互动的,是技术与业务的交互融合,这种交互融合能够实现创新。一方面,信息技术对教育来说,具有提高效率、支撑发展的内涵;另一方面,信息技术更有改变教育生态环境、引领变革的内涵。这种自然的深度融合过程,促进教育生态的发展和演化,实现信息技术对教育的革命性影响。因此,我们必须全面加强技术与教育教学的互动相融,在教学开展的过程中持续推动教育信息生态进化。

(五)推进信息化教学常态化应用

教育信息化要取得效益,关键是信息化教学应用的常态化,而不是偶尔为之的"观摩课""公开课"。在信息化教学实践中存在很多困惑和困难,这些问题不是单一因素能够决定的。有效推动信息化教学常态化应用,要以应用为基本导向,打破传统的思维习惯,突破原来的单一抓硬件平台、软件系统、教师培训、资源建设等线性思维方式,针对学校最需要提升和改进的典型应用领域,整合教育信息化工作的重点环节,整体性考虑和加以解决。实现常态化教学应用的一个重要前提是技术手段的先进性和便捷性,信息化教学的平台和工具在技术上要先进、在使用上要方便,让师生会用、善用和想用,只有这样才能在常态化应用中促进教育信息生态良性发展。

(六)创新信息化组织治理体系

教育信息化是一个复杂的系统工程,不是一个交钥匙的工程,不是公司或厂家搭好硬件,配好软件,交给学校就能够用得起来的,而是需要技术与教育长期地、有机地

融合,需要多方面的配套改革和保障。教育信息化变革涉及学校工作各个领域、各个部门和各方位的变革,受制于校园文化、管理体制、工作环境、工作方式与工作习惯等。教育信息化的深层次的应用,必然会触动现有教育组织架构和教学模式,要求对教学和管理业务流程进行重组,对管理体制进行改造。因此,推进教育信息化变革,需要对学校信息化治理体系进行调整优化,对学校文化、教学、管理等关键要素进行再设计,需要基于信息环境和信息技术构建一体化的、适应变化和发展的学校信息化治理新体系。

第二节　智慧校园生态系统的构建

▍一、智慧校园生态系统的提出

从学校教育信息化发展历程来看,智慧校园是随着新兴智能信息技术在学校教育教学中的运用而提出的校园信息化新理念,是大数据时代数字化校园发展的新阶段。具体来说,智慧校园以校园网络为基础,利用大数据、云计算、物联网、人工智能等新一代信息技术手段,构建一个信息化、智能化的校园环境,拓展现实校园的时空维度和功能,有效支持学生智慧学习和教师机智教学,探索智慧化教学、科研和管理模式,进而优化和提高教学质量与效能,促进学生和教师的智慧发展。在智慧校园建设的进程中,以信息生态的观点来构建和谐的智慧校园生态系统,可以使新的教学环境、教学手段、教育理念成为智慧校园生态的有机组成部分,使智能信息技术与教学实践有机融合、互相促进,打造健康的智慧校园生态系统。

从信息生态观来看,在智慧校园系统中,信息人(教师、学生、管理者、服务人员)、教育信息、信息环境等构成一个整体,在这个整体中,各组成部分主要是通过教育信息的传递和交换在教育教学实践活动中形成了一个互相联系、互相依赖的统一整体,为了强调这种统一性,我们就把这样的统一整体称为智慧校园信息生态系统,简称为智慧校园生态系统。在这个系统中起核心作用的不是先进的技术,而是在一定技术支持下的人的智慧活动。

▍二、智慧校园生态系统的发展目标

智慧校园生态系统是由信息人(教师、学生、管理者、服务人员)、教育信息、信息环境等构成的一个有机整体,是以人为核心、以技术为支撑、以人的智慧教育教学活动为载体的动态系统。因此,智慧校园生态建设要从以"物"为中心的建设转移到以"人"为中心的信息化应用上来,坚持以人为本,充分考虑到每一个层次,每一类管理、

技术和教学人员的需求,将信息技术与学校教育教学活动深度融合,在实践中促进人的发展,其关键是要推进智能信息技术与学科内容、学生学习、教学科研、学校管理和校园文化的全面融合,实现学校教育的数字化、智慧化"再造"。具体包括以下五个方面。

(一)与学科内容的融合

通过智能信息化手段,建立具有学校特色的校本数字化教育资源体系,改变传统单一的以文本表示知识的形式,构建多样化富媒体学习资源,使学生的认知内容和认知方式变得更自然、更人性化。

(二)与学生学习的融合

实现"以全体学生为中心",基于动态学习数据分析,实施全过程的学习测评和及时反馈,向学习者智能推送或人工推送学习资源,真正实现"以学生为主体"的个性化、自主化、协作式的学习。

(三)与教学科研的融合

教师通过利用智能信息技术手段,提高运用最新教育技术的能力,进行网络教学、电子备课、听课评课、互动交流、协作研讨等教学科研活动,开展智慧课堂教学,最终实现利用最新教育技术服务于教学科研活动的全过程。

(四)与学校管理的融合

教育管理者利用大数据、物联网等智能信息技术手段,在学校内部和外部建立起顺畅的信息通道,基于传感器数据采集、传输和处理,进行智能化决策分析,为学校的各项管理业务服务,以提高学校的管理水平和工作效率。

(五)与校园文化的融合

基于学校网站、班级空间、教师个人博客、学生个性化空间等数字化、社交化媒体,将智能信息技术应用于学校教育、文娱、生活服务的全过程,使智能信息化更多表现为文化性和精神性的存在,拥有最优的人与数字技术的共生关系。

三、智慧校园的技术平台框架

(一)智慧校园的总体技术框架

智慧校园生态系统的构建离不开技术的支持,探讨智慧校园的体系架构必须首先分析其技术框架。从技术层面对智慧校园进行分析设计,不少学者提出了多种技术框架,根据这些已有研究成果,结合我们的研究和实践,在充分利用云计算、数据管理与挖掘、平台化设计等新的技术及整体优化的基础上,我们在下面提出一个智慧校园技术框架总体模型。

(二)智慧校园技术框架构成分析

基于平台化设计及整体优化等设计理念,智慧校园技术框架由信息基础设施、数据资源中心、基础管理服务平台、智慧教育应用支撑平台、各类信息系统、智慧校园信息门户、信息安全与标准体系七个部分组成,其主要内涵有:

(1)信息基础设施。信息基础设施是智慧校园构建的基础条件,包括校园网、服务器及存储系统、网络基本服务、网络接入、无线网络系统、VPN 系统、终端设备、各类数字化教学场所,或租赁云平台等软硬件基础设施。

(2)数据资源中心。数据资源中心是智慧校园建设的信息资源管理及服务平台,包括存储备份、主机、操作系统和异地存储等基础硬件,公共数据库、各类业务数据库、数据仓库、资源库,以及数据交换平台、资源目录管理平台等。

(3)基础管理服务平台。基础管理服务平台提供智慧校园基础平台的统一管理和公共支撑服务环境,主要包括统一用户管理服务、统一身份认证服务、统一权限管理服务和应用中间件管理服务等。

(4)智慧教育应用支撑平台。智慧教育应用支撑平台是学校各类教育教学实践应用与服务的技术支撑平台,主要包括数字化教育资源管理与服务平台、教学科研应用与服务平台、学校综合管理与服务平台等。

(5)各类信息系统。信息系统主要包括教学科研类和管理服务类两大类业务应用系统。教学科研类信息系统包括智慧课堂系统、网络教学系统、数字图书馆、网络科研(教研)系统等。管理服务类信息系统包括教学管理系统、科研管理系统、人事管理系统、财务管理系统、资产管理系统、协同办公系统、生活服务系统等。不同的学校根据自身特点建立个性化的业务应用系统。

(6)智慧校园信息门户。智慧校园信息门户是学校开展信息服务的窗口,包括互联网信息服务、校内信息服务、个性化门户、学生空间、教师空间、管理空间等,提供智慧校园的门面及对外服务窗口,为各类用户提供与其身份相对应的个性化信息服务环境。

(7)信息安全与标准体系。信息安全与标准体系提供智慧校园发展的重要技术安全保障。信息安全体系主要包括物理安全、网络安全、数据安全、应用安全、用户安全等。标准规范体系主要是为各个系统定义统一的信息标准,包括数据元标准、代码标准、数据交换标准;为智慧校园系统实施和管理制定统一的规范,如实施规范、管理规范、维护规范等。

▌四、智慧校园生态系统的体系结构

（一）智慧校园生态系统的总体结构

教育信息生态观认为，智慧校园生态系统是一个多要素互相联系、互相依赖的统一整体，是由信息基础设施、教育信息资源、人（教师、学生、管理者、服务人员）、教育技术价值观、信息化教学应用、校园信息文化、信息化法规制度等诸多因子构成的一个有机生态系统。这个系统不仅重视"技术"在教育信息环境构建中的独特作用，更关注智慧校园环境下"人"的发展。智慧校园的根本目的是更好地培养人才，实现师生的共同发展。

（二）智慧校园生态系统组成分析

从以上智慧校园的总体结构图中我们可以看到，智慧校园生态系统整体结构由信息人、校园信息环境、外部信息环境和智慧教育教学活动四大部分组成。其具体内涵如下：

（1）信息人。信息人是智慧校园生态系统中的主体，是学校信息生态发展的关键性"物种"，包括教师、学生、管理者和服务人员。他们在系统运行中发挥主观能动作用，决定系统发展的目标和方向，是系统中最基本、最活跃的组成部分。根据信息处理过程中人的作用不同，我们可以将人划分为信息接收者、信息生产者、信息消费者、信息分解者、信息发布者、信息反馈者，这些人可以是师生、员工、群体或部门组织人员，他们形成了互利共生的校园信息生态链。因此，在校园信息生态系统建设中，我们应制定相关激励政策，调动关键性"物种"的主体能动性，组织有针对性的信息技术能力和教学实践能力培训，增强他们的信息化生存和适应能力。

（2）校园信息环境。校园信息环境是智慧校园生态系统的客观环境，是校园信息生态演化的基础条件。校园信息环境既包括以信息技术为直接载体的信息化硬件设施环境、软件基础服务环境、应用系统环境、教育信息资源环境等，也包括保障信息化发展的软环境，如信息化教育理念、网络化校园文化环境、信息化政策环境、信息化规范环境等。校园信息环境是智慧校园生态系统需要特别关注的生态因子，其可调控性强。因此，要把打造先进、开放的校园信息环境作为生态系统建设的重要保障。

（3）外部信息环境。外部信息环境是学校外部的、对学校教育信息生态发展有影响的宏观信息生态环境。外部信息环境主要有两种类型：一类是国家和区域教育系统信息化环境；另一类是社会各行各业、产业信息化环境，包括信息技术产业发展、社会信息化应用需求、信息化人才需求等。外部信息环境对学校教育信息化具有重要的影响，是智慧校园生存与发展的大环境。

（4）智慧教育教学活动。智慧教育教学活动是智慧校园生态系统中信息人与信息化环境之间相互作用的桥梁和载体。智慧校园生态系统核心价值是通过智慧教育教学实践活动实现的,因此,在智慧校园生态系统中,智慧教育教学活动是核心要素。基于智慧校园环境,信息人开展一系列的教育教学活动,包括智慧教学、智慧科研、智慧管理和智慧服务,对校园外部环境输入的各类物质、能量和信息进行筛选、加工与转换,使其形成学校智慧教育教学能力,促进人才培养质量的提高。学校的根本目的是培养人才,课堂教学是学校育人的主渠道。智慧校园生态建设最终必须聚焦到课堂教学活动,实施智慧课堂教学。

第三节　智慧教育生态圈的打造

▌一、智慧教育生态圈的提出

按照信息生态观点,教育信息生态结构总体上包括宏观、微观两个层面。微观教育信息生态结构是指一所学校或某个具体的教育领域的信息生态问题,如智慧校园生态系统、智慧课堂生态系统、教育信息资源建设的生态问题等。宏观教育信息生态结构是指区域或更大范围的教育信息生态问题,如区域智慧教育生态系统、泛区域的智慧教育生态圈等。

区域及泛区域的智慧教育生态建设与应用是一个庞大复杂的系统工程,它涉及区域内各类学校、教育机构、教育行政部门、教育信息化企业等多主体,涉及教学、科研、管理、保障等各方面的改革,涉及各类人员、技术物资、经费的投入产出,涉及信息资源、环境的建设与优化。因此,要搞好区域智慧教育生态系统建设,必须以信息生态发展规律为依据,以学生和教师的共同发展以及教学质量的提高为根本目的,与区域教育教学各方面的改革、建设相结合,与区域教育长远的发展相结合,进行系统性、整体化的规划设计,努力打造泛区域的智慧教育生态圈。

▌二、构建智慧教育生态圈的基本思路

(一)依据互联网平台思维构建智慧教育生态圈

智慧教育生态圈建设的基础是搭建智慧教育的信息化环境,即覆盖所在区域及学校应用的智慧教育云平台。智慧教育云平台是一个互联网平台,而作为互联网平台一定要遵循互联网思维,特别是互联网的平台思维:构建多个独立的主体共享、共赢、互利的生态圈。其关键点是:

(1)多边主体。平台必须具有多个独立的主体,单一的主体不是互联网平台,难

以形成有效的应用和价值。对于区域教育云平台而言,平台是一个由区域教育行政部门、学校、教师、学生、家长等多边主体组成的平台,并特别强调学校在平台中的主体地位,区域教育云平台必须是由多个独立的学校智慧校园平台一体化构成的。智慧教育云平台是在一个或多个区域教育云平台和众多学校智慧校园平台基础上汇聚而成的宏观教育云平台。

(2)共创价值。良性的生态圈体现在多个独立的主体共同创造价值。每方创造各自的价值,寻找各自的利益点,并且通过每一方的价值不断增多,平台的整体价值也不断增大,每一方所获得的利益也更多。每一个独立的学校,通过个性化应用获得价值,同时在创造价值。学校只有保持其独立性与个性化,才能为整个区域平台创造更高的价值,从而形成智慧教育云平台完整的价值体系。

(3)众多用户。入驻智慧教育云平台的区域、学校及师生用户越多,并且应用得越深入,其价值越高。

(二)智慧教育云平台与智慧校园一体化建设

为了构建支持多边主体的智慧教育云平台,并使之形成良性生态圈,需要特别强调学校主体建设地位。无论是从技术角度还是区域管理、生态圈建设的角度,智慧教育云平台必须与智慧校园进行整体规划,统一标准,实施一体化建设策略。为此,我们可以依据平台建设投入能力与管理水平,实施"1+N"和"1+3"策略。平台的基础数据与站群等建设可以一次性构建,即同时推进全部学校(N 个)与云平台(1 个)的整体建设。一些核心应用可首先选择"小、初、高"三个有代表性的学校与智慧教育云平台一起建设,形成"1+3"建设模式。

(三)纵向一体化深化建设,横向逐次叠加建设

目前,在各级教育云平台建设中存在的一个普遍问题是横向一次性建设,贪大、求全;纵向建设不够,缺乏深度应用,从而导致平台无特色、无重点,流于形式与表面。资源成为"无源之水",即使是通过行政命令推动,或"运动方式"聚集的一些资源,也大多是"僵尸"类资源,且难以持续。因此,智慧教育云平台建设应采取纵向深化、横向拓展的原则,首先从教育教学的核心应用出发,选择"智慧课堂信息化平台",特别是师生端和微课的应用,使之形成智慧教育应用的突破口,进而逐项叠加其他应用,追求简约、极致、更加符合互联网平台的建设思路。

(四)信息化平台提供的是"渔",而不是"鱼"

向师生提供"渔"而非"鱼",是保证智慧教育云平台有效应用的关键。只有让师生的信息化应用达到常态化,才能大量产生 UGC(用户原创内容)资源,平台才具有持续发展的生命力。一个没有师生参与、不能向师生提供教与学实质性帮助的平台,

是没有价值的。因此,选择与提供实用性的工具是关键。比如,建设先进、方便的微课平台,实现微课制作与应用的常态化,将给课堂教学带来革命性影响。

▌三、搭建区域智慧教育云平台

(一)区域智慧教育云平台的总体架构

智慧教育云平台是新兴信息技术背景下区域教育信息化的基础环境,是实施区域智慧教育、推进智慧教学改革的基本条件和保障。区域智慧教育云平台,简称区域教育云平台,是以云方式部署和运行的区域教育信息化公共服务平台。区域教育云服务实质上是一种新的教育信息化服务和管理模式,通过云计算、云服务技术,把区域内海量的、分布式的数字化教育资源和各类学校教育应用管理起来,组成一个集资源池、教育应用为一体的统一服务。

区域教育云平台是利用云计算技术构建的一个分布式体系架构,主要由基础设施层、基础服务层、应用服务层、终端层、用户层等组成。该架构通过将云服务与现有的基础架构平台相整合,能够实现硬件资源和软件资源的统一管理、统一分配、统一部署、统一监控和统一备份,实现了基础设施即服务(IaaS)、平台即服务(PaaS)、软件即服务(SaaS)的云服务理念。

(二)区域教育云平台的构成分析

区域教育云平台的组成部分及其主要内涵如下。

1.基础设施层。基础设施层通过使用虚拟化技术,采用云计算体系,对IT基础设施资源进行整合和应用交付。其主要包括网络资源、计算资源、存储资源、数据资源及配套的安全设施等软硬件基础资源,它们组成基础设施资源池,可根据应用的变化进行动态资源调配,实现灵活的动态扩充或消减,并以租用的形式向用户提供各种服务。

2.基础服务层。基础服务层提供基础服务平台,包括统一认证与权限管理、统一计费与结算、数据交换与共享、智能推送、数据分析等基础服务。基础服务层采取可扩展架构,各类教育机构可以在这个基础架构上建设新的应用,或者扩展已有的应用。

3.应用服务层。应用服务层提供高度灵活的、可靠的业务支持服务,为各类教育机构和用户提供强大的软件应用服务。云平台的应用服务层通过构建新型的云计算应用程序,提供丰富的教育教学应用,包括"学习云""教学云""管理云""资源云"等,实现了软件即服务的教育教学应用。

(1)学习云:"学习云"服务能够实现互联网环境下几万、几十万人同时在线学习,并在"云"中互动,提供交互式的智慧学习环境,包括在线学习、教学评价和学生班级空间等。

(2)教学云:"教学云"服务为教师提供教学、远程辅导、教研平台和家校联系平台,实现虚拟化的课堂教学和课外活动,并可通过智能移动终端设备与实体课堂、课后辅导对接。

（3）管理云:"管理云"服务提供学校教学教务管理、人事管理、后勤管理、办公以及教育部门对区域内学校教育信息的汇聚管理平台,实现区域教育教学管理综合化、一体化。

（4）资源云:"资源云"服务支持教育信息资源的建设、上传、应用和再生,提供海量教育资源的分布存储、动态管理和共享服务等功能,实现区域内信息化教育资源的集聚、交流和共享。

4.终端层。终端层是云平台为用户直接提供服务的前端设备,移动互联网技术的发展和应用使得终端设备呈现更加多样化的特征。除了传统的台式PC、数字电视外,像笔记本、iPad、智能手机、可穿戴智能设备等移动终端,为移动学习和办公提供了更加方便灵活的终端设备。

5.用户层。用户层即区域教育云平台及智慧校园的各类用户,既包括市县级教育行政部门、学校等机构用户,也包括教师、学生、家长及各类管理者个体用户。各类用户可以通过不同的终端设备访问区域教育云平台及其应用资源,获得多样化、个性化的工作和学习服务。

四、智慧教育生态圈的运行体系

（一）智慧教育生态圈的体系结构

智慧教育生态圈的构建与运行,在总体思路上,是以"教育为学习服务"和互联网平台思维等先进理念为指导,按照互联网化的产品开发与服务模式,以智慧教育云与智慧校园一体化平台建设为基础,以智慧教育良性生态圈建设为目标,聚集有关政府、学校、云服务商、资源提供商、第三方认证机构等区域内外力量,打造一流的平台型教育信息化服务环境,逐步建成国内外领先的智慧教育云服务平台,从而形成泛区域的智慧教育生态圈。

（二）智慧教育生态圈的构成分析

从上述体系结构和运行模式来看,智慧教育生态圈的核心要素及其内涵如下。

1.智慧教育生态圈运行模式的核心是"政府、运营商和学校"三方主体,同时由各类专业机构、出版社等教育资源提供商、第三方认证与审核机构等相关力量参加,形成多主体共同参与的平台运营体系。

2.宏观政府教育部门是智慧教育生态圈的需求规划者、应用监管者,主要负责制定宏观区域智慧教育云平台及智慧校园建设的需求规划设计,投入建设资金,制定相关政策制度,认证教育云服务运营商和资源提供商相关资质,监督平台的整体运行,对所属区域学校的应用进行数据汇集、分析和监控。

3.平台运营商担负智慧教育生态圈的技术与运营工作,负责智慧教育生态圈的总体规划设计,提供基础云平台和开发各类应用软件,并负责智慧教育云平台的整体运营,建立付费机制,提供免费、收费等服务运营模式。

4.学校是智慧教育生态圈的核心主体,智慧教育平台建立与存在的核心价值在于众多学校主体的参与和为学校师生提供学习与教学服务。学校及教师、学生、家长、管理者等提出应用服务的需求,并根据需要选择合适的服务,在适当的范围内付费。智慧教育生态圈正是通过连接学校、区域和用户等"多边"群体,着眼于求异,拥有不同类型、具有个性的客户,如教育部门及各级各类学校,教师、学生、家长、学校管理者等,保持个性化、异质性的服务需求。

5.智慧教育生态圈提供的服务种类多样,其主要是通过提供两种服务实现运营——在线资源学习服务和平台租赁服务,并采用 B2B、B2C 等不同的商业模式把服务推送给用户。

五、智慧教育生态圈的服务模式

(一)智慧教育生态圈运行的 B2B 模式

智慧教育生态圈运行的 B2B 模式是面向机构用户的一种服务模式。智慧教育云平台服务的对象有机构用户和个体用户两大类,机构用户包括区域(省市级)教育部门、区县教育部门、各级各类学校以及非学历教育机构等用户,为这类机构用户提供的服务方式即 B2B 模式。

机构用户对智慧教育云平台的需求,主要包括平台租赁、资源存储与传输、机构认证、课程认证、学分认证、机构内部培训以及增值服务等内容。智慧教育云平台以服务为中心,采用 SaaS 模式,为区域教育部门和各级各类学校提供平台应用服务,协助这些机构建设和管理教育信息资源,部署网络学习平台、教学平台与管理办公平台。

1.平台租赁:学校根据自己的需要,租用智慧教育云平台整体或部分资源,构建具有本校特色的智慧校园或智慧教学平台,基于云服务开展相应的教育教学活动,创建自己的品牌。

2.资源存储与传输:学校利用智慧教育云平台的存储体系,将校本教学资源存储和管理在智慧教育云中,并通过多种传输通道,将教育教学资源传送到学习者的计算机、手机、电视、电话、传真、邮件以及其他能够进行通信的工具上。

3.课程与学分认证:智慧教育云平台提供对学校的课程体系和学生学分进行认证的功能,确认学校的课程体系,体系包括课程目录、课程单元、课程模块和学习计划等,并以课程为单位进行学分认证,对学习者所学课程是否获得学分进行认定。

4.机构内部培训:平台提供学校或教育部门内部培训所需要的教育资源传输,提供培训活动的记录、管理和评价等内部学习支持服务。

5.增值服务:利用平台提供的网络授课、教学辅导等教育培训服务,通过试题、课件、教学资料下载等教学资源的传播,按照不同的方式提供有偿服务、有偿送达学习资料,实现增值服务。

(二)智慧教育生态圈运行的 B2C 模式

智慧教育生态圈运行的 B2C 模式是面向个体用户的一种服务模式。智慧教育云平台服务的个体用户包括学校教师、学生、家长、学校管理者,区域(省市级)教育部门、区县教育部门的人员,以及区域内有学习需求的非学历教育机构的人员、居民等用户。

个体用户对智慧教育云平台的需求与机构用户的需求不同,其主要包括资源检索、资源下载、资源定制和推送、教学教研、网络学习、学习测评、教育教学管理等内容。智慧教育云平台以服务为中心,采用 SaaS 模式,为学校教师、学生、家长、学校管理者,区域(省市级)教育部门、区县教育部门的人员及其他相关人员提供个性化的服务。

1.资源检索:云平台提供快速、便捷的资源检索功能,检索的资源涉及从中小学到职业教育、高等教育的各个层次,学校的各个专业,区域共享资源和校本教学资源,资源具备多种媒体表现形式。

2.资源下载:用户根据自己的需要和兴趣,利用智慧教育云平台的下载工具,对有关教育教学资源下载并使用。

3.资源定制与推送:用户对需要的资源进行定制,云平台将教育教学资源主动推送到学习者的计算机、手机、电视、电话、传真、邮件以及其他能够进行通信的工具上。

4.教学教研:教师用户利用智慧教育云平台开展课程教学,进行备课和教学研究,与学生、家长进行教学互动交流,实施智慧课堂教学。

5.网络学习与学习测评:学生用户利用智慧教育云平台开展课程学习,完成作业练习,进行学习测评和考试等。

6.教育教学管理:学校管理者利用智慧教育云平台对学校教学、人事后勤等进行综合管理,与教师、学生、家长等进行互动交流。

第八章 智慧课堂在高职课堂中的实践应用

前面内容已经对智慧课堂的理论知识做了系统的论述,接下来本章将对智慧课堂在高职课堂中的实践应用进行示范性描述。

第一节 高职智慧课堂教学模式

在信息化环境下长大的高职学生,其认知方式、学习态度、学习习惯产生了巨大的变化,他们喜欢从多个源头接收信息,多任务同时处理信息,多种形式呈现信息,随时进入超链接资源,实现趣味的学习。

1.突破传统教学模式,利用现代信息技术,构建能够实现学习者智慧增长需要的课程教学模式,进行智慧化的教学变革,使课堂教学更好地为学生的智慧增长服务。在智能化、信息化环境下,充分利用物联网、云计算、大数据、移动互联网等现代信息技术,对传统高职课堂进行变革,构建智慧教育下的智慧课堂教学模式,培养信息化所需要的具有高级思维能力和技术技能的创新人才。

2.解决课堂与手机的矛盾,提升高职学生的学习效果以及学习满意度。构建数字化、智能化的智慧课堂环境,使现代信息技术与课堂教学深度融合,从而促进学生智慧发展。智慧课堂学习模式是利用智慧服务,借助移动终端设备,通过新一代信息技术,为学生量身定制个性化、智能化、适配化的开放民主、高效的课堂学习模式。转变学习观念,以学生为中心,以智慧学习为重点,利用信息化学习方式突破课堂时空界限,拓宽学习渠道,采用多元评价方式,促进学生智慧成长。

3.将智慧理念充分融入高职课程建设,对学生学习课前、课中和课后的全过程进行跟踪,实现教学决策数据化、资源推送智能化、交流互动立体化。智慧课堂以信息技术平台为支撑,基于动态学习数据的搜集和挖掘分析,精准地掌握学情,基于数据进行决策,方便教师安排教学。智慧课堂教学的交流互动更加生动灵活,教师与学生之间、学生与学生之间的信息沟通和交流方式多元化,同时智慧课堂智能化地推送有针对性的学习资料,满足学习者富有个性的学习需要,帮助学生固强补弱,提高学习效果。

传统课堂中高职学生学习的积极性和主动性都较差;智慧课堂环境下,教师利用智能终端及相关软件引导学生参与课堂、体验学习的乐趣、高效地学习知识。这种教学模式既发挥了教师在教学中的主导作用,又关注了学生在学习过程中的主体地位。在智慧课堂环境的支持下教师要合理地组织知识的传递方式,监控学生学习,根据学生的学习情况及时调整学习策略。这种教学方式使学生愿意参与课堂教学,使课程互动更加立体化。

下面是智慧课堂教学模式的构建策略。

1.课前,探究式智慧课堂教学模式,数据实时呈现。智慧课堂教学中,课前教师依据教学目标,结合学生特征进行预习内容设计,利用现代信息技术制作预习材料,拓展学习资源,通过智慧课堂信息技术平台将其发布给学生,学生通过移动端选取感兴趣的内容进行预习,从而激发学习兴趣。教师在智慧课堂教学中,课前为学生提供的学习资源为录制的微课、精选的优质慕课与富媒体资源,以及制作的预习检测题。这些资源的推送,为学生提供了新型学习途径,有利于激发学生学习兴趣。通过课前探究式智慧课堂教学模式,教师端以数据的形式掌握学生有没有预习、预习的情况和答题情况,并通过相关平台进行实时监控,即时了解学生的预习情况,并对预习数据进行分析,初步了解学生在预习过程中遇到的问题以及容易出错的知识点,做好教学记录。

探究式智慧课堂教学模式,通过课前推送的教学资源,能让学生从探究中主动获取知识,应用知识,解决问题。高职教师通过自主探究的课前预习引导学生提出问题,自主探究,激发学生兴趣点,为课中的智慧教学模式打下基础。

2.课中,互动式智慧课堂教学模式,师生立体互动。智慧课堂教学的核心是立体化的互动过程。在高职专业课的教学过程中,利用信息化教学平台实现师生之间立体的、持续的、高效的互动教学模式。在智慧课堂教学中学生是主体,教师是引导者、促进者,智慧课堂通过教师移动设备、学生移动设备,多角度、可视化呈现教学内容。利用教学设备创设教学情境,让学生沉浸在教学情境中,从而降低学习认知难度。智慧教室中,小组成员使用移动设备讨论问题、绘制思维导图,同学之间交流互动。学生通过智能手机可以结成学习伙伴,便于课上分享资源,课下相互讨论学习。多元交互不仅活跃课堂气氛,还能激发学生创造性思维的形成。

互动式智慧课堂教学模式,帮助学生内化知识、学会迁移和运用新知识,通过信息化手段为师生提供有效互动的课堂,确保每位学生都能在教师的引导下参与课堂活动,体验学习的乐趣,高效地学习知识。该教学模式既强调发挥教师在教学过程中的主导作用,又关注学生在学习过程中的主体地位。在这种教学模式下,教师是知识的传递者和学生的引导者,教师不但要合理地组织知识的传递方式和教学活动,还要时刻监控学生的学习情况,及时调整教学策略。在智慧课堂环境的支持下教师能更好地组织各种有意义的教学活动,更广泛地与学生进行情感交流,更多地与学生进行课堂互动。学生在学习中的主动性和积极性由教师引导,学生在建立新旧知识联系的过程中需要积极动脑、认真思考,这样才能够高效地理解、掌握知识和技能,为创新思维和能力的培养打下基础。

3.课后,差异化智慧课堂教学模式,个性辅导。课后,通过智慧学习平台,教师针对学生个体差异推送个性化的复习资源,发布有针对性的课后习题。学生在一定期限完成课后作业后提交给教师,教师端平台就会收到学生的答题情况。对于客观题智慧学习平台能够自动批改并及时将答题情况反馈给教师,教师还可以对主观题进行批改点评,然后把批改情况通过录制微课的形式反馈给学生。这种个性化辅导的方式更加高效、直观、快捷,学生能够及时查看作业情况,在线与教师交流,更正作业,进行总结反思。

智慧课堂帮助教师依托大数据和数据挖掘技术分析教学过程中的数据,例如,学生自主学习个性特征数据、成绩数据、交流讨论形成的数据,对这些数据进行分析比较诊断。教师不断调整教学方法、教学手段、教学模式;根据学生对知识认知特征数据,诊断高职学生学习中存在的问题,并进行分析,进而实施有针对性的个性化教学。

第二节　高职英语课智慧课堂的实践应用

英语是高职教育的重要组成部分,是各类高职生的一门必修课程,但学生对其教学的满意程度越来越低,厌学的比例越来越高。究其原因,主要是以下几点:目前高职英语课堂教学仍然以学科、教师、课堂为中心,以知识为本位;教学内容与高中英语相似;教学观念比较传统;教学方法和手段比较单一;丰富的网络教学资源使教师不再具有吸引力。因此,如何使高职英语教学跟上"互联网+"时代的发展,是每个英语教师需要研究的重点课题。下面先对目前我国高职英语教学现状进行分析。

一、目前我国高职英语教学现状分析

(一)教学对象分析

大多数高职学生进校成绩很不理想。目前高职高专学生的来源和英语教学的对象主要有两种:一是经过正式的高考录取的普通高中毕业生,他们经过三年高中的英语学习,具有一定的英语基础和知识,但整体水平不高,还不能完全适应当前的高职高专的英语教学要求。另一种是参加高职升学考试,从中专、技校、职业中学升入高职高专的学生,俗称"三校生",还有所谓的五年一贯制和"3+2"的学生。这部分学生虽然

在中专、技校、职业高中阶段也学过三年英语,但英语基础非常差。

　　还有一部分学生是来自师资力量相对薄弱的乡镇或山区中学,他们说出来的英语明显带有浓重的地方口音,其语法知识匮乏,词汇量不足,听力、口语、阅读、写作无一不存在很大问题。这种自身的缺陷使他们在英语学习时缺乏信心,自卑感强,课堂参与程度低下,不愿与教师交流。

　　实际上,高职学校学生英语的基础比统计的情况更严峻,在音标、时态和简单句等方面都错误连篇。新生入学英语测试结果暴露了很多问题,学生目前的英语基本功很不扎实,语言表达极不规范,并且很多学生都认为学习英语对于将来的工作没有多大的用处,或者觉得根本用不上,所以没有什么学习兴趣。

(二)教学现状分析

1.学校对英语重视程度不够

　　部分高职院校对英语这类基础学科认识不够也是当前高职学生学习英语过程中的一个问题。在人才培养目标体系中,专业知识、专业能力的培养是所有高职院校的首要目标。相比之下,基础学科,像英语、语文、数学等就被放在了次要的地位。在英语教学设施方面的投入比重很小。整体的大环境导致学生对专业课更加重视,认为英语可学可不学,而且以后也没什么大用,他们的目标也就成了把 A、B 级通过了就万事大吉。这样,他们对英语学习重视不够,自然也就学不好英语。

2.教材偏难

　　目前已有不少的高职高专英语教材,但当前的各类教材,词汇量、阅读量普遍偏多,学习量过大。课后练习如词汇、完形、翻译、句式变换、简答、写作等也比较难。由于学生生源复杂、知识结构多层次、掌握的知识参差不齐、英语基础薄弱,所以学生难以适应其难度。适合高职高专学生,更为简单且实用,任务性、模仿性强,能使学生更感兴趣的教材仍然比较匮乏。

3.师资结构单一,力量薄弱

　　高职英语教师大都是英语专业出身,没有行业实践背景,他们对学生未来的目标岗位知之甚少,不知道学生需要什么,也不知道什么对学生有用。随着办学规模的扩大和学生人数的增加,教师的教学任务都非常繁重,他们没有时间学习和充电。师资力量无法完成现有的英语教学任务,而且个别英语教师在教育观念上存在错位和偏差,对高职英语教学的基本特征及特殊性认识不足,难以适应高职英语教学。

4.教学方法落后

　　大多数教师在讲课时仍采用"说教式"教学法,教师的教学仍然以课本为中心,学生被动地学。学生在课堂上记笔记,整节课教师不厌其烦地一个人讲解词汇、搭配、句型、各种语法知识及课文翻译等,学生则拼命地抄笔记,根本没有时间去思考。这种"填鸭式"的教学使得学生根本没有运用英语的机会,也无法用英语表达清楚自己的思想,严重束缚了学生语言能力的发展,难以进一步提高学生的英语水平。与普通大学相比,高职学生英语基础薄弱、词汇量少、听力和口语能力较差,这些特点决定了传统教学方法对于高职学生来说并没有太大用处。

5.教学基础设施简陋

目前有很多高职高专学校是由中专、中技或其他中等学校升格而成的,升格后由于其对英语课程投入的资金不足和重视的程度不够,基础设施建设处于停滞不前的状态,语音设备简陋、落后,资料缺乏等问题,导致英语教学基础设施无法满足新的办学理念的需求,无法调动学生的积极性和主动性,从而影响了英语教学质量和教学水平的提高。

6.考核方法单一

大多数高职院校的英语考试,都是采取平时成绩和期末成绩的总和评定的方法对学生进行考核。由于学生基础太差,而学校又对考试的合格率有要求,所以在期末考试之前,教师都会给学生一个期末考试的复习范围。考试似乎由能力测试变成了背诵考试,并不能在真正意义上测试出学生的实际英语水平。

高职高专英语能力 A、B 级考试确实对学生的语言知识、语言技能和使用英语处理有关一般业务和涉外交际的基本能力进行了考核,也确实对学生的总体英语水平的提高有促进作用,但它不能检验学生在各个领域的实践中真正应用英语的能力。

▌二、高职英语智慧课堂的构建与实施

智慧课堂的构建与实施流程由课前、课中、课后的三段式课堂教学环节组成,课前环节以智能化推送学习资源、设计课前任务单为核心;课中环节以师生互动、学生活动智慧化为关键;课后环节以个性辅导、智能跟踪化为重点。

(一)课前智能化推送学习资源与设计任务单

有关英语课程的教学资源有很多,本次教改重点向学生推荐"爱课程"网络学习平台。"爱课程"网是教育部、财政部"十二五"期间启动实施的"高等学校本科教学质量与教学改革工程"支持建设的高等教育课程资源共享平台。该客户端集中展示"中国大学视频公开课""中国大学资源共享课""中国大学 MOOC"与"中国职教MOOC",并对课程资源进行运行、更新、维护和管理。该客户端利用现代信息技术和网络技术,面向高校师生和社会大众,提供优质教育资源共享和个性化教学资源服务,具有资源浏览、搜索、重组、评价、课程包的导入导出、发布、互动参与和"教""学"兼备等功能。高职英语课程在"爱课程"网资源共享课中上线的总计有 15 个,其中有:顺德职业技术学院徐健主持的高职英语、深圳职业技术学院金其斌主持的管理英语、深圳职业技术学院黄晓彤主持的会展英语、许昌职业技术学院刘惠霞主持的涉外导游英语、广东水利水电职业技术学院卢丽虹主持的企业文秘英语、天津商务职业学院房

玉靖主持的商务谈判英语口语、广东省外语艺术职业学院袁洪主持的商务英语翻译、长沙民政职业技术学院贺雪娟主持的外贸函电英语、广西国际商务职业技术学院刘杰英主持的导游英语等。资源相当丰富,全程教学录像与视频等样样俱全。教师在课前指导学生上"爱课程"网,学生用电脑或手机均可登录,在资源共享课搜索中输入课程名称、学校和负责人,即可看到全程教学录像和视频等全部教学资源。教师要求学生看完视频后完成课前任务单,课前任务单是教师在课前精心准备的,教师将其电子版用手机发送到班级微信群中,要求学生课前完成。

(二)课中教学活动设计

从教学方式上讲,活动设计综合运用传统模式和新型模式、线上模式和线下模式。线上模式主要利用蓝墨云班课和扇贝单词平台有效开展教学活动,线下模式主要采用传统教学模式。从教学内容上讲,活动设计立足于碎片化学习,将知识凝结在微课中,以提高学生对英语课程学习的兴趣。从教学时间设计上讲,教师少讲,学生多讲,活动设计明确规定了每堂课教师与学生的活动时间。

(三)课后个性辅导与智能跟踪

课后的主要工作是考核,包括学生和教师两个方面,学生方面主要是线上和线下的作业考核,教师指定书目后,学生完成每天的单词背诵任务并打卡以示完成。同时,学生通过蓝墨云班课、批改网和扇贝单词完成课下作业。蓝墨云班课中学生可以开展互评,这充分调动了学生的积极性。批改网除进行自动快速的批阅外还对作文的雷同度及来源做出反馈。学生可通过扇贝单词进行生词查阅。教师可进行的操作包括对学生作业的跟踪反馈、对教学效果的再验证、通过微信平台发布消息及相关活动的开展,如早读、晚听等活动。针对语音基础较差的现象,教师推荐一些在线课程,学生可以随时随地学习。

第三节　高职经济法课智慧课堂的实践应用

智慧课堂是当前学校信息化教学的一个热点问题。它是以建构主义学习理论为依据,利用"互联网+"的思维方式和大数据、云计算、物联网等新一代信息技术打造的智能、高效课堂,"云端构建,先学后教,以学定教,智慧发展"。可见,在高职经济法课程中,智慧课堂的应用是将信息技术与学科教学深度融合,全面推动高职经济法课堂教学改革,变革教学模式,使学生学习兴趣、学习能力和学习效率大幅提升。

如今的高职经济法课堂虽然教师普遍使用案例教学,但还是按照传统教学模式,是以教师讲授为主、学生参与为辅的单一"教与学"关系,而不是平等的对话与互动关系,其难以实现以学生为主体的学习。另外,随着网络资源的迅速发展,经济法律条文和案例在网上可以轻松检索到,因此,我们的经济法教学目标应为教会学生如何更好地应用法律,而不再是死记硬背法律条文。这就要求经济法教师转变教学理念,灵活应用信息技术手段辅助教学,将智慧课堂广泛应用到我们的高职院校经济法教学中。

一、高职经济法课程教学现状分析

(一)核心概念的内涵界定

在做高职院校财会类专业经济法课程教学现状具体分析之前,我们先要进行核心概念的内涵界定。一是"高职院校"既包括五年制高等职业技术学校,也包括三年制高等职业学院和高等专科学校。二是"财会类专业"是指教育部《高等职业学校专业目录》(2014年修订稿)所规定的会计、审计、会计信息管理、财务管理等专业。三是"经济法课程"指的是高职院校财会类专业所需要开设的具有财会特色、能够满足专业建设和学生考证、就业与日常管理需要的经济法律课程,区别于其所开设的考证科目课程以及思想道德修养与法律基础课程。

(二)经济法课程开设的现实需要

在做高职院校财会类专业经济法课程教学现状具体分析之前,我们还要进行课程开设的现实需要分析。对比现实需要,我们可以发现高职院校财会类专业经济法教学现状的不足与问题。在广泛征求多所高职院校财会类专业师生、社会考证人士与合作企业代表意见的基础上,笔者将高职院校财会类专业经济法课程的现实需要分为以下几类。

1.考证的需要。财会类专业学生面临的会计从业资格考试与专业技术资格考试有三门法律类考试科目,它们依次为财经法规与会计职业道德、经济法基础和经济法。由于财会类专业学生不像法律专业学生那样具有经济法律基础知识,高职院校如果不事先开设经济法课程,而直接开设三门考证科目课程的话,那么就会出现这样一个尴尬局面:如果不进行经济法律基础知识的讲解,就会严重影响学生对于考点的理解和掌握;如果在考证科目中还安排一定课时进行经济法律基础知识的讲授,会无形中占去本来有限的课时。因此财会类专业在考证科目课程开设前开设的经济法课程,本就扮演着考证科目基础课的角色。

2.就业的需要。这里的就业需要是说经济法课程中应该涵盖能够在学生实习与就业过程中保护学生人身和财产权益的法律,如《中华人民共和国劳动法》和《中华人民共和国劳动合同法》。这两部法律不仅是学生在进行会计专业初级技术资格考试时的考查内容,而且对学生具有极强的实用价值,能够在学生未来的实习与就业以及几十年的劳动者生涯中为其提供全程的法律保障。因此,经济法课程应该满足学生就业的需要。

3.普法的需要。这里的"普法"不仅指普及法律知识,还包括树立敬畏法律的意识。经济法毕竟不是法律基础,所以这里的普法并非要向学生普及法律的主要部门知识,所需要为学生普及的是与学生未来考证与工作密切联系、与学生切身利益息息相关的法律知识,如劳动法律知识、合同法律知识,教师在授课时可以适当、深入地展开讲授。同时,学生要通过经济法的学习,了解经济违法犯罪行为及其法律制裁,从而形成敬畏法律的心理,这一点对于未来从事经济类工作的财会类专业学生十分必要。所以经济法课程的讲授除了能够帮助学生顺利学习考证科目课程外,还要教会学生敬畏法律,能够运用法律知识保护自己。

(三)教学现状分析

在广泛征求多所高职院校财会类专业师生的意见和建议的基础上,同时结合上述总结的课程开设需要,笔者分析了目前经济法教学现状及其存在的问题,具体包括以下方面。

1.课程定位模糊不清。财会类专业在人才培养方案中包括经济法课程,并将其放在专业必修课中。可是对于为什么要把经济法作为财会类专业的专业课,很多高职院校都没有清晰的认识,以至有些教师甚至提出取消这门课程,直接开设考证科目课程即可,还可以为考证科目增加课时。造成这种情况的原因主要有三点:第一,财会类专业的主要目的是培养财会人才而非法律人才,所以在很多高职院校教师眼中,经济法是非常边缘化甚至可有可无的课程。第二,单纯从部门法的角度看,经济法课程的许多教学内容与考证科目课程存在较大的重合度,表面上看它确实有重复开课之嫌。第三,大多数高职院校都缺乏法律专业出身的教师,以至于相当比例的高职院校都是用会计专业出身的教师讲授经济法课程。这些教师本身就缺乏对法律课程的了解,更谈不上深入思考经济法教学的效果和重要性了。

2.经济法的优秀教材稀缺。目前高职院校财会类经济法教材呈现如下几个特点。第一,教材内容理论化。很多教材是本科教材的压缩版,只是删除了一些学术性的内容和不常用的内容,从理论性与难易程度来说与法学本科经济法教材没有太大差别。第二,教材设计单一。大多数教材都没有考虑到高职学生的具体特点,其表现为内容单调枯燥、教学案例不足、实操性不强。第三,教材内容通用化。目前的高职经济法教材可以适用于所有经管类专业,忽视了不同专业自身对于经济法课程具有不同的需求的现象,造成了经济法课程千篇一律,没有重视各专业的特殊性。

3.教材内容通用化导致教学内容缺乏针对性。三门考证科目所涵盖的法律知识具体有经济法概论(含法律基础理论)、会计法、支付结算法、票据法、税法、预算法、政府采购法、劳动法与劳动合同法、社会保险法、企业法、公司法、金融法、合同法、国有资产管理法、公平交易法、知识产权法、法律纠纷解决制度等内容。在这些法律法规中，有些部门法，如金融法等缺乏深厚的理论性；经济法，即使讲授，教学内容与考证辅导教材也没有差别。有些部门法，如会计法、票据法、税法等有关内容都是财会类专业会单独开设的专业课程。笔者以为，这些部门法都无须纳入经济法课程的教学内容，可目前的经济法教材却扮演着经管类专业通用教材的角色，导致财会类专业缺乏有针对性教学内容的经济法教材。

4.教学课时量不足。与会计类课程动辄一学期96课时甚至连开两学期相比，边缘化的经济法课程教学课时一般都在64~72课时。经济法教师普遍感觉课时量偏少，难以使学生能够真正对某个部门法有一个全面、清晰的认识，进而具备解决实际问题的能力。而且，过少的课时还导致教师授课时只能把有限时间用于讲授书本知识上，教师没有时间去使用多种教学方法和教学手段辅助教学，更没有时间安排实训，这严重影响了教学效果。可以说，课时量过少是造成经济法教学实践中教学方式单一的重要原因。

5.教学方式单一。许多教师在教学过程中仍然沿袭了传统的教学方法，习惯于用填鸭式、满堂灌的方式，没有与学生的互动。许多教师过分注重理论知识的讲授，忽视了对学生发现问题、分析问题和解决问题能力的培养，也忽视了对学生进行逻辑思维能力和实践应用能力的培养。造成这一问题的原因主要在于，一方面课时量过少，仅有的时间都要用于完成教学任务；另一方面，有些授课教师依然沉迷于传统教学方式，由于主客观因素的影响，没有实施教学改革的愿望和动力。

6.师资力量与水平缺乏。由于法律职业资格考试的报名起点就是本科学历，这导致高职院校中的法律类学校或设置法律专业的学校非常少，其带来的影响就是高职院校中很少引进法律专业出身又具备高学历和实践经验还善于教研的教师，至于既懂法律又懂会计的教师就更是凤毛麟角。因此，高职院校财会类专业经济法课程的教学严重受到师资力量与水平不足的制约。无论会计出身的教师还是法律出身的教师，都是教不好财会类专业的经济法课程的，唯有两者都懂或至少对另一学科有一定程度研究的教师才可能胜任这一教学任务。可是由于学科之间的巨大鸿沟，兼之缺乏来自学校的推动力，高职院校这样的教师非常少见。

▍二、智慧课堂在高职院校经济法教学中的应用

下面笔者将从课前、课中、课后三个阶段阐述智慧课堂在高职院校经济法教学中的应用。

（一）智慧课堂在师生课前准备的应用

教师可将经济法学习内容通过百度网盘、微信群提前推送给学生，学生自主预习相关法律条文和案例，遇到不懂的问题可以借助于作业平台、班级微信或QQ群发回

给教师,这样,教师在上课前就能充分了解学情,知晓学生对本次法律内容的学习困难和疑惑。教师根据数据统计,针对个别问题通过微课、QQ 或课下留言的方式单独为学生进行解答。针对大多数学生遇到的普遍性问题,教师进行有针对性的备课,在课堂上进行统一的讲解,这就避免了教师大量备课而不知道学生疑问在哪儿的情况,初步实现了课堂翻转。当然,在智慧课堂模式下,我们的经济法教师课下要充分准备:录制微课,撰写教案,设计问题,编写分层作业,这不仅丰富了教师的教学手段,提高了教师在"互联网+"背景下的教学能力,还促进教师专业成长与学习。可见,智慧课堂的实施,让经济法教师更多地关注学情、了解学情,使备课、教学、作业能面向全体且照顾个体,真正做到以学生为中心,"先学后教,以学定教"。

(二)智慧课堂在师生课中教学中的应用

智慧课堂改变了传统经济法课堂单一的提问模式,通过抢答、随机答使课堂变得活跃,提高了每一位学生的课堂参与度,激发了学生学习的主动性、积极性,有助于培养学生创造性思维,满足学生多样性的个性需要。教师在课堂上可以调用并分享给学生丰富的教学资源,包括微课、课件、教案、案例、试题等教学素材。学生们通过手机抢答、小组讨论进行学习,教师在听取学生的答题情况后,及时做出评价,给予正确经济法知识引导。这样的课堂真正实现了师生之间平等的沟通、交流、协商、探讨,让我们的课堂成为培养学生创新思维、提升学习能力的场所。

(三)智慧课堂在师生课后互动中的应用

智慧课堂帮助教师课后第一时间掌握学生课堂学习效果,确定新的经济法教学起点,调整课程教学内容。同时,智慧课堂给教师课后布置、检查、批改作业提供了便捷帮助,而且作业针对性强,师生互动超越时空,教师可以通过作业平台个性化推送作业,布置分层作业,为学生制订不同的学习方案,学生可以根据自身情况抢作业,以此置换期末考试部分分值,这大大提高了学生参与的积极性;教师还可以借助平台批改作业,发送答案,统计学生答题情况,深度了解学情,及时表扬或指正学生。

综上所述,从课前、课中到课后,智慧课堂提高了课堂效率,调动了学生参与的积极性,推动了经济法教学改革,实现了经济法教学模式的改变。

第四节 高职财务会计课智慧课堂的实践应用

智慧教育是教育信息化高度发展下形成的一种新的教育理念,目前已成为我国教育领域的研究热点与发展趋势,而智慧课堂是智慧教育理念在课程教学应用中的实践载体,也越来越受到教育工作者的关注。本节将基于智慧教育理念,通过分析高职财务会计课程类型和教学环境,探讨新课、练习课、提升课三种不同课程类型的高职财务会计课程智慧课堂的构建,以促进学生学会智慧学习,让学生在获得知识技能的同时获得乐趣,获得经验,学会探索,学会发现,学会欣赏,学会评价,从而培养高素质、高技能的智慧型人才,同时我们也期望能以此为高职财务会计课程教学提供借鉴和参考。

▌一、高职财务会计课程学生学习现状

高职财务会计课程是会计专业的核心课程,开设于第二学期,大多高职院校一周安排 6 课时来完成该课程的教学。但是,由于该课程的教学内容多、零散而复杂,在实际教学中,如果教师没有采取有效的教学方式,加之学生没有良好的学习习惯和有效的学习方法,那么对学生来讲要学好这门课程就会很有难度,学生面对强大的知识负荷时就会出现诸多问题。

(一)有学习欲望,但学习能力有差异

会计专业学生都深知财务会计课程的重要性,因此,学生都有学好这门课程的愿望,但是高职学生来源、基础有较大差异,一部分是通过高考的学生,另一部分是职高、中专或技校对口升学的学生,并且他们的入学分数从 200 到 500 分不等,学习能力各有所长。一般高考生的文化课程成绩有优势,对口升学的学生有会计专业基础,对专业知识的学习比较轻松。因此,在课堂教学中,学生的个体学习需求就有较大不同,底子弱的学生觉得内容太多,理解很难;底子好的学生觉得内容合适,能够跟上课程的节奏;对口升学的学生大多已经学过财务会计部分内容,很多内容是重复学习的,因此,这些学生希望财务会计课程内容可以更深、更广。

(二)对电子产品有较强的依赖

随着生活水平的提高及信息化的快速发展,高职在校学生几乎人手一部手机,他们每天都会接触网络,但是通过上网学习、查阅资料的时间并不多,大多时间都用于娱乐消遣,比如在课堂上学生用手机看视频、聊 QQ、发微信、打游戏屡见不鲜,有的甚至沉迷于网络,电子产品对学生的诱惑太大。如何让学生理性使用电子产品?如何让网络促进学生学习?如何利用信息技术展开课程教学,调动学生的学习热情,构建让学生满意的智慧课堂?这些都是值得一线教师认真思考的问题。

▌二、高职财务会计课程智慧课堂的构建

基于学生对财务会计课程的学习现状,教师在认真做好学情分析的基础上,合理利用学生对电子产品的依赖,引导学生有效地利用电子产品进行智慧学习,展开智慧教学,构建财务会计课程的智慧课堂。

（一）高职财务会计课程类型和教学环境

高职财务会计课程内容包括货币资金业务的核算、金融资产业务的核算、存货业务的核算、长期股权投资业务的核算、固定资产业务的核算、无形资产业务的核算等12个项目，教师在教学中一般将该课程分为新课、练习课、提升课三种类型。学生的学习方式有听、做、思、用等形式，教学环境是多媒体和网络的有机结合。新课就是教师通过本次课的教学需要向学生传授新的知识技能点的课程类型，比如货币资金业务的核算，这个项目分为库存现金业务的核算、银行存款业务的核算和其他货币资金业务的核算三个任务，在每个任务下有若干个知识技能点，如库存现金业务的核算包含库存现金的概念、库存现金的日常管理制度、库存现金核算的账户设置、库存现金核算的账务处理、库存现金日记账设置与登记等知识技能点，讲授这些知识技能点的课程就是新课。练习课就是当完成一个教学任务后，通过相应的任务将所学的知识点进行训练，巩固复习，加深理解。如库存现金业务的核算新课结束后，教师就可以进行一次有关库存现金业务核算的练习课。提升课是完成一个项目教学内容后，通过一个综合性的完整的项目任务在已学的知识技能的基础上进行拓展拔高。如库存现金、银行存款以及其他货币资金业务核算的新课结束后，教师可以进行一次有关货币资金业务核算的提升课。针对不同的课程类型，教师应选择智慧的教学方式引导学生智慧地学习，以达到最佳的教学效果。

（二）高职财务会计课程智慧课堂构建思路

1.新课的构建思路。目前高职财务会计课程新课的课堂教学一般分为新课导入、讲授新课、课堂小结、布置作业四个环节。教师通常采用复习或者案例导入新课，然后开始进行新课知识技能点的讲授，并通过案例的解析帮助学生理解，最后对本次课做出小结，并布置相关作业，要求学生课后完成。传统的新课教学过程中，教师实际上仍然是课堂的主体，学生是在跟着教师的思维走，他们很少能将所学的知识与他们的生活及未来的职业联系起来。我们经常会发现这样的情景，在课外跟学生聊投资，他们可以说出一二，甚至可以侃侃而谈，但是在课堂上问同样的问题，他们哑口无言，可见现在很多学生的学习是机械地学习，而不是智慧地学习。因此，构建智慧课堂，教师需要运用现代信息技术为学生营造仿真的职业情境，将学生融入此情境中，让学生作为职场上的职业人来学习。课前教师可以先让学生搜集与本次新课内容相关的素材，并通过碎片化的微课资源让学生预先对新课中感兴趣的内容有所了解，使其知晓将要学习的内容与职业、生活的关联性，这样学生在学习新知识时会变被动为主动。对于新课的讲授，教师可以通过问题和精心准备的案例完成，课堂小结交给学生陈述，教师仅进行补充和完善，可见为了完全参与课堂教学的整个过程，并能够智慧地学习，学生要做的不仅是听、做，更多的是要勤思，通过听的、做的，把所学的东西变成可为己用的能力。这对于不同学习能力的学生会有不同的收获,教师要将传授新知识的课堂变为学生主动获取新知识、新技能的自己的课堂。

2.练习课的构建思路。目前高职财务会计课程练习课可分为梳理知识、布置任务、完成任务、任务展示四个环节。一般教师会布置统一的任务让全部学生完成,然后进行统一的讲解,这样显然不利于学生的个性化培养。智慧课堂上,教师不需要预先进行知识的梳理,教师可直接布置闯关式任务,由易到难,这样可以满足学生差异化的学习需求,并且允许学生使用电子产品查阅微课等网络课程资源中自己未掌握的知识点,各取所需,以帮助其完成相关任务,最后教师预留时间让每关完成任务的学生进行任务展示,在自评和互评的同时完成知识的梳理。

3.提升课的构建思路。由于提升课是完成整个项目的教学内容后进行的一个训练,因此,涉及的内容多、综合性比较强。由于学生的基础差异较大,因此,对于这个项目任务训练的难度,教师很难把握。智慧课堂构建思路分四步走:其一,教师可要求学生课前将本项目的相关知识技能点通过微课或其他课程资源进行梳理,并根据本项目的新课和练习课中学生的表现及练习记录,结合学生的申请,判断学生的知识掌握程度,将学生分为基本掌握、掌握、较好掌握三组;其二,教师设计简单、较难、难三个层次的项目任务让三组学生分层完成,允许小组讨论,允许借助电子产品查阅相关课程资源;其三,根据学生的完成情况,教师适时借助多媒体或网络平台公布提升训练的答案和解析;其四,课后教师要求学生总结错题并反思。

可见,智慧课堂的构建对教师的人格素养、专业水平、信息技术提出了更高的要求,教师通过智慧课堂应教会学生智慧地学习,也就是让学生在获得知识技能的同时获得乐趣,获得经验,学会探索,学会发现,学会欣赏,学会评价,教师应熟练地运用信息技术实现教学方法和模式的创新,并开展智慧教学。本节对高职财务会计课程智慧课堂的构建思路将应用于实践教学中,并不断地修正和完善,以期能为高职财务会计课程教学提供借鉴和参考。

第五节 高职计算机应用基础课智慧课堂的实践应用

对于高职计算机应用基础课程而言,由于课程内容与掌握技能所涉及的知识过于复杂,并且计算机应用基础课程又是与日后学生学习计算机知识内容有关的一门入门课程,因此通过智慧课堂实施教学,不仅能指导学生在计算机应用基础课程学习中掌握所学的知识内容与技能,还可让学生了解计算机入门理论和基础。我们通过分析智慧课堂的概述与构建计算机应用基础智慧课堂教学模式的可行性,总结了构建计算机应用基础智慧课堂教学的方法,希望能为高职智慧课堂教学提供借鉴。

一、高职计算机应用基础课教学现状

(一)高职生的计算机应用能力与社会需求不适应

1.教材内容与社会需求不适应

教材是一门课程建设的核心,是教师开展教学活动的基础,是学生学习的依据。计算机知识更新和软硬件的更新换代十分迅速,这使教材内容存在知识滞后性,不能及时更新,从而造成与社会需求不适应的结果,成为影响课堂教学效果的主要因素。比如,前两年还非常流行的WindowsXP系统,现在换成了Windows7或WindowsVista等操作系统;文字处理软件也从MicrosoftOffice2003换代成了MicrosoftOffice2007;CPU的发展也非常迅猛。这就要求授课教师深入研究教材,充分了解授课对象基础,活用教材,超越教材,捕捉计算机基础应用领域的新知识、新技术,并将其恰当地融入教学中,优化课程内容,提高教学效果。

2.实际动手操作能力与社会需求不适应

据广西机电职业技术学院的调查,该校计算机与信息工程系学生计算机应用能力主要存在如下问题:使用五笔字型汉字录入的学生仅有8%,使用拼音方法录入的学生有70%;录入汉字速度不快,20字/分以下的占14%,20~40字/分的占63%,40字/分以上的仅占23%,Word排版技巧较弱;Excel数据处理能力较弱;网络基础知识一般;个人网页制作能力较弱;Office办公软件使用不够熟练;应用技巧不多。社会对计算机应用能力的一般需求为:汉字录入速度达60字/分以上,Word排版技巧能力较强,Excel数据处理能力较强,网络基础能力较强,个人网页制作能力一般,能够熟练应用Office办公软件。由此可见,毕业生的计算机应用能力与社会需求存在差距,这明显说明我院在计算机应用教学中对学生的培养导向把握不够准确,学院重视学生计算机理论知识的培养,对实际操作能力的重视不够。

3.创新能力与社会需求不适应

目前,传统计算机应用基础课程的教学比较侧重理论学习的教育,教师是教学活动的中心,一直扮演着传授知识的重要角色,师生互动较少,教学内容理论性较强,不注重"职业"与"技术"的结合。在课堂中,教学缺乏"工作导向",对于基础薄弱、领悟能力较低而思维活跃、喜欢动手操作的高职学生来说,他们感到动手机会少,其学习动力不足,课程学完后他们还是"似懂非懂",动手能力差,缺乏创新能力,将来就业时不能很快地适应岗位的需求。因此,我们必须寻求有效的教学模式来解决这些问题,以提高学生的创新能力,满足其将来就业的需要。

(二)计算机基础教学体系与学生的专业需求不适应

1.教材内容与专业需求不适应

一般高职院校的各专业均开设计算机应用基础课程,并要求通过一级计算机等级考试,因此,各专业采用统一的教学大纲和教学计划。在教学中教师普遍反映教得累,学生学得辛苦,效果却不尽如人意。其主要原因是:学生学习的内容没有结合专业要求,与学生的实际需求脱节,难以与自己的专业联系起来,学生学了知识却不知道它们有什么用、在专业中怎样用,以致学生提不起学习兴趣,甚至厌学。例如工商管理专业的学生通过学习已经熟练掌握 Excel 电子表格软件的各种功能,但不能灵活运用 Excel2007 对数据进行分析和统计及使用图表分析说明问题。因此,我们应结合专业要求,以实用、够用为原则,突出高职的教学特点,适当调整教学大纲和授课计划,制订适合各专业个性化的教学改革方案,在教学内容上不同专业有不同侧重。如工商管理专业的学生毕业后多数会在企事业单位和商业部门就业,他们对计算机的理论知识应用较少,工作中很少会涉及计算机编程和硬件维护,对办公软件的应用较多。因此,教师应结合专业案例,重点在 Office 办公软件上进行讲解和训练。文秘专业的学生毕业后多数会在企事业单位或企业的办公部门就业,他们对计算机的理论知识应用和编程及硬件维护的应用较少,他们的重点在于文字处理编辑软件及幻灯片制作的使用;对于机械类专业的学生,为了使其掌握专业软件的使用,教师应加大文字处理软件、电子表格及数据库方面的内容的教学,加强学生操作系统及应用的训练。

2.学习方法与专业发展不适应

计算机应用基础课程的教学目的就是让学生学会使用计算机,学以致用,能灵活地利用计算机选取教学资源,自主学习,培养运用计算机解决学习和生活中实际问题的能力,为专业学习打下基础。学校对计算机应用基础课程教学给予了重视,投入了大量的人力、物力。但在学生就业时,仍有部分学生停留在把计算机当作打字机或游戏机,根本不会熟练使用各种软件及有关设备的阶段,满足不了用人单位的需要。

长期以来,学生习惯了传统教学模式,该模式一直是教师讲教材、学生背教材、考试考教材,教师和学生围着教材转,教师教什么,学生学什么,学生死记硬背。这种"填鸭式"的教学方法,使学生学会基本操作便万事大吉,不注重培养学生对学习方法的掌握,不注重培养学生的自主学习能力,影响了学生想象力和创造力的发挥,培养了许多"高分低能"的"理论人才"。一些学生对单独的操作比较熟练,但不会综合运用计算机来解决实际问题。一些学生虽在一年级学习了计算机知识,拿到了计算机等级考试合格证书,但到毕业时几乎已将所学知识全部忘光,根本不能满足实际需要。因此,计算机应用基础课程的教学内容和知识结构应与专业知识能力融合,顺应技术发展的变化,充分发挥学生的主导作用,满足学生的个性化需求,调动学生主动探索知识的积极性,培养学生的自主学习能力、适应能力和创新能力,使学生改变学习方法,提高学生学习计算机的兴趣,使学生从"要我学"变为"我要学",具备适应岗位更新的可持续发展能力,毕业后能满足职业的需要。

(三)学生的学习需求与教学模式不适应

目前,我国高等职业技术学院多数采用传统的教学模式,这种教学模式下课堂教学占主要地位,注重理论知识的培养,实践在教学过程中处于辅助地位。这种传统的教学模式已经不能适应学生的需求,其主要原因有:

1.学生的基础参差不齐

一般高职院校的学生生源主要包括参加普通高考的高中毕业生和参加高职单独考试的,从中专、技工、职中毕业的"三校生"。由于学生家庭地域、条件和兴趣爱好等因素的不同,学生在入学时的计算机基础知识和计算机应用能力参差不齐,这给计算机应用基础课程的教学带来一定的难度。中专、技工、职中三类学校和条件比较好的中学一般都开设了计算机课程,41%的学生入学前上过计算机课,学过计算机相关知识,对基础教材比较熟悉,具备一定的应用基础,还有14%的学生已经获得了一级证书。条件比较差的学校,由于条件限制,很多都未开设这门课程,约占59%的学生在入学之前从未接触或很少接触计算机。学生对计算机的掌握程度参差不齐、差异较大,这样就加大了教学的难度。

对不同知识水平、情感水平的学生,如果我们按照统一的教学大纲,进行相同内容、统一进度、同一方式的日常教学,基础较好的学生觉得教师讲的自己已经会了,没有听课的积极性,这样会使学生"吃不饱",丧失对学习的兴趣,从而把时间和精力用在游戏上;基础差的学生感到课程内容相对丰富、实践性强,觉得教师讲得太快,一下子消化不了,这样又使学生"吃不了",容易挫伤学生学习的积极性,加剧其厌学情绪;基础一般的学生受到他们的影响,也提不起学习兴趣,学习效果不佳。

在学习过计算机知识的学生中,他们学过的主要内容有:87%以上的学生已经会打字,59%的学生学习过Word文字编辑,39%的学生学习过Excel电子表格,接触过网页设计、动画制作及多媒体的相关内容的学生有29%,还有5%的学生学习过一些简单的程序设计。据我们统计,学生对学习计算机的需求有所不同,约有76%的学生希望学习Office软件的基本应用,这说明学生对以前学习的内容掌握得还不够扎实,希望进一步提高计算机应用的基本技能。约有29%的学生对网页设计、Flash动画制作及多媒体方面的内容有着浓厚的兴趣。有10%的学生表示对学习计算机应用基础课程不感兴趣。

2.教学理念陈旧

目前,高职院校的计算机应用课程一般采用多媒体教室授课,教师通过屏幕投影将操作计算机的过程展现在学生面前,进行相关知识的讲解和展示,这种教学模式比以前"粉笔+黑板"的教学方式有了很大的提高,加大了课堂信息量,丰富了课堂教学内容,使讲解的内容更加直观形象,便于理解,提高了课堂教学的效率和效果。但这种教学模式仍有不足之处:由于多数学生以前没有接触过这种教学方法,缺乏相应的学习经验;教师将讲授内容做成教学课件进行课堂讲解,信息量大,讲解速度快,学生不便做到边听课边做笔记,学习印象较浅;在这种教学模式中,实际上教师是整个教学过程的主体,往往以"权威"的身份居高临下。学生被动地在下面听,仍然处于被动灌输的地位,这势必会影响学生学习的主动性,不利于学生自主学习能力的培养。学生在课堂上遇到的一些问题,课后不能及时得到解决,经过长时间的积累,学生对课程失去兴趣,学完了课程,还不知学习内容的用途。因此,我们必须探索计算机应用基础课程的教学新模式。

3.考核方式单一

传统的计算机应用基础课程考核,重理论、轻实践,重考分、轻能力,不能有效地对学生的计算机知识和计算机应用能力进行全面客观的评价。有些院校采取闭卷笔试的方式对学生进行考核,这样很难对学生的实际应用能力进行评价,还有些高职院校采用了无纸化考试系统进行考试评价,但由于考试系统本身的局限性,这种模式强调学生死记硬背,解决实际问题的能力难以考核,不能真实反映学生的计算机应用水平。这些重理论、轻实践的考核方式不符合计算机应用基础课程的目标。

4.学习资源建设不足

目前,很多高职院校都十分重视计算机实验环境的建设,在实验与实训课上基本上可以做到一人一台计算机,但计算机硬件设备和软件升级更新较快,学校没有及时对设备进行更新换代,从而造成设备陈旧,运行速度缓慢,或软件跟不上社会发展,等等,再加上由于计算机机房的利用率高、机房故障较多的现实,也会影响正常的教学活动。另外,学校对打印机、扫描仪、绘图仪等一些外部设备配置很少,这使一些学生直到毕业时还不会使用这些设备。虽然很多学校建设了校园网,但相应的学习资源依然比较缺乏。

▌二、构建计算机应用基础智慧课堂教学模式的可行性

计算机应用基础课程是国内高职基础教育不可缺少的一部分,对培养学生成为复合型技术人才具有重要意义。但是从我国当前的计算机应用基础教学现状来看,在进行该课程教学时,学生的学习情况不容乐观,具体体现为:虽然高职的计算机应用基础课程教学不再是零基础,但是因为该课程不是中、高考的考试科目,加上受各学校办学水平与条件的影响,这使得学生进入大学后,对计算机的操作能力依旧薄弱,即便是部分学生想学好计算机应用基础,但是因自己缺少自主学习能力而不能在课后对所学知识进行练习,从而更好地进行复习巩固。此外,在传统高职计算机应用基础课堂教学中,教师的教学模式滞后,未得到及时更新,教师仍通过一张讲台、一支粉笔的方式来传授知识,即便是运用先进的信息技术,也只是服务于教师的教,课堂活动的设计缺少针对性与灵活性,难以保证每一位学生能够积极参与到学习中,更不能激发全部学生的学习热情和自主学习能力。而智慧课堂教学模式的应用,具有丰富的媒体形式,能

够提供文字、图片、视频和语音等,为学生与教师双方之间的交流、合作提供方便。智慧课堂教学模式具有语音对讲交互功能与群组讨论功能,学生可建立合作讨论小组,使用语音对讲的方式,向教师或其他同学请教,这种模式能够促进协作性学习,让学生在群组讨论中,增强和同学、老师的情感。此外,智慧课堂教学模式具有自动回复功能,教师可在相应的学习平台中上传相应的学习关键词,让学生能够根据素材库进行课前预习与课后复习巩固,然后在平台中分析、了解学生学习知识的状态,并给予科学评价。因此,教师要运用智慧来点燃课堂学习的激情,让计算机应用课程教学灵动起来,从而提高学生的计算机应用自主学习能力。

三、高职智慧课堂研究——以计算机应用基础课程为例

(一)调整教学计划,满足学生学习需要

在高职教育教学中,教师必须以应用为目标,以必需、够用为度,以讲清教育知识内容的概念和强化应用为重点,实现理论和实践、知识宣讲和能力培养深度融合,不断调整计算机应用基础教学计划,从而满足学生学习的需要。例如在高职计算机应用基础课程教学的过程中,学校只在大一第一学期开设 4 周学时,到毕业时不会再开设计算机应用相关的课程,这使得课堂教学已经不能满足学生学习的需要,这时学校需要根据智慧课堂学习的要求与学生毕业后就业的需要,及时调整教学计划,在大一第一学期已有的 Office 办公软件学习的基础上,增加网页设计、信息检索和常用工具软件等计算机应用知识,然后在大二时期,须结合会计或金融等相关专业的需要,增加 Excel 软件数据处理内容,文秘专业则增加 Word 教学知识。考虑到大三毕业时部分学生已经忘记计算机应用的内容这一情况,学校还须在学生毕业前设置办公自动化课程,作为计算机应用基础课程教学的后续学习内容,为学生日后就业打下扎实基础。

(二)营造真实的实训环境,实现理实一体化教学

以往教师一味追求向学生传授知识,而忽略学生实践能力与操作技能的培养与提升,这导致学生的综合能力不能满足社会工作岗位的需要,从而出现就业难和用人难的问题。而智慧课堂要求在进行计算机应用基础教学时,必须依据市场需要,模拟企业运作的实际业务,营造真实的实训环境,实现理实一体化教学,确保课程教学任务顺利完成。例如在"计算机软硬件知识"的课堂教学过程中,教师可运用智慧课堂学习模式,营造真实的实训环境:假设同学们有一位很要好的财会专业的同学,该同学最近希望能够组装一台适合自己办公用的计算机,当你知道后希望能给其相应帮助。在组装前,为了满足同学的需要,你还花费了许多时间认真复习装机的全部知识。教师通过这一教学模式引导学生挑选组装的硬件、安装应用软件和调试网络,让学生运用计算机硬件、互联网、IP 地址、DSL、DNS、HTTP、URL、主板、网络定义、应用软件、移动

硬盘、输出/输入设备、U 盘、内存条、网卡、声卡、显卡、ROM、Cache 和 RAM 等知识来操作,让学生学得津津有味,感受到计算机应用基础的实用性和实在性。

(三)创新教学模式,提高学生学习热情

以往的教学方法仅用于理论教学,对于操作性较强的计算机应用基础课程教学而言,不能达到预期教学的效果。因此教师必须运用自己的智慧,创新教学模式,增加学生对计算机应用基础课程的学习热情,以提高学生的自主学习能力。例如在 Word 文字处理的教学中,教师可通过个人简历案例的方式引出文本录入、字体格式设置和段落格式设置等知识,或者是利用节日贺卡的案例引出绘图、图片的插入和编辑以及文本框插入等知识。对于 Excel 表格,教师可利用制作、美化班级学生信息一览表的案例导入不同类型数据的录入、格式设置和填充等内容,并以任务驱动的教学模式安排学生根据本次所学知识完成课后练习、进行课堂总结归纳。可见创新教学模式,根据学生特点选择合适的教学素材和案例进行教学,有利于培养学生实践操作技能和创新能力。

在教学方法上,教师要彻底打破原有的讲、听、做模式,充分利用微课、慕课等教学资源,创新教学方法。在课堂实施的过程中,教师要充分利用手机等移动互联设备,增加课堂的趣味性和互动性,从而提高学生学习热情。

(四)增加实践机会,实现理论和实践有机结合

计算机应用基础课程的教学具有较强的实践性,这就需要教师在智慧课程教学中,为学生学习提供适当的实践机会,以锻炼学生的实际操作能力,实现理论和实践有机结合。例如在计算机应用基础课堂教学中,关于 Word 软件的实践操作,为了满足学生的需要,培养学生实践操作能力,教师可以以旅行计划为题材,安排学生完成国庆7 天游的旅行计划,让学生自行搜集自己到某个旅游景点旅游所需的知识,包括交通、住宿、饮食、景点简介等信息,并要求学生运用本次学习的软件来制作旅行计划方案,设计自己在国庆 7 天的旅行页面,以此增强学生的操作能力。

(五)改善考核模式,确保教学质量

为了确保高职计算机应用基础课程教学的水平,真正反馈课堂教学的情况,我们必须对已有的课堂考核模式进行改革创新,让教师与学生彻底走出应试的泥潭,以增强学生的职业应用能力,实现考核评价的综合性与科学性。其具体体现为:针对计算机应用基础课程教学的特征,我们将考核评价贯穿整个计算机应用课堂教学的过程,将日常学习和期末考试有机结合起来,然后将期末考试分成两部分:模块知识实操与综合案例实操内容,总评分数是日常学习分数占 30%、期末考试分数占 30%、案例部分分数占 40%。此外,我们还须鼓励学生在完成课后练习的同时,积极参与各类国家

职业资格考试,并给予相应奖励,树立模范榜样。

(六)开发新媒体立体化教材,让学习无处不在、无时不在

为了智慧课堂更好地实施,我们可以开发与智慧课堂配套的新媒体立体化教材,配以丰富的教学资源,包括涵盖各个专业的案例素材、案例视频讲解、包含重点难点的微课视频、碎片化知识点讲解、学习网站、在线测试、互动平台等。在课上课下,学生可以随时随地扫描二维码观看学习视频,随时随地与同学或教师交流,让学习无处不在、无时不在。

综上可知,在高职计算机应用基础课程教学中构建智慧课堂,有利于发挥学生在课堂学习过程中的潜能、思维与自主能力,从而促进课堂教学顺利进行。但要想实现智慧课堂教学的实用性、高效性,必须调整教学计划,创新教学模式,营造真实的实训环境,增加实践机会,并改善考核模式,只有这样,才能将理论和实践有机结合起来,从而顺利完成计算机应用基础课程的教学任务。

结束语

智慧课堂是将先进科技与教学有机融合的智慧型教学环境,是"互联网+"时代发展的产物,是科技与教育共同进步的结果,是现代教育的前沿问题。智慧课堂的出现让传统班级授课制的弊端有了解决办法,为解决推广素质教育的难题提供了新思路。2014年,国务院提出"互联网+"行动计划,各地政府纷纷加大了智慧教育的政策扶持,因此智慧课堂在各地试点学校开始逐步实施。

目前智慧课堂只是在非常小的范围内实践,还是个新事物,理论研究处于萌芽阶段。为了让广大高职教师深入、全面地了解智慧课堂教学,本书重点阐述了智慧课堂的相关理论,并在此基础上对智慧课堂的实践案例做了相关研究。我们相信,随着智慧课堂的理论体系的逐渐完善,智慧课堂必定可以在我国的教育领域发出异彩。

第九章　初中历史智慧的教育研究

第一节　历史智慧的理论研究及分类

一、智慧

（一）历史智慧

中国历史延绵上下五千年，从古至今，在时间的洗磨之下，愈加光辉灿烂，让历史在当下得到继承和发展。然而在初中，学生在历史课上总会问老师："老师，学习历史有何用？历史除了死记硬背，考试得高分外，还有什么存在的意义呢？"这个问题值得广大的历史教师去深思和反省，去探寻历史的奥秘，寻求历史的智慧，用历史的智慧去教育和指导学生正确认识历史的价值及作用。

历史有何用？三千多年前的西周时期，社会上的人们普遍认为，他们可以从历史中得到借鉴："我不可不监有夏，亦不可不监于有殷。"西周人认为应该把夏朝和殷（商）朝灭亡的原因作为一种经验用来监督西周的发展，使西周免于灭亡的局面，反映了西周时期，人们以夏朝和殷（商）朝的兴亡为借鉴的历史意识，西周的历史就在这个意识的指导下展开的，使西周初期国家得到了重大的发展。西汉时期的史学家司马迁进一步指出："居今之世，志古之道，所以自镜也。"这是司马迁从夏、商、西周、秦、汉的历史中总结出来的认识，认为这几个朝代的兴衰可以作为一面镜子来供后人反省自身，提高自身的素质和修养。同时，也回答了人们为什么要学习和研究历史、认识历史这个问题。到了空前繁荣的唐朝，国家统治者更加重视研究历朝历代的历史，唐太宗有一段名言："以铜为镜，可以正衣冠；以史为镜，可以知兴替；以人为镜，可以明得失。"他用这三面镜子来警醒自己，以防自己犯下过错。史学批评家刘知幾认为，在史官制度设立之前,人们无法判断和认识历史,而史官制度的建立,出现了历史记载和历史撰述,为认识历史和判断历史提供了可能。随后,明清时期,国家的最高统治者也重视史学的发展,明末清初的史学家王夫之认为,史学具有经世致用的价值,对史学的研究可以为后世的发展提供一定的借鉴作用,史学的结论只有在特定的历史环境中才能发挥。随着社会的发展,历史的经验和智慧在继承中得到创新和发展。

那么历史智慧是什么呢?西周人借鉴夏、殷(商)的灭亡来警醒自身,切莫重蹈覆辙;唐太宗用三面镜子来自镜,以防己过;明清时期,用史学的经世致用来判断史学的价值等,说明了史学中蕴含丰富的历史经验和历史教训,而经验和教训的积累,使人们在认识历史的基础上,总结出对于时势道理的认识,即某种带有规律性的认识,因其是从历史和史学中总结、提炼和归纳出来的,故可以称之为历史智慧。

初中历史学科的历史智慧指的是:以历史课本为基础,加以网络、多媒体的应用,在总结和借鉴前人的历史经验、教训以及智慧的基础上,培养学生的判断、分析、理解以及辨别是非的能力。同时,利用从历史智慧中提取的历史观、方法论,指导学生正确认识与理解社会,形成正确的人生观、世界观和价值观,发挥历史作为一门基础课程的教育功能与社会功能。

(二)历史智慧教育

过往的历史并不像一具坏死的肌体一样,随着时间的逝去而变得毫无意义,失去生机与活力;相反,它却以一种传统的力量——教育,来传递出其正能量,在历史教学与教育中,发挥出灿烂的光芒,流露了历史学作为一门科学的力量。

"历史知识、历史经验和历史智慧,三者之间相辅相成,历史智慧以历史知识和历史经验为基础,加之个人的理解、分析与判断,形成新的历史智慧,是对历史知识和历史经验的升华与超越。[①]"历史学科的智慧教育是以学生所掌握的基本工具——历史教科书为基础,再辅之多媒体、课外实践等措施,从课内的历史知识和课外的实践活动中,总结概括出相应的方法和技巧,用来指导和教育学生,发挥历史最原始的教育感化功能。比如,在课堂上,在中国古代史的学习中,可以讲述统治者即皇帝的治国方针、政策和理念,教导学生尤其是班干部,在管理班级事务时,应多和同学交流,了解同学的需求。从历史的知识中,探寻到治理和管理的智慧;利用多媒体,在电脑上播放历史故事、历史人物生平简介、历史典故等视频,体察他们的言行,培养为人处世、社交礼仪的智慧;在课外实践活动中,带领学生去博物馆、革命纪念馆等地进行实地考察,感受古代器物的精湛技艺、革命的艰难和革命志士的热情,提升历史认同感和民族自豪感,砥砺情操,升华自己的精神境界。

历史不仅是一种知识、一种经验和一种教训,也是一种智慧。历史的智慧需要我

---

① 田居俭:《历史知识、历史经验与历史智慧》,《党的文献》,2012 年第 4 期,第 124 页.

们在了解历史的知识和历史给予我们的经验和教训之后，运用大脑的加工和理解，产生新的分析、判断和辨别的能力。初中历史教学中，教师用历史的智慧去教育和感化学生，让青年学生勇于承担自己的责任和使命，践行中华民族伟大复兴梦的建设。

二、历史智慧的分类

历史的逝去性特点决定了历史事件注定无法重演，也无法再重现，但是今天的我们可以根据记载的历史、现存的历史记载，走进历史，解读历史并认识历史，从中获取历史的智慧，提升自己的综合素质，达到"察古而知今，鉴往而知来"。历史的智慧，包罗万象，涵盖万千，涉及到政治、经济、军事、外交、管理和处事谋略等领域，按其性质和特点可以分为：言行智慧、决策智慧、思想智慧、管理智慧和创造智慧。这些智慧小则可以修身齐家，大则可以治国平天下，从而影响人类社会历史的发展进程，可谓意义深远。

（一）言行智慧

中国人历来讲究语言的艺术和魅力，尽管有"巧言令色鲜仁矣"的古训，但语言还是促进了社会的发展和进步，是文明的标志。语言和行为是一体的，俗话说："言行一致，言必行，行必果，有始有终。"语言是一把双刃剑，恰当地使用，可以使危机变为转机，转危为安；错误地应用，将会带来灾祸，甚至死亡。行为是一个人外在能力的表现，在某些时候，行为的坚持和细微的转变，能提升自己的地位，平等相处，获得尊重，展现行为的价值。初中生在与人相处、交往的过程中，应注重言行的作用，发挥言行的作用来提升自己的教养和内涵。

晏子使楚典故中，齐国使臣晏子出使楚国，楚国国君用矮小的门和偷盗的贼人来侮辱晏子，间接地侮辱齐国，然而晏子说："出使狗国才从狗洞进。橘子生长在淮河以南，是橘树；生长在淮河以北，就成了枳。橘树和枳树虽然长得很像，但是结出来的果实，却不大相同，橘子甜，枳之酸，为什么呢？这是由于水土不同啊！如今，在齐国土生土长的人在齐国不做贼，一到楚国就又偷又盗，莫不是楚国的水土使老百姓更容易做贼吗？"楚王最后苦笑说："不能和德才兼备的人开玩笑。"晏子的反驳，体现了面对无理挑衅时，不能一味地忍让，要利用语言据理力争，灵活反击；在行为上，态度坚决，强硬、不退让，为自己赢得尊重，提升国家的地位，平等相处。

但语言的运用不当，也会适得其反，宋王对他的相国唐鞅说："我杀过很多人，但是臣子却不害怕我，这是为什么？"唐鞅回答说："您所治罪的，都是坏人，惩治的也是坏人，好人当然不怕。您要让臣子对您感到害怕，就不要区分好人与坏人，不断地胡乱给他们治罪，如果是这样，臣子就会对您感到害怕了。"结果，没过多久，宋王杀了唐鞅。唐鞅没有正确领会国君的言外之意，语言的表达不符合国君的心意，胡乱说话，触犯了国君的威严，最后被国君杀死。

语言并不是只有有利的一面,也存在消极的一面。合理地使用语言,可以避免损失和失败,逢凶化吉;不合理地使用则会带来灾祸,因此,在发挥语言魅力时,我们应合理使用、慎重运用,同时重视行为的价值。有时,忍让、自毁清誉、委曲求全并不是一种错误的行为,而是一种保全自身、安身立命之巧。因此,我们应从历史中寻找言行智慧,注意语言和行为的培养,为自身的处世技巧提供借鉴的方法,在为人处世方面做到尽善尽美、皆大欢喜。

(二)决策智慧

中国古代社会"分久必合,合久必分",统一和分裂相互转换存在,尤其在春秋战国时期,社会割据和分裂更加严重。大大小小的诸侯国纷纷建立,中央权力逐渐没落,中央势危,地方势力逐渐增强和扩大,能人志士纷纷利用自己的聪明与才智,游走于诸侯国之间,以求得到诸侯国国君的赏识,获得高官俸禄,实现自身的价值。根据活动的方式和内容,尤其是外交和军事方面,总结出来的历史经验和历史教训,值得后人自鉴或借鉴,因其属于策略或方法的制定、实施与应用,所以称之为决策上的智慧。

战国时期,齐、楚、燕、赵、韩、魏、秦七个诸侯国争霸,各诸侯国之间相互依存但又彼此猜忌,随着诸侯国国力的增强,大国愈强,小国愈弱,为求生存,避免走向灭亡,各个诸侯国,任用贤才之人,出谋划策,力求在夹缝中得到生存和发展机会。诸侯国国君的招贤纳士政策,让能人志士的才能在社会中得到充分的发挥和运用,产生了大量的智慧。例如,苏秦的合纵外交政策,指明了秦国吞并六国的时机还不成熟,六国应该团结在一起,形成一个强大的力量来反对秦国兼并,让六国得以生存,因六国在地理位置上是纵向的关系,故六国联盟反秦的外交活动称为合纵;与之相对应的是张仪的连横外交活动,指秦国利用强大的实力,联合周边的大国或小国一起,对抗其他大国的外交活动,以消灭别国,增强自身实力的外交策略。在合纵连横的外交过程中,总结出远交近攻、唇亡齿寒和福祸相依等外交经验,在以后的行动中,以此为鉴,在实践活动中,相互信任,坦诚相待,共同发展。在战争中,许多的战争典故也蕴含着正确的军事决策。

政策的制定和实施,不以解决眼前的冲突和利益为出发点,着眼于当前利益,应从大处着手,树立全局意识,从整体出发,既解决了目前的问题,又不为以后带来隐患。辩证地看待问题,考虑眼前和将来,用发展的眼光来看待事物的发展与演变,统领全局,合理决策。

(三)思想智慧

春秋战国时期,诸侯国为笼络人才,发展自身实力,壮大各自的综合力量,为夺取中原霸主地位增加筹码,纷纷招募能人志士,使当时的知识分子为彰显自己的能力和才华,游走于各国之间,在思想上进行交锋,相互学习,互相辩论,促进了思想文化的繁荣发展,产生了不同的思想派别,出现了百家争鸣的思想交锋局面。当时的思想派别主要有以孔子、孟子和荀子为代表的儒家学派，以老子和庄子为代表的道家学派，以商鞅、李悝为代表的法家学派和以墨翟为代表的墨家学派，各家学派相互学习，互相借鉴，共同发展，促进了春秋战国时期文化的发展与繁荣。

儒家学派的思想主要以"仁""礼"为核心，提倡仁爱，维护周礼，在社会中，提倡礼、义、仁、信的道德规范，提倡"民贵君轻"的执政理念；道家学派以"无为而治"为主要思想，"道"是最高的原则，宣传天道与自然无为；法家提倡法治，反对人治，用法律制度来治理国家和社会；墨家提倡"兼相爱，交相利"，学习夏朝的刻苦俭朴精神，鼓励"以自苦为极"的苦干和自我牺牲精神，勇于奉献。

脑力活动也是思想智慧的来源之一，思维的活动促进了思想的发展，形成了思想智慧。田忌赛马中，齐威王和田忌在每一次的赛马中，规定上、中、下三种马的等级，比赛的时候，按照上等马对上等马、中等马对中等马和下等马对下等马的比赛方式来进行，由于齐威王马的质量普遍高于田忌，所以田忌从未赢过。有一次，齐威王和田忌刚比赛完，在一旁的孙膑对田忌说，自己有办法让他赢。这一次，孙膑让田忌用下等马对齐威王的上等马，上等马对中等马，最后是中等马对下等马，比赛的结果是田忌取得了胜利，由于调换马的出场顺序，就得到反败为胜的结果。

人不是万能的，任何事情都不能做到面面俱到，总有顾不到的地方。因此，要求我们要有一颗善于观察的心和灵活的思维，学会运用自己的大脑，动脑筋去观察问题、分析问题，灵活运用，就会将劣势变为优势，取得最后的成功。大脑的灵活运用、思维的逆向转变，往往会取得不一样的效果。

(四)管理智慧

中国从古至今，经历了大大小小的王朝或是政府的统治，统治者吸取和借鉴前朝失败或灭亡的教训，反思自己的治理方针和政策，积极纳谏、修身养性、改革内政、休养生息，使国家政治清明、国泰民安，出现了繁荣富强的盛世状况，如汉朝的"文景之治"、唐朝的"贞观之治"等，不仅上层统治者反思自己的执政理念，下层的官员也积极改革错误的政策，实施以民为本、轻徭薄赋的治理方针，在管理和治理上，形成"利国利民，民贵君轻"的指导思想。

秦二世好大喜功，荒淫无道，奢华无度，不理朝政，为自己的享受，大肆修建宫殿，增加百姓的赋税，使社会民生哀怨，导致秦末农民起义的爆发，推翻大秦帝国的统治，使秦在短短几十年内灭亡。以史为鉴，汉文帝和汉景帝在位时期，汲取大秦灭亡的历史教训，实行以儒家为统治思想的治理方针，改革内政，鼓励农业发展，兴修水利，轻徭薄赋，鼓励耕织，使社会上政治清明，国家稳定，人民安居乐业，从而开创了"文景之治"的局面。以大秦为前车之鉴，并借助历史的智慧，从管理和治理上来改革，促进国家的繁荣发展。唐朝的贞观之治时期，唐太宗积极纳谏，有名的谏臣魏征曾对唐太宗说："君，舟也；民，水也；水能载舟，亦能覆舟。"指明了唐太宗应以民为本，一切的施政理念和政策,应体现民本思想,就像中国共产党以"为人民服务为宗旨"一样,唐太宗以史为鉴,用自镜来警醒自己,避免走上歧途。

由此得出,在治理和管理上,统治者应以民为本,重视民意,轻徭薄赋,用民贵君轻的思想来治理国家和统治社会,恩威并施,维护社会秩序;作为臣子,切勿自大狂妄,应忠诚、急流勇退、明哲保身,防止统治者的猜忌与不信任,做好为人臣子的本分,大智若愚,用敏锐的眼光去观察时局,有的放矢,正确认识君臣之间的相处之道,维护君臣之间的关系。

(五)创造智慧

古人创造了许多奇迹,并留下不少难解之谜,体现了创造方面的智慧。在建筑方面,大的有如北京的万里长城、敦煌的莫高窟、秦始皇陵的兵马俑、唐代的长安城、秦国的都江堰,小的有如赵州桥和福建的土楼等。在科学文化方面,中国也创造了很多世界第一,四大发明是其典型代表,这些都是古代劳动人民创造力的集中体现,是他们的智慧结晶。

随着造纸术的发明,纸张被广泛使用,文化在社会中得以快速传播。为适应文化的传递和汉字的传播,隋唐时期,我国发明了雕版印刷术,加快了社会文明的历史进程。随着时代的发展和进步,雕版印刷术效率低下,耗时耗力,渐渐地不能适应文化传播的需求,期待新的突破。随着多年的研究和探索,北宋时的匠人毕昇发明了活字印刷术,活字印刷术的问世,标志着印刷取得新的成就和突破。活字印刷术用胶泥刻字,用火烧制,使字模变硬。在制版时,在四周有框的铁板上浇上松脂和石蜡,并放入纸张,再把字模在铁板上进行排版,然后将松脂融化,把字版压平就可以印书了。烧制的字模,根据书的内容,重新排版,可以重复使用,大大提升了印刷效率,省时省力,适应社会的发展和进步。

又如,社会生产中,从原始社会的骨器、石器农具到春秋时期的青铜农具,再到铁农具的发明、创造以及耕作技术的进步,例如,骨耕到铁器的演变,人耕到牛耕的转变;生活中,陶碗、陶罐和陶盆的产生到青铜器和瓷器的发明与制作,人们由树叶遮身到衣物蔽体的进步,椅子的产生和发展,人们由跪向坐的转变,彰显了古代劳动人民的创造能力。

创造力的产生和发展,同生产和生活息息相关,密不可分,与实用价值和欣赏价值紧密联系。建筑上,长城的修建是抵御外敌,都江堰的修建是发展农业,赵州桥的修建是为了交通;科技文化上,活字印刷术为传播知识和文化,指南针的发明是为了辨别方向;生产和生活中,农具的演变为了发展农业,陶器、青铜器和瓷器的发明是为了方便生活,椅子的发明是为了身体的舒适等,一切的创造和发明,与生活、生产息息相关,离不开对实用价值的考虑。

第二节　历史智慧教育的特点与原则

▌一、历史智慧教育的特点

（一）继承性

中华民族上下五千年的历史，从原始社会开始到当代的社会主义社会，我们经历了不同形式的社会形态、不同的生活环境和时代，如果我们把历史仅仅视作已经逝去的过去，那么历史就失去了生机与活力；如果我们把历史看作一种传承，延续到我们的现实生活中，它就有了生命力，在历史演进的漫长河流里得到继承和发展。儒家思想是中国封建社会时期，统治者用来统治人民的正统思想，儒家思想以孔子为代表，其代表作《论语》阐述了孔子的主要思想，孔子的核心思想是"仁"，他提出了"仁者爱人"，即要有同情心和爱心，"己所不欲、勿施于人"[1]等，将"仁"作为处理人与人之间关系的最高行为标准和道德规范。同时产生的还有孝道、诚实、守信、自由、平等、博爱、公正、民主、尊师重道等内容，这些都是历史遗留给我们的智慧和财富，是人类精神境界的伟大瑰宝。

（二）共享性

历史学是一门综合性学科，是知识的海洋。马克思曾说："我们仅仅知道一门唯一的科学，即历史科学。"历史包括自然史和人类史两部分。我们通常所说的历史仅仅指的是人类史。人类历史发展本身的丰富多样性，决定了历史知识具有综合性特征。历史知识所涉及的范围极其广阔，包括经济、政治、军事、科技文化、民族关系、国际关系等。

随着学科的分离与合并，各学科之间相互渗透与融合，学科与学科之间的界限也越来越模糊，知识、内容和方法之间的共享也越来越高，同样的内容适用于多门学科，同样的方法也适用于其他学科。在区分不明确的情况下，历史作为一门学科，也逐渐地融入到其他学科中去。历史的知识和方法可以适用于别的学科，历史学科也可以借鉴其他学科的研究方法，学科与学科之间相互借鉴，共享各自领域的研究成果，促进各自的发展与进步。

历史、政治和语文三门学科同属于人文社科类学科，在内容上存在一定的相似之处，可以达到历史智慧知识的共享。在语文学科上到文言文中的《论语十则》时，教师可以根据《百家争鸣》一课中，孔子及其弟子的思想、道德、行为和理念等内容，总结出

---

① 程树德撰：《论语集释·下》，程俊英、蒋见元点校，北京：中华书局，2013年，第957页.

儒家的处世哲学、教育之法、管理之法等历史智慧,并把这些历史智慧应用到文言文的讲解当中;同时,在政治课程中,在讲到学生道德行为的培养时,可以结合儒家爱国、诚信、友善、敬业、尊老爱幼、崇尚孝道等为人处世智慧知识,培养学生做一个诚实守信、尊老爱幼的人,弘扬和继承中华民族的传统美德。

历史的知识与智慧,不仅在人文社科类学科中得到共享;同时,在实践性较强的学科中,也能共享,比如地理和劳技课。历史智慧的共享,不仅有知识和内容上的共享,还有方法和技巧上的共享。在历史课中,尤其是古代史中,大量历史疆域图的存在,教师教会学生识图、读图的能力。比如,在没有任何指示标志的地图中,上北下南、左西右东是辨别方向的正确方法,这种方法也适用于地理学科地图的学习,是从历史中提取的识图、读图智慧;另外,在古代"四大发明"的学习中,教师对指南针的讲解,让学生掌握指南针的基本原理和操作方法。在劳技课上,教会学生用磁铁、绣花针、纸、水和盛水的碗,制作简易的指南针,用创造上的智慧,教会学生生活中的技巧和能力。

历史学科的综合性特点,历史知识的丰富性、多样性,决定了历史学科的智慧可以应用到别的领域中去,实现历史智慧的共享。语文、政治学科汲取了历史学科的为人处世哲学和教育智慧,实现了智慧知识的共享;地理、劳技课汲取了方法和技巧上的创造智慧。历史智慧的教育虽然不能适用于所有学科,具有一定的局限性,但在某些学科上还是能实现智慧的共享,比如,语文、政治、地理、劳技课等,学科之间的交流与合作,推行跨领域研究方法,促进学科的进步与发展。

(三)多样性

历史的知识包罗万象,历史的财富博大精深,历史涵盖了政治、经济、文化、生态、军事、外交、管理和天文艺术等多方面的知识,使得历史的智慧也包括政治智慧、经济智慧、艺术智慧、军事智慧、外交智慧、管理智慧和生态智慧等,历史知识的全面性造就了历史智慧的多样性发展。

在历史教学中,我们可以运用多样化的历史智慧去教育和指导学生,比如,在中国古代史讲授时,利用图片和视频,培养学生认识美、鉴赏美的能力;讲授中国近现代史时,升华学生的情感、态度和价值观,增强民族自豪感和荣誉感;讲授世界史时,加强中西方同一时空下历史时代的对比,找出异同,培养和建立时空意识。不仅可以利用核心素养的内容来体现历史智慧的多样性,还可以利用历史知识的多样性来展示历史智慧的多样性。

二、历史智慧教育的原则

(一)实事求是原则

马克思主义社会科学方法论指明了,世界上时时刻刻都充满了矛盾,矛盾存在于一切事物当中,矛盾无处不在、无时不有。但是,矛盾不只有普遍性,还有特殊性。矛盾的特殊性,要求我们具体问题具体分析,一切从实际出发。具体问题具体分析也就意味着我们在处理事情、看待问题时要实事求是,从实际情况出发,不能过高或过低地评判,做到客观公正。历史智慧在初中历史教学实践过程中,也要遵循实事求是原则。历史智慧教育的实事求是原则指在教学过程中,根据历史知识的内容,进行与之相对应的历史智慧教学,切勿出现张冠李戴、文不对题、指鹿为马、颠倒是非的现象。

尽管历史的智慧有着多样性的特点,但在应用历史智慧进行教育时,要遵循实事求是原则。例如,在讲授中国古代君主的治理方针和政策中,根据君主的治理方针和政策,提炼出管理和治理方面的智慧,而不是其他方面的历史智慧,治理方针和政策对应产生的是治理和管理智慧;在百家争鸣的思想大融合时期,儒家传统思想教育和孔子教育思想提炼出来的就是思想道德文化和与教育有关的历史智慧;外交活动总结的是外交上的智慧;军事活动概括的是军事上的智慧;等等,都与彼此的内容有联系,切莫张冠李戴,含糊不清。

(二)适度性原则

初中生的思维能力以及智力的发展存在一定的差异性,在生活、学习和理解能力上表现出不同的层次与差别。差异性的存在,要求历史教育工作者在历史智慧教育中,应遵循适度性原则,防止学生贪多嚼不烂,只重视量的积累而忽视质的提高,尽管量变会引起质变,如果量没有得到很好的理解和掌握,质的飞跃也难以实现。历史智慧教育的适度性原则指在历史教学过程中,以课标和课文为参考,以学生的学习接受能力为出发点,进行历史智慧的学习和讲授。就像合理的睡眠时间是每天八个小时,但如果超过或者低于八个小时,就会感觉到疲惫、没精打采,同样道理,为了让学生更好地掌握历史智慧,对学生的智慧教育要遵循适度性原则。

(三)符合时代精神

义务教育《历史课程标准》课程设计思路中提出:"(历史课程)学习内容的编制上,从学生的认知水平出发,精选最基本的史实,展现人类社会在政治、经济和社会等方面发展的基本进程,使学习内容更加贴近时代、贴近社会、贴近生活,有利于学生的积极、主动地学习。"指明了历史教育要与时俱进,跟随时代的发展,在发展中得到继承和创新。所谓的时代性,即指与时俱进、符合时代的发展,体现社会的新面貌、新水平和新要求。

历史教育应与时俱进,符合时代发展的潮流,体现时代的特点和要求。因此,历史智慧的教育,也要符合时代的发展与要求,对于那些有借鉴意义,但已经过时的、没有存在价值和现实意义的历史智慧,我们应在教学过程中进行舍弃,选择对当今社会具有实际意义和借鉴价值的历史智慧进行教学,顺应时代的发展和进步。

随着科学技术的发展和进步,手工业也随之发生了巨大的变化,由原来的手工生产到现在的机器生产,机器代替了手工,成为时代发展的主流。同时,初中生在日常生活中,也难以见到手工造纸和手工织布的制作过程,都是现成的商品。手工造纸和手工织布已经成为过去,不能代替科学技术发展下的机器化大生产,顺应社会的进步与发展,体现时代的特点和要求。因此,在社会中还是以机器化大生产为主,手工制作没有得到发扬。《百家争鸣》中,儒家的处世、治理智慧,因为其与社会主义核心价值观相吻合,体现了时代的特点,符合社会的需求。因此,在现如今的社会主义社会中,得到弘扬和传播。因此,历史智慧的教育应富有时代精神,体现时代的特点和要求,顺应社会的进步与发展。

(四)以学生为市

初中的教学模式随着教育理念和课程标准的变化,发生了巨大的历史性变化。传统的历史教学模式,是以教师为主体的历史教学,在教学过程中,教师是整个教学过程的主体和主导者,对学生进行着填鸭式的知识讲授;而学生扮演的是信息的接收者和接受者,是教学过程中的客体。随着新课改的实施,教学模式也发生相应的变化,导致了教师和学生之间的相互位置也发生了相应的变化。教师变成了教学活动的引导者,不再居于主体地位;学生则成为教学活动的主体,成为教学过程中的主人,一切的教学活动、教学目的和教学手段,将以学生为中心来展开。

历史的智慧教育和教学模式也应遵循以学生为本的原则,从历史的经验和教训中,汲取历史的智慧,培养学生的为人处世、道德行为、品德修养、人生观、价值观,发挥历史智慧教育的作用,提升学生的综合素质。一切的历史智慧教育为学生服务,为学生的发展服务。

从《百家争鸣》的儒家思想和孔子及其弟子的言行中,概括出为人处世、人际交往的智慧,提高学生在日常生活中的人际交往能力;从朝代的兴衰中,汲取治理和用人的智慧,提升自己的管理能力;从历史人物对生命价值的肯定中,接受生命意识教育;从历史人物的品格养成中,学会忠诚、坚持、刻苦和努力。发挥历史智慧教育的价值及作用,促进学生的全面发展。

第三节 历史智慧的培养方法和措施

一、谈话教学法

谈话法也叫问答法,指教师按照一定的教学要求向学生提出问题让学生回答,通过问答、对话的形式来引导学生思考、探究,获取或巩固知识,促进学生智能的发展。①可以分为复习谈话和启发谈话。相比一般的教学方法,谈话法的优点在于:师生面对面,便于观察;紧扣问题展开,思想敏捷集中;激发求知欲,拓宽学生思路;养成交谈习惯,培养语言表达能力。在一问一答中,提升了学生的兴趣和激情,扩展了学生的思维,培养了学生的能力。思维与能力的提高,有利于学生在谈话中总结出历史的智慧。

课前,让学生通过对课文中导言部分的学习,了解历史故事"黄袍加身"和"杯酒释兵权"的基本内容,以学生的理解和认识为基础,通过师生之间的对话,进行以下探究学习。

从谈话教学法中,了解和认识到,在为人处世上:当自身的地位和所处环境发生变化时,学会转变角色、适时调整、学会变通、灵活面对,站在相应的高度去看待和处理问题。在治国理政上:从整体出发,树立大局意识,做到统领全局;同时,国家的发展应该是全方位的,不能重视政治、经济,忽视文化和军事,也不能重视军事,忽视政治、经济和文化,应全面协调,共同发展。

▋二、发现教学法

发现教学法亦称假设法,是指教师在学生学习历史概念和历史知识时,向学生提供一个问题情境,让学生积极思考、独立探究、自行发现并掌握相关的历史概念、历史规律和结论的一种方法,旨在培养学生的历史学习能力。它从青少年好奇、好问和好动的心理特点出发,在教师的引导下,依靠教师和教材提供的材料,让学生自己去发现问题、回答和解决问题,让学生成为知识的发现者,而不是接受者。其理论依据主要有布鲁纳的发现学习理论、皮亚杰(J.Piaget)的建构主义学习理论和霍华德·加德纳(Dn Howard Gardner)的多元智力理论。历史智慧的培养,需要教师为学生创设一个能够促进自身潜力发展的教学环境,在师生的共同努力下,培养学生的历史智慧,体会历史智慧的价值,发挥历史学科的正能量教育。

为让学生自主地去发现、思考和总结历史智慧,成为智慧的发现者,将采用发现教学法进行讲授:(1)创设情境,发现问题。在学习一课时,教师播放与之相关的视频,还原历史场景,让学生在情境中去感受、发现问题。(2)合作探究。合作是指两个或两个以上的学生,为了达到共同目标而在行动上相互配合的过程。合作探究学习指学生在小组或团体中为了完成共同的任务,有明确的责任分工的互动性学习。学生带着在情境中发现的问题,在教师的指导和学生自愿的前提下,全班分为四组,各自查找资料。(3)验证结论。在学生自主发现问题以后,教师对学生在合作探究中得到的结论进行验证,并对学生自己做出的结论进行验证。(4)总结和评价。在创设情境,发现问题后,在教师指导和学生自主的合作探究下,完成了发现教学的过程。学生在此过

① 王道俊、郭文安主编:《教育学》,北京:人民教育出版社,2009 年,第 240 页。

程中,得出自己的结论。但是,并不是所有的学生都能在发现教学过程中领悟到智慧,最后由教师进行知识的讲述,对学生发现学习的结果进行验证,对学生的努力和进步给出相应的鼓励及肯定。

三、情境体验教学法

课堂教学对历史智慧的培养存在一定的局限性,由于某些客观原因的存在,课堂教学难以达到历史智慧培养的预期效果。因此,需要去实践和考察,在情境中去体验和感受。情境体验教学法指:基于历史知识,利用多种教学媒体和教学资源,引导学生去实地考察或采用角色扮演法来体验和感受历史。① 在体验中加深对历史的认识,感受历史的智慧。在情境体验教学法中采用以下常见的教学方式来培养学生的历史智慧。

第一,演示法是教师通过展示实物、直观教具、实验或播放有关教学内容的视频、特制的课件,使学生认识事物、获得知识或巩固知识的方法。可以分为实物和模型的演示,图片、照片和图画的演示和录像、录音和教学电影等演示法。优势在于:让学生通过直观的方法去理解事物,过程具有可重复性和可模仿性。初中历史教学中常用的演示法是图片、照片和图画的演示以及录像、录音和教学电影的演示。

第二,参观法指教师在保证学生安全的前提下,组织学生到纪念馆、博物馆、展览馆或历史遗迹、遗址、遗存等地进行实地学习的教学方法。优势在于:身临其境,获得一定的亲身感受,增强学生对历史的感受和体验。

第三,角色扮演法指学生在历史表演中,把自己想象成特定的历史人物,揣摩人物的个性和心理特点,通过行为表达自己对历史认识的一种情境体验活动。

培养学生的历史智慧,需要教师和学生共同努力。不仅需要教师对历史知识的讲授,也需要发展学生的思维和能力,比如,实践能力、考察能力以及观察能力等。培养历史智慧,必须注意知识与能力并重,任何忽视知识传授、片面强调能力的方法都是不可取的;只传授知识而忽视能力的培养也是错误的方法,应注重知识与能力在培养历史智慧中的同等作用。

四、比较教学法

人们常说,历史总是惊人地相似。历史包罗万象、变化万千,既有政治、经济、思想文化和科技史;也有环境、生态、教育和医疗卫生史等,涵盖了生产与生活的方方面面,与人类息息相关,密不可分。

纷繁复杂的历史中,总会存在着相似甚至相同之处,例如,孔子、荀子和孟子同属

---

① 张兵兵:《情景体验式教学法在初中历史教学中的运用》,《延边教育学院学报》,2008 年第22 期第 1 卷,第 112 页。

于儒家思想的代表人物,尽管在人性的认识上存在差异,但都主张推行"仁政"和"以民为本"的治国理念;又如,棉布、麻布和丝绸,尽管在质地、原料和做工上存在差异,但它们都能制衣,遮掩身体,维护形象。大到国家治理,小到社会生活,历史总有相似之处。有了对比,就会发现不足,进而改进,促进发展。比较教学法指根据对事物的观察、了解和分析,寻找出相同点或不同点,然后比照自身,找出不足之处,进行改进,促进自身的发展。为让学生在繁、难、偏、旧的历史知识中,掌握历史的智慧,将在历史教学中,采用比较教学法,通过比较,获取历史的智慧。

第四节 历史智慧教育的作用

一、领略经典,家国情怀下的生命教育

《普通高中历史课程标准》明确指出:家国情怀素养的培养,通过历史学习,让学生进一步了解中国国情,了解和继承中华民族的优良传统和文化,弘扬和培育民族精神,激发对祖国和民族历史的自豪感、认同感和责任感,践行中国特色社会主义核心价值观。如何让学生认识自己的责任和使命,认识生命存在的价值和意义呢?现在的初中生,由于成长环境和社会阅历的不足,加之父母对孩子的溺爱,让学生就像温室里的花朵,经不起外界的风吹雨打,一经困难和磨难,在意志力与承受能力较弱的情况下,容易产生偏激的思想,做出错误的决定,甚至选择以终结生命的方式来逃避困难和挫折,体现了初中生缺乏生命的意识,没有认识到生命存在的价值及意义,要知道:只有经历风雨才能见到彩虹。因此,在历史教育中,培养学生的生命意识和社会责任感、使命感尤为重要。初中生如何在爱国情怀素养的培养下,增加自己对生命的认识和理解,这是值得作为历史教师的我们思考和探究的问题。

家国情怀的历史教育并不适用于所有学科,它仅仅在历史、政治和语文等人文社会学科中才能进行;生命意识的教育也同样适用于历史、政治和语文等学科。历史学科的枯燥性,知识点的繁、难、偏、旧、杂,以及时间跨度大、范围广等特点,使学生不能正确地认识历史、理解历史,对历史的理解只是停留在应试教育下的记忆历史,为应付考试而进行的知识的记忆和背诵。对于学习和借鉴历史经验,总结历史教训,从历史中汲取智慧,运用历史的智慧,完成历史教育的社会功能和教育功能缺乏一定的方法和手段,难以培养学生的历史核心素养,完成素质教育的要求。

历史是充满智慧的,由于时间久远而积淀的尘垢,让历史知识远离了学生的现实生活,让学习产生负重之感。由于历史、政治和语文三门学科之间的相似性,在历史教学中,融入生命意识的教育,为历史课堂增加一些新的元素,提升学生的兴趣和热情。

孔子说:"知之者不如好之者,好之者不如乐之者。"布鲁纳也说:"学习最好的刺激,乃是对所学材料的兴趣。"兴趣是最好的老师,有了兴趣,学生才能主动地、愉快地去学习。作为历史学科,历史故事的生动性、形象性和有趣性,更能激发学生学习历史的兴趣,从历史中获取智慧,并用历史的智慧去提升自己的素质和能力,去感受生命的价值,培养自己的责任和使命。在培养家国情怀素养时,提高学生对生命的认识和理解,加强学生的生命教育。本文将在教学过程中,采用故事教学法来进行阐述。

二、涵养自身,增强品行修养

《礼记·大学》记载:"古之欲明明德于天下者,先治其国;欲治其国者,先齐其家;欲齐其家者,先修其身;欲修其身者,先正其心;欲正其心者,先诚其意;欲诚其意者,先致其知,致知在格物。物格而后知至,知至而后意诚,意诚而后心正,心正而后身修,身修而后家齐,家齐而后国治,国治而后天下平。"总的概括来说就是:"修身、齐家、治国、平天下。"修身是最基本的,也是最低的要求,一个人如果连自身的修养都不能提高的话,何以治理好自己的家庭,又怎么能帮助国君治理好国家,使天下国泰民安呢?由此可见,修身对个人发展的重要性不言而喻,我们应当努力学习,掌握知识,涵养自身,增强自身的品性修养。

五千年华夏文明的光辉历史进程中,儒家的思想和文化独树一帜、博大精深,随着市场经济的发展,现实社会中,人们的功利性思想越来越严重,人情相处更加注重的是利益,忽视了品行方面的教育和培养。随之产生了享乐主义、拜金主义和个人主义等错误的价值观念。初中生正处于青少年时期,有很强的可塑性,但他们又生活在充满诱惑、物质丰盈、观念开放的社会环境中,由于思想的不成熟,社会经验和社会阅历的缺乏,极其容易受到周围社会环境的影响。如果缺乏正确的引导和帮助,容易被金钱奴役、精神空虚、迷失方向,缺乏坚持、刻苦、努力、自信、理想和信念,从而走上错误的人生道路。因此,高度重视对学生的品德、人格、意志等思想素质的建设和教育至关重要。更重要的是,在历史教学过程中,让学生在学习和掌握历史知识的过程中,特别是历史人物故事,学会理解历史事件,总结历史经验,吸取历史教训,领悟历史智慧,形成正确的人生观、世界观和价值观,增强自身的品行修养,抵制社会上的不良诱惑,促进初中生身心的健康发展,展示历史学科除了社会功能外的更重要的功能——教育功能,彰显历史学科促进学生全面发展的重要作用。

从社会伦理道德方面来看,增强学生的品行修养也是历史教育的重要功能之一。初中历史教学中,成语典故的运用是增强学生品行修养的重要手段。运用历史智慧的历史教育要使受教育者尊重别人、造福后人,同时景仰前人为历史发展所做出的贡献,珍惜他们创造的物质财富和精神成果,继承并发展历史智慧的价值,发挥以史为鉴的重要作用。

水滴石穿和愚公移山的成语典故,展现了做事要有恒心、坚持不懈、持之以恒,就能战胜困难,取得成功;悬梁刺股和闻鸡起舞,体现勤劳苦学、刻苦用功,锻炼坚定意志和坚强毅力;大公无私和过门不入暗含了秉公办事,毫不偏心、客观公正和公而忘私的高贵品质;卧薪尝胆和百折不饶,展现了忍辱负重、意志坚定、知难而进、奋发向上的良好心态;一诺千金和一言九鼎体现了重承诺、守信用的高尚情操。从历史中掌握智慧,运用成语典故,既增加了历史学习的趣味性,也增强了学生品行修养。

▌三、感悟思想,培养处世之道

处世之道,在过去很长的时间内,被认为是一种个人修养问题,包括宽容、诚信、友善等内容,实质上,处世之道是一种如何处理好自己与他人、个人与集体、社会和国家关系的大问题。对于当前的初中生来说,学习处世之道,学会与人相处,提升处理社会关系的能力尤为重要。

处世讲哲学、讲智慧,古人很看重,今人往往容易忽视。春秋战国时期,道家学派和儒家学派拥有一定的社会地位,其思想也被许多的统治者接受。道家学派代表人物有老子、庄子,代表作《老子》也叫《逍遥游》,道家提倡无为而治,但是在处世之道上也提到"轻诺必寡信,多易必多难""心善渊""祸莫大于不知足";儒家学派有孔子、孟子和荀子,代表作《论语》,孔子的核心思想是"仁",他提出"仁者爱人",即要有爱心和同情心,提出了"己所不欲,勿施于人""己欲立而立人,己欲达而达人"等理念,将"仁"作为处理人与人关系的最高准则和道德规范。儒家的思想和行为准则,蕴含了处世之道的哲学与智慧,培养处世之道,应遵循以下原则:

(一)重诺守信,诚信待人

诚实守信,作为中国优秀传统文化之一,从古至今,一直都被重视。儒家认为"诚信"是君子必备的品德,可以作为君子与小人分野的标准,是个人安身立命的基本要求,是处理人际关系的根本要求。孔子认为,言而有信,行而必果,是人生的重要通行证。若是言而无信、行而不果,即使在自己熟悉的领域,也会处处受到阻碍、寸步难行。人只有讲诚信,才能获得支持,实现人生的理想和目标。只有建立在诚信基础上的人际交往,才能形成并保持良好的人际关系。"吾日三省吾身,为人谋,而不忠乎? 与朋友,交而不信乎?"指明了在和朋友相处的过程中,要讲诚信,信任对方;在普通人际关系中,也要讲求诚信,"弟子入则孝,出则悌,谨而信,泛爱众,而亲仁。行有余力,则以学文。"在家要讲孝道,出门则尽弟职,为人应该谦虚谨慎、诚实守信,对人应当泛爱,亲近有仁德之人。老子提出的"轻诺必寡信"告诫我们,不要轻易相信那些比较容易许下的诺言,不要被别人的花言巧语蒙骗。同时,更要警醒我们,不要做那轻诺之人,要言而有信、行而必果,做一个信守承诺、有始有终的君子。

中国人向来重视信守承诺,《史记》有言:"得黄金百斤,不如季布一诺。"宋朝哲学家程颐说:"人无忠信,不可立于世。"清代顾炎武:"生来一诺比黄金,哪肯风尘负此心。"

目前,我国正处于社会主义发展的重要阶段,经济发展快速,国家实力不断增强,社会发展呈现出强大的生机与活力。但由于诚信思想的缺失,在不同领域出现大量的诚信缺失现象,人际交往中,诚信缺失现象也很突出,学生的诚信缺失主要有:考试作弊、谎话连篇和抄袭作业等。社会主义核心价值观把"诚信"作为基本内容之一,可见,诚信从古至今同等重要。因此,历史教师在教学中,应注重优秀传统文化的价值,发挥中国传统文化的作用,践行社会主义核心价值观,培养学生的诚信品格,树立与人方便,就是与己方便的正确心态。

(二)讲求适度,过犹不及

中庸之道阐述了"过犹不及"的适度原则。"中"表征为一个恰当的"度",是在面对复杂对象时,精确把握住事情的"分寸",强调的是不能过,但又不能不及而达不到。就像哲学中,量变与质变的辩证统一关系,量变会引起质变,量变是质变的前提和必要准备,质变是量变的必然结果,质量互变,要遵循适度原则。

现在的初中生,对如何处理自己与同学、朋友和父母的关系,存在一定的困惑,不知怎样去面对自己的人际关系。朋友之间,形影不离的两个人,突然在某一天,互相不搭理对方;亲子之间,父母的过分关爱,使孩子厌烦;同事之间,费劲心机地拉近关系,却适得其反。什么样的关系才是好? 才是长久之道呢? 孔子说过,太过疏远和太过亲密都不是最佳的状态,要保持"度"。孔子的学生子游说:"事君数,斯辱矣;朋友数,斯疏矣。"①数是"屡次、多次"的意思,如果你有事没事总是在国君或领导的身边,表面是亲近,但离你遭到羞辱就快了;如果你有事没事总是跟在朋友身边,虽然看起来比较亲密,但是疏远的关系很快就会到来。

著名的豪猪哲学阐述的就是过犹不及、讲求适度的道理。有一群豪猪,身上长满了尖利的刺,每逢冬天,都会挤在一起取暖过冬。它们都不知道,大家应该保持一种什么样的距离为好,离得稍微远点,互相借不到热气,于是就往一起凑凑;一旦靠近了,尖利的刺就会扎着彼此的身体,又开始疏离。经过多次的磨合以后,豪猪终于找到了一个最恰当的距离,那就是在不伤害彼此的前提下,保持群体的温暖。子贡曾问孔子,怎样和朋友相处,孔子说:"忠告而善道之,不可则止,勿自辱焉。"②指明了,看到朋友做得不对的地方,你要真心劝告,善意地引导,如果他实在不听就算了,别再说了,不要自取其辱。与朋友相处,保持一个合适的"度",既不让对方觉得厌烦,也不觉得过分生疏,讲求适度,过犹不及。

---

① 程树德撰:《论语集释上》,程俊英、蒋见元点校,北京:中华书局,2013 年,第 32 页。
② 程树德撰:《论语集释下》,程俊英、蒋见元点校,北京:中华书局,201 年,第 1010 页。

(三)换位思考,理解宽容

或曰:"以德报怨,何如?"子曰:"何以报德? 以直报怨,以德报德。"孔子告诉我们,如果用德去报怨,那他还留下什么去回报别人对他的好呢? 应做到:以直报怨,以德报德。用你的正直去对待有负于你的人、做了对不起你的事的人;用你的恩德、慈悲去回馈那些也给你恩德和慈悲的人,时刻保持一颗宽容和包容的心。

俗话说,冤冤相报何时了,如果一个人永远以一种恶意、一种仇视和憎恨的眼光去面对他人的不道德,以怨报怨,最终,只能陷入一种悲剧的恶性循环,永远只是以自己的抱怨去对待别人的抱怨,没有丝毫的宽容和包容之心。在当下的许多文学作品和影视剧中,有许多以怨报怨的实例,仇恨的一方和被仇恨的一方,总是很痛苦,甚至一辈子活在愧疚和自责当中。甚至于,这种仇恨从上一辈延续到下一代,很可能断送他人的幸福;但也不缺乏以德报怨、皆大欢喜的实例存在。生命是有限的,如其总是把时间浪费在无谓的抱怨和仇恨中,痛不欲生,何不去做一些有价值的事,丰富自己的生活,轻松愉快地过完一生。

子贡问曰:"有一言而可以终生行之者乎?"子曰:"其恕乎! 己所不欲,勿施于人。"子贡问孔子:"有没有一个字可以终身奉行呢?"孔子回答说:"那就是恕吧! 自己不愿意的也不要强加给别人。"指明了,做人应有宽广的胸襟,待人处事切勿心胸狭隘,应宽宏大量,宽恕待人,多一些理解与包容,少一些指责与误会。倘若自己都不想要的,硬推给别人,不仅破坏彼此之间的关系,也会使事情恶化。人与人之间相处,应换位思考、彼此体谅,互相尊重、平等相处,除了关注自身,也须关注他人。

初中生生活环境单一、思想单纯,缺乏社会阅历和社会经验,对人际关系的处理缺乏正确的理念和基本原则。应在历史教师的指导和帮助下,根据古人的思想与准则,做到言而有信,行而必果,用诚实守信、仁爱之心、"己所不欲,勿施于人"和以德报怨去处理个人与他人、个人与社会、个人与国家的关系,学会讲求适度、换位思考和理解宽容的交往原则,掌握正确的处世之道,建立良好的人际关系。

向历史学习,从古人的思想中找寻为人处世之道和做事技巧,让学生从理论和实践中更好地掌握处世之道,体验和感受古人的做事方法和做事技巧,提升自己的为人处世能力。在历史教学中,应采用角色扮演法,让学生去演历史话剧,在特定的历史情境下,感受历史人物的心理变化过程,在不同的情况下,运用不同的方法来处理事情,感受处世之道随着情境的变化而变化。

处世之道可以从理论和实践上来汲取,思想上可以从儒家的优秀传统文化中吸收,实践上可以观察和模仿古人的为人和处世方法,两者结合,提升自身的处世能力,建立稳定的人际关系和友好社交圈。

四、品味细节,掌握管理之权

中共中央政治局就我国历史上的国家治理进行了集体学习,习近平总书记强调牢记历史经验和历史警示,"治理国家和社会,今天遇到的很多事情可以在历史上找到影子,历史上发生过很多事情也可以作为今天的镜鉴"。从党的十八大以来,习近平总书记在历次的讲话中,时常引用孔孟语言以及历史事实,并在阐述治国理政新理念时,体现了对历史经验和历史智慧领悟和运用的高度重视。要想治理好国家,必须以史为鉴,借鉴历史的经验和历史的教训,总结历史的智慧,领悟和掌握历史智慧,并应用到治国理政的实施上,提升治国理政的能力,建设好具有中国特色的社会主义国家。

班级的管理,是教师应掌握的一项基本技能,是作为班主任的教师更应重视的基本能力。班级是学校的细胞,既是学校教导工作的基本单位,也是学生学习、活动的基层集体,因此,建设好班集体,是班主任和班级同学的共同责任,只有师生一起努力,才能建设出一个优秀的班集体。唐代柳宗元对于天下和天下人曾经打了一个比喻:如果把天下人比作一个店铺,谁拥有这个店铺,谁就拥有这个店铺的经营权。谁拥有天下这个店铺呢?天下人。可是,天下人却不知如何去经营、管理这个店铺,于是就雇佣了一些伙计。这些伙计不务正业、结帮拉伙、贪污腐败,不搞垮这个店铺誓不罢休。聪明睿智的柳宗元看出了问题所在,也知道应该及时赶走那些搞腐败的伙计,然而,换了一批又一批的人,沉疴还是没有根除,旧病还会复发。柳宗元始终没有想出一个店铺老板经营的办法。[①] 店铺就像一个班级,拥有这个店铺的主要是我们的学生,学生拥有建设这个班集体的权利和义务,学生就像店铺的伙计一样。如果我们的学生在班级中,形成许多的小团体,不认真学习,不听老师和班长的指导、旷课、迟到、早退、逃学等情况频频发生,那么我们这个班集体就会被那些搞破坏的学生弄得混乱不堪,无纪律、无秩序可言,是一个不团结、没有凝聚力的班集体。那怎样才能培养学生的管理能力,建设优秀的班集体呢?我们应该以史为鉴,借鉴历史的智慧,提升学生管理班级的能力。

提高治国理政的管理能力,应该汲取古代中国治理国家的智慧。古代的治国智慧存在哪里呢?存在于中国政治史的进程中,存在于记录这一政治史进程中的史籍中,如《史记》《资治通鉴》和历朝历代的正史中。中国古代的治国智慧丰富多样,但主要以实践和理论两种形态存在。作为实践形态的治国智慧,指我国古人治国理政的实践经验和经历,主要包括两个方面:一方面是我国历史上前朝覆灭的历史教训和新朝建立的历史经验。如大秦的灭亡、西汉的建立。西汉的建立者汉高祖刘邦和汉文帝刘恒等君主,汲取大秦灭亡的历史教训,提出"休养生息、轻徭薄赋"的治国

[①] 王均林、武卫华:《中华民族治国理政的历史经验与传统智慧——王钧林先生访谈》,《孔子研究》,2015 年第 3 期,第 6 页。

理念,实现了文景之治的繁荣景象。另一方面是指治国理政的经验积淀,包括国家治理规律的要素在内,值得统治者或管理者重视。就国家的改革而言,既有成功的经验,如商鞅变法,也有失败的经验,如王安石变法。以实践形态上的治国为基础,产生了理论上的治国智慧,即学者的智慧,比如,儒家、道家和法家的治国理念。儒家主张以德治国,要求统治者爱惜民力、体察民意,反对苛政;道家主张无为而治,强调治国要顺应自然和民心;法家主张治国要靠法令、权术和威势,以使臣民慑服。在管理上,应该有一个核心的管理理念(就像企业文化一样),其他工作的展开以此为前提,逐步进行和扩展。理论和实践形态的治国智慧结合起来才能使治国、管理更加有效,才能避免灭亡。

在借鉴历史来提升管理能力时,我们主要从两方面来借鉴。一方面是方法和技巧的模仿,其基本方式是:"了解某一历史事件或历史片段,深有感触,大受启发和感想,从而进行模仿、改进和变通,掌握古人的做事技巧,并用在当下。"

学生可以从历史上的治国理政智慧,掌握管理班级的方法和理念。首先得有全班同学认可或承认的、比较全面的核心思想来统领班级的管理,即班级文化或班级精神。在此理念下进行班级的管理,同时,借鉴优秀班级的某些管理方法,应用在班级管理上;总结失败的管理经验,进行总结和分析,找到正确的管理方法。让学生感悟历史细节,设身处地,感受管理的魅力。

历史的智慧从历史中来,应用到现实中去。历史不仅可以陶冶情操,提高自身的精神境界,也可以涵养自身,提高自身的综合素养。对于初中生来说,历史教会学生珍爱生命,认清生命的价值,体会生存的意义,让生命发出灿烂之光;学会坚持不懈、持之以恒、勤劳苦学,做到秉公办事、大公无私、客观公正,养成良好品德和修养;学会诚信、重诺、理解与宽容,掌握正确的处世原则;学会学习与借鉴,从实践中总结和积累经验,从理论上总结和概括思想,体会管理的乐趣。

"读史使人明智,鉴古方能知今。"中国从古至今,一直在借鉴历史,向历史学习。西周以夏和商的灭亡原因为借鉴,用于管理和建设西周社会;习近平总书记多次强调要科学运用我国古代历史智慧推进反腐倡廉建设。虽身处不同时代,但都向历史学习,以史为鉴,肯定了历史智慧的价值及作用。历史是一本智慧之书,翻开这本智慧之书,你会发现许多关于处世、抉择和生存的智慧。同时,历史也是一片无尽的海洋,那些闪耀千年的智慧,就是等待我们采撷的珍珠。

历史的智慧不仅可以治理国家,也可以教育社会和个人。本文以学生为研究主体,结合教材和教法,在课内和课外教学实践中,采用谈话教学法、发现教学法、情境体验教学法和比较教学法对学生进行历史智慧的培养。致力于增强学生的品行修养及生命意识,培养学生的处世能力与管理之法。表现为利用历史人物事迹,进行故事讲授,让学生在忠于国家时,应正确认识自我,珍爱生命,肯定自身的价值,体会生存的价值及意义;进行中国优秀传统文化的思想教育,比如说儒家的处世哲学思想,加强自身的品行修养和处世能力,做合格的初中生;比较朝代的兴衰,概括总结出正确的管理方法,从理论和实践中,概括治国理政的正确思想,为提升管理能力提供借鉴。同时,从理论和实践上,对学生进行历史智慧教育,提升学生的综合素质,促进学生的全面发展。让学生学会以史为鉴,向历史学习,促进自身能力的发展和提高。

第十章　智慧历史课堂及其实践

　　历史教育本质应是通过教师的引导和学生的参与体验,培养学生自己对历史和对社会的认识,理解人类的自身活动,感受人类社会和文化的多样性、复杂性,成为有独立人格的现代人,这是历史学赋予历史教育的人文性。"历史教育的独特价值,则在于它能够为丰富人的精神世界提供认识素材,即从人文的视角关注人的发展。"①

　　建立于新一代的信息技术基础之上的智慧历史课堂包含了历史教育本身就是一种智慧教育的内涵,即它的人文性旨在让学生厚实历史底蕴的基础上提高历史文化素养和启迪解决现实问题的智慧,要让学生将尊重、公正和质疑、批评等观念变为自身精神世界的基本观念,追求人的个体价值,理解人类文化价值。而实现历史教育价值的途径则是借助科技创新的手段,包括基础设施的建设以及信息服务平台的建设。基础设施建设主要指实现历史课堂教学必备的硬件设备物理环境,如教师电子讲台、交互式电子白板、无线网络、ipad 等便携移动终端等;而信息服务平台包括两大系统,主要指历史教学资源服务平台和管理历史教学服务平台。通过基础设施建设以及信息服务平台建设,有效整合历史学科教学与信息技术,促使历史课堂教学过程走向集成化,历史教学模式更为互动化、体验式,历史学习资源也更加优质、有序,历史教学效率得到大幅提高。

一、基础设施建设

综合分析了国内外对智慧课堂基础设施的建设资料,认为主要包括两方面:无线网

---

① 齐健,赵亚夫.历史教育价值论.北京:高等教育出版社,2003.15。

络和通信基础设施。无线网络是建立在无线广域网架构基础上的信息化大数据在课堂中的互联,与互联网、教育网等进行连通,通过各种网络协议可有效获取信息资源的方式。现在的无线网络不是基于蓝牙技术,而是网络安全与稳定性更高的 Wi-Fi 技术。而通信基础设施是指可见的硬件设备包括教师电子讲台、交互式电子白板、ipad 等移动设备,还包括这些硬件设备所能提供的智能服务。智慧课堂的核心是交互式电子白板和ipad 等便携的电子书包的应用。交互式电子白板又称为"数码触摸屏",其实它相当于集合了 PPT、黑板的全部功能,教师还可以通过触摸电子白板操控连接起来的计算机,再利用投影将这些 PC 上的信息展示在电子白板上。交互式电子白板能够直接上网、与异地通信,并且在应用上具备强大的库功能,教学过程中进行随意添加或删除内容。ipad等一些便携的电子书包提供了丰富的智能化功能,比如可以收发教学信息,直接上网,储存各种电子教育资料,也能随时和同伴、教师进行沟通交流问题等。

二、信息服务平台建设

构建智慧历史课堂除了信息技术在物理条件的支持之外,也需要历史教师和学生以及历史教育资源库工作人员的努力。历史课程资源极其丰富,新课程改革也倡导历史教师成为开发课程资源的主体,那么如何开发丰富的历史课程资源呢?历史教师一方面需要具备信息时代新的历史教学观念,提高教师的信息素养,充分地搜集并处理网上的历史教学资源,结合本身的教学实践夯实历史知识文化;另一方面也需要掌握学生的实时动态,做到面对独特的学习者时能以个性化、多样化的教学服务来满足他们,搜集并处理来自学生的历史课程资源。历史教学管理服务平台的建立主要是在课堂教学过程中应用教学管理的软件对历史课堂的师生行为进行管理,既包括历史教师课前的备课系统管理,也包括学生课前的自主学习管理,以及课堂中的师生互动、生生互动系统,课后的评价反馈管理系统。

综上所述,智慧历史课堂是网络环境下的历史课堂,是应对信息化环境下历史教师和学生所必备的数字化历史教学方式,是集成化的历史课堂教学过程,是互动、体验的历史教学模式,是借助科技创新的手段突破历史教与学界限的平台。

第二节　智慧历史课堂理论依据

一、多元智力理论

霍华德·加德纳的《智力的结构》一书,提出了无数人关心与渴望的多元智力理论。多元智力理论就以生物学证据为基础,随着脑科学和遗传学领域的研究深入,它的主框架却从未受到颠覆性的威胁,反而日久弥新。加德纳把智力定义为"在一种或多种文化背景下,个体解决问题的能力或创造出该文化所珍视的产品的能力"。① 就智力的结构来说,智力不是某一种能力或围绕某一种能力的几种能力的整合,而是相对独立、相互平等的8种智力,即言语——语言智力、音乐——节奏智力、逻辑——数理智力、视觉——空间智力、身体——动觉智力、自知——自省智力、交往——交流智力和自然观察智力。智力是以实践能力和创造能力为核心的,我国基础教育课程改革也特别珍视并将提高学生实践能力和创造能力作为素质教育的核心。以课堂教学为主要形式的学校教育怎样突出提高学生的实践能力和创造能力是每一位教育工作者都必须思考的,同时多元智力理论认为在发展人的多种智力过程中,教学过程应该进行"场景化的学习和探索",也就是注重在不同文化、环境背景下课堂教学的生成性,以此来激励学生智慧的出现。科恩·哈伯曾经说"多元智力理论是一种告诉大家你在做新事情的方法,以致你不必真的去做任何新事情",这也给我们传递了一个信息:使用多元智力理论只能表明跟上了最新的教育思想,但在任何领域进行一项新的实践都是一项艰苦卓绝的工作,教育工作者要给教育实践带来根本性的变化需要经历漫长的过程。所以智慧课堂的建构更需要实践来探索。

（一）建构主义

21世纪基础教育课程改革主要的理论依据之一就是建构主义,它成为教育显学的原因之一也就是它突破了原来的知识观,人们是通过自己个人建构的系统来理解世界,通过自己原有的认知结构来建构新的事实、信息、观念和知识。这对传统的课堂观、学习观、教学观造成了强大的冲击。建构主义学习观告诉我们学习是通过反思、合作、协商和分享意义来进行双向建构的过程,具有社会性和情境性,学生应该学会如何实践、在"做初中"。而建构主义指导下的课堂观就强调教师应设计有效的教学策略帮助学生进行知识建构,课堂以学生为中心,课程在这里强调大概念,学生被看作理论的思维者,教学内容追求学生问题价值的最大化,等等。建构主义"希望其课堂是一种能够焕发生命活力的课堂,使学生在课堂学习中能够保持主动、积极、专注、参与、合作、平等、互动、自尊和互谅等状态"。在智慧课堂中,学生主动参与到教师设计的活动中,并能根据自己的经验充分与教师、课程内容、学生进行互动交流,在这一过程中体验知识建构的快乐,与教师共同成长。

（二）现象解释学

关于现象学的解释可以从其词义本身出发,这套学说内容不固定,主要是对现象

---

① Howard Gardner.智力的重构——21世纪的多元智力.第1版.北京:中国轻工业出版社,2004.41。

进行描述、直接认识的研究方法，"'现象学'这个标题表达出一种可以这样表述的格言：'转向事物本身'"。海德格尔开创了现代解释学，这是对文本的理解的一般方法论研究，它注重分析阐释具体情况而非构建理论体系，着重探讨课堂里的情境并研究它，看重微观研究而不把宏观教育结构、教育制度等作为研究对象。当我们审视每一个课堂时，我们会发现它们都意义不同，因为不同的课堂所面对的具体情境是不同的。在课堂里发生的每一种活动都是一次特定实践，它拥有具体的人物、时间、地点，还包括特定的文化背景等。"课堂教学是特定的情境中的特定的教学事件。"①智慧课堂关心课堂教学的每一个因素，还注重课前的师生共同准备以及在课堂情境中的师生互动和生生互动、课后的评价反馈等，对课堂的研究从横向与纵向两个角度来把握。

▌二、智慧历史课堂本质特征

智慧历史课堂是一个比较复杂的教学系统工程，其本质是要打造历史教师和学生在信息化环境下的数字化生存方式，更好地促进教师专业发展和学生的历史学习。笔者认为它有三个特征：开放共享性、交互协作性和人文情感性。

（一）开放共享性

智慧历史课堂是基于网络环境的互动式体验教学，打破了传统封闭式历史课堂教学的时空局限性，如在固定的授课时空之下的教学，不能很好地融合学生课外的历史学习等，让历史学习者能够在课堂内外都能够参与进来，通过虚拟的网络环境连接历史教学和师生，强调加入学生的个性化体验，这是一个开放性的课程教学模式，拓展了历史教学的时空。皮亚杰也说"儿童并不只受教于成人，而且自己也独立学习"，智慧历史课堂初中生成为活动主体。讨论式合作学习常常能够启发思维，一种思想与另一种思想的交换会得到两种思想，在探究历史问题的教学活动中运用很多。同时，智慧历史课堂联系了学生的生活世界，引起他们的学习兴趣，调动起学习积极性，让他们自主地参与历史学习。而且，智慧历史课堂的开放性教学还体现在它的教学系统采用了开放式设计，符合国际通用标准和协议，并支持在不同网络协议之间的互联，能无缝对接各大教育网站。历史教学资源库也是开放的，基于云计算的各种历史教学资源都能为学生和历史教师提供信息搭建起一个无墙课堂，随时随地提供服务。

共享性成为信息时代众多领域中最显著的特征，智慧历史课堂也不例外。古今中外，可供于教学的历史资源浩如烟海，在互联互通的物联网和云计算等新技术的背景下，每个学习者都能够接触到这些信息，仅仅接触还远远不够，每个人都能够通过一些途径发布各种信息，这就形成了一系列对资源的操作与处理。历史教学资源取之不尽用之不竭，智慧历史课堂致力于把这些无尽的历史教学资源进行合理的操作处理，让

---

① 刘薇.教学机智：成就智慧型课堂的即兴品质：[硕士学位论文].上海：华东师范大学，2007。

每位学生都能共享优质资源。传统历史课堂中尽管教育对象是有着不同经历感受的学生，尽管身处千差万别的教育情境，历史教师还是只能对照教科书进行教学，将自己的思维固定在教科书所圈定的框框内，或者有的教师也积极地广泛阅读，却很少能将他们所掌握的历史教学资源与学生分享得更加深入。身处信息社会的新一代学生具有很强的能动性，他们积极地想要探索历史知识，其运用信息技术的能力也与时俱进，所以在智慧历史课堂中历史教师能够及时准确地了解来自学生的教学资源，学生也能够全面深入地掌握分享更广博、更优质的来自网络环境的经过历史教师精细操作的历史教学资源。

二、交互协作性

智慧历史课堂的交互性体现在它能实现人—机之间的双向沟通和人—人之间的远距离交互学习。由于科技的发展，教学媒体不断智能化，智慧历史课堂主要应用的便携式电子书包就是一个智能产品。运用在课堂上的 ipad 在无线网络的支持下，具有即时性、移动性等特点，能友好地作为学生与教师进行交流沟通的教学媒体，具有简单易懂的可操作性，它与网络的连接也是超文本形式，具有非线性特征，符合学生和教师思维的特点，方便与大数据平台的直接对话，随时接收与发布信息，这就实现了人—机的双向沟通。同时，智慧历史课堂的交互性也在于它表达出师生、生生对历史学习问题的高效思维性。历史课堂本身就是一个充满思辨性的场所，但传统的历史课堂总局限于特定的时空里，智慧历史课堂打破了这种局限性，课前教师的教学设备课资源都能够通过电子书包进行传递、储存，而学生也会根据具体的学习目标通过电子书包与同伴进行交流确定问题，课上系统地分析、讨论历史问题，利用交互式电子白板等展示学习成果，而教师对学生的学习成果进行即时性的过程性评价，学生也可根据教师的建议进行更深入的探索等。师生之间的交流从传统历史课堂里的单向、一对多交流变成了多对多的双向交流。智慧历史课堂的交互性更让历史教学过程充满互动式的多样化的体验，直接促成了学习方式、教学过程的变革。

社会不停地运转，知识更新越来越快，信息时代的各种数据无限增加，有泛滥趋势。生活在信息时代的人们不可能跳出信息的网络，生产方式转变的过程也意味着要以合作与共享取代封闭式生产消费。基于物联网、云计算等信息技术基础上的智慧历史课堂以高效的交互服务提供给学生一个交流合作的环境。每一位学习者都将在数字化的学习环境中与智能化设备相互协作以更好地获得智能服务。除了人—机间的相互协作，智慧历史课堂的协作性还体现在人—人的相互协作。新课改也在学习方式的转变上倡导合作学习、小组学习等，而学生在网络环境下被各种信息资源包围着，需要获得同伴、教师的支持合理有效地操作和处理信息，学会在浩繁的历史知识领域提高历史认知能力，获得优质历史学习资源。师生人格上的平等性以及信息时代人们获取信息的机会均等性都告诉我们历史教师的专业成长离不开学生的协作，平等的师生关系增强了人—人协作的有效性,更有利于师生共同进步。

三、人文情感性

历史学和教育学都强调把人作为学科的研究对象,强调整体地研究人的社会关系,深刻探究人的活动本质,而描述、情节等都是对社会历史的认识手段,最终达到自我认识义务教育阶段检验学生是否能够顺利完成所规定的历史课程任务,以"学生是否树立正确的情感态度价值观"为核心标准,即形成正确的世界观、人生观、价值观,追求真善美,崇尚在人类实践中历史人物的崇高思想境界和高尚的道德情操,养成积极进取的人生态度。智慧历史课堂包含智慧所具有的善性,体现为历史课堂教学的人文情感性。

历史长河中有无数善良、美好的故事,历史教师在课堂上意味深长地讲述这些故事或者学生自己通过网络渠道获取信息展示对这些历史故事的观点时会带给学生情感上的刺激,智慧历史课堂的鲜明特征在于师生对历史拥有情感上的共鸣。

第三节 智慧历史课堂建构模式与原则

一、初中历史教与学的分析

(一)初中历史学习的特点

初中历史学习是指学生根据历史课程目标,有组织、有系统地通过一定的教学活动掌握特定历史知识,培养历史思维,并形成正确的世界观、人生观和价值的过程。从历史的角度观察、思考社会与人生,从历史中汲取智慧,提高综合素质得以全面发展。初中历史学习的特点主要有:

1.强调实事求是

历史是过去的人和事,"过去"意味着不可再现和不可更改。但研究历史不仅有研究历史事实,也包括对历史进行解释,这种解释最终目的是强调客观真实,但有诸多原因导致历史研究无法做到绝对真实客观,所以有人说"一切历史都是当代史",但新的信息技术在历史研究中的应用使研究更为有效,推广到历史学习领域,就能够将一种不可再现的过去智能地模拟出来,历史学习也就在信息技术的支持下变得生动。

2.讲究古为今用

历史学习的目的在于古为今用,更好地把握当下。历史学习在学习知识与能力的同时,还要注重学习方法,形成正确的历史意识,不仅能够分析过去人类的实践活动,从那些活动中体会出生存智慧,探索历史发展的规律,还要将这种认识用于启迪现实世界,分析借鉴并理性地解决现实问题。

(二)初中历史教学的特点

初中历史教学包括教师的教与学生的学,是一种双边统一活动,历史教师在一定的教学环境内通过具体的教学活动指导学生进行历史学习。初中历史教学实践过程里有这样一些原则:

1.理论与实践相结合

初中历史教学在知识与能力上主要注重培养学生的历史思维,当面对十分丰富的历史教学内容包括许多史实时,就应当运用自己的思维分析解决各个历史观点或问题,用理论来指导实践,同时在实践中又能更新自己的思维。

2.统筹与多样相统一

初中历史教学中教师面对不同的教学内容会选择不同的教学模式,这体现了教学规律在历史教学中的统筹性。不同的历史教学模式里,历史教师面对不同的授课对象以及教学任务,采用多样化的教学手段。

初中历史教学的最终目的还在于学生的历史学习,在历史教学的设计过程中应努力做到符合历史教学原则,针对历史学习的特点采取行之有效的历史教学模式。

▌二、智慧历史课堂建构模式

《国家中长期教育改革和发展规划纲要》指出:"教学要注重学思结合倡导启发式、探究式、讨论式、参与式教学,帮助学生学会学习。"[1]《义务教育历史课程标准》中也明确指出:"以转变学生的学习方式为核心,注重学生学习历史知识的过程,注重对学生学习能力的培养,鼓励学生在学习时进行独立思考和交流合作,培养学生提出问题和分析问题的能力,逐步养成探究式学习的习惯。"可见探究式、参与式教学是符合新课程改革中所提倡的以学生为中心,促进学生知识与能力、过程与方法和情感态度与价值观全面发展的。美国国家科学院颁布的《Inquiry and the National Science Education》还特别强调了探究式教学的五个特征:探究主题必须是基于科学的问题,探究过程注重事实和证据,探究结果也要基于事实和证据,对探究结果进行评估,交流成果并能证明其正确性。[2] 实施探究式教学基本环节是探究主题的确定、探究方案的设计、探究方案的实施和探究学习的总结与反思。

结合对初中历史学习特点以及历史教学的分析,认为智慧历史课堂的建构模式可

① 国务院.国家中长期教育改革和发展规划纲要(2010-2020)。

② 中华人民共和国教育部义务教育历史课程标准:20 年版,北京:北京师范大学出版社。2012.36。

以探究式历史教学为依据。探究式历史教学可以让学生从历史学习中体会历史学科的特点,如从历史现象中探索出人类社会历史发展的规律,讲求论从史出的历史研究特点等。智慧历史课堂的主题探究教学主要运用电子书包等智能设备围绕历史学习的主题自主、协作进行探究交流互动,以解决历史教学的重难点问题,培养学生历史学科探究能力。智慧历史课堂探究式历史教学以师、生活动两大主线贯穿课前、课中和课后,模式及流程如下:

（一）课前

历史教师在课前的准备主要利用电子书包的强大功能,如开放性,能够对接重要的历史教学网站,将最新的教学资源下载下来,再通过与学生围绕历史课程标准中的课程内容进行交流,了解学生的需要;学生则是对要学习的课程内容有所了解,可将自己所掌握的教学资源(或者自己身边与历史学习的内容相关的事件)用视频、图片或文字等形式上传至电子书包,历史教师可以看到,并及时将这些资源进行整合。

（二）课中

1.创设情境,呈现任务

历史教师通过整合后的教学资源以及与学生的互动了解了学生需求后确定了历史探究主题。课堂上围绕确定的主题创设问题情境,用喜闻乐见的方式向学生呈现明确的学习任务。

2.组织合作,适时参与

在学生明确了学习任务后,历史教师按照一定的方式将全班学生进行分组,组织并引导他们进行主题探究活动。学生根据主题分配各自在小组内的任务。在网络环境下寻找搜集信息,通过 ipad 的即时、交互功能,学生与学生之间、小组与小组之间的协作交流动态教师都能够了解,这就掌握了每位学生参与探究的程度。同时,教师能够在课堂上对每位学生的参与程度及时反馈和评价,积极与学生进行互动。在合作探究过程中遇到的问题,学生能通过 ipad 记录下来放入学习笔记库里待解决。

3.监督观察,及时评价

在学生进行合作探究的过程中,教师运用 ipad 及时跟踪不同小组的动态以及每位学生的思维实况。在合作探究后各小组借助于 ipad 把小组交流探究的成果提交给教师。教师把自己 ipad 内的学生探究成果提取并用交互式电子白板进行展示,小组代表进行总结,与其他小组进行学习主题内的交流,使得每位学生都看得到自己的成果,提高学生的自我效能感,同时也看得到他人思维的过程,加强了思想沟通,扩大了历史思维的视角等。面对学生的探究成果,历史教师一方面在他们探究过程中对一些小组或个别学生给予评价,另一方面在面向整个课堂全班学生时也要进行及时评价,归纳提升历史知识。

224

4.疑难问题,集中授课

在探究活动协作交流中主要发挥了学生的主体性,但学生对历史问题的探究不会尽善尽美,还会产生一些疑难问题,他们自己或通过交流解决不了。这时,历史教师可以通过他们的学习笔记库看到这些问题,将这些问题进行归纳,在智能电子书包的帮助下可以很快计数,对获得比较多的问题在学生展示成果并评价后也利用电子白板展示出来,进行集中讲授。

(三)课后

笔者将这一部分的教学称为"个性化辅导"。学生在课后利用电子书包中"游戏闯关"进行自我学习的检测,"游戏闯关"形式容易激发学生对练习和测试的积极性,通过数据管理教师就知道学生练习和测试的错误率,及时掌握学生历史学习的认知程度有效监督学习情况。当学生难以继续闯关活动时,还可以通过在线交流与教师或同伴进行随时随地的沟通。当然,不同的学生有不同的学习特点,有的学生在课堂上就已经消化了学习内容,甚至感到不满足。这不要紧,课后电子书包中有"知识扩展",用于满足想继续深入探究的学生的需要。

整个智慧历史课堂的建构还涉及管理系统,包括历史教师在课前的可不断更新修改的备课系统(教师对自己的管理)、在课堂中的过程性评价系统和课后的在线辅导系统等(教师对学生的管理)。学生方面也有如小组合作时建立自己的疑难问题库、课后自我检测评价系统(学生对自己的管理)。总体而言,智慧历史课堂的整个教学流程都可以用电子档案的方式储存起来并时时更新。

当然,每个人对智慧历史课堂都有自己的理解,面对不同的教学内容、不同的教育对象应采取不同的建构模式和流程。上述内容是笔者对智慧历史课堂的一种建构模式,这对于历史教学中需要培养学生的探究能力尤为重要。相信经过不断深入研究,也会有更多更有利于初中历史教学的智慧历史课堂模式出现。

三、智慧历史课堂建构原则

建构智慧历史课堂主要就是为了用科技的手段改变学生的学习方式,改变初中历史教师教学方式和历史课程组织形式,其目的仍是促进学生的发展。笔者认为,建构良好的教育环境对于发挥智慧历史课堂的独特作用是非常重要的,在进行历史教学设计的过程中,历史教师如何做到建构良好的教学环境呢? 需要遵循下列原则:

(一)以学生为中心原则

历史学和教育学都强调把人作为学科的研究对象,强调整体地研究人的社会关系,深刻探究人的活动本质,而描述、情节等都是对社会历史的认识手段,最终达到"自我认识",历史教学也强调以学生为中心,这是教育最根本最核心的原则,无论哪种历史课堂都离不开以人为本。智慧历史课堂从选择教学资源、确定探究主题到创设真实的情境就一直依照学生的需求,确定学习任务,在课堂上开展小组合作探究也考虑了学生协作完成任务的需要,历史教师在课堂内外都站在学生的角度思考如何进行生生互动、师生互动,更好地配置利用教学资源促进自主协作学习。当然,建构良好的教育环境需要现代化的信息设备支持,也需要教师的教学设计更加人性化、科学化。

(二)教学优先性原则

智慧历史课堂是要打造历史教师和学生在信息化环境下的数字化生存方式,更好地促进历史教师专业发展和学生的历史学习。借助于新一代信息技术的智慧历史课堂和一般的传统历史课堂中使用多媒体教学不同,明显的区别在于智慧历史课堂的教学目标和教学反馈。智慧历史课堂教学目标主要规定了学生在历史学习领域的学习内容、学习方式等。学习内容通过电子书包连接师生进而交互共同确定,而在学习方式方面从根本上说学生已经在课前、课中和课后都做到自主学习、协作学习。当然历史教师在设计教学活动时要强调解决的问题,怎样解决,这一教学过程怎样引起学生在认知、情感等领域的变化。而基于教学目标之上的教学反馈在设计时应注重设计多种引起和维持学生学习动机的形式模块,以生动有趣的方式和学生交流,相互获得反馈,传统历史课件教学中则没有相应的模块。

(三)协作共享性原则

智慧历史课堂的明显特征就是协作共享性,建构智慧历史课堂的一个重要原则也是协作共享性。这是信息化时代应用新信息技术的一个核心理念。以历史教学资源的获得为例,不仅包括教学资源库与历史教师之间的协作,也包括教师与学生之间的互动,将各方面的教学资源都进行集中整合以共享,这是智慧历史课堂建构的原则,其实也是网络环境下历史课堂的一个特点。

(四)资源更新即时性原则

和多媒体历史教学不同,智慧历史课堂中网络资源有非常快的更新速度,多媒体教学有的教学资源甚至都沿用几年前的东西,放在现在有些不合时宜,不过这也不是否定一些经典的教学案例。在建构智慧历史课堂时,面对如此纷杂的信息,历史教师应注重筛选工作,选择一些比较可靠可用的信息资源。历史教师也要在建构时注意取材新颖,选择有新意的教学资源,这样才能引起学生学习兴趣。

智慧历史课堂旨在培养学生的历史学习能力并能够在课堂上使历史学习变得更有趣,提高学生成绩,智慧教室也可以被看作是一个虚拟教室,学生和教师使用自己的电脑组建一个虚拟的会场取代了传统意义上的教室。学生可以通过虚拟地举手来显示他们想要说话,教师和学生可以使用即时消息和聊天,教师可以把问题抛给学生,学生再一起分组。这也是新一代的能更多地帮助学生的教育产品。智慧历史课堂给所有学生提供了智慧思维的工具,其新的学习方式帮助推动他们更高层次的理解,如学生通过这一过程激活并构建背景知识、过程知识,并能对他们自己的学习形成自我认知(自己对自己学习行为的认知)。

从实际应用而言,智慧课堂已被世界上很多 IT 公司进行设计并与学校的学科教学工作合作攻关,它的教育功能会更加完善。上海、广东等部分发达地区智慧课堂已走入学校进行教学尝试改革。不过,从现实生活出发,笔者亦认为不同的教育教学条件,对智慧历史课堂建构的意义是不同的。因为智慧历史课堂基于新的信息技术,它需要供给电力和连接互联网,在教室环境的布置方面使用新技术对学校和家长来说也是一个稍显昂贵的工作。智慧历史课堂应视具体的教学条件而定,但无法否认的是未来中国的历史教育一定会走到这一步,甚至还会更远。

"路漫漫其修远兮",雅斯贝尔斯曾说:问题是永无终了的,心灵是永无止境的,结论性的答案是永无可能的。智慧历史课堂的提出并不是一个无法实施的概念,它是实实在在的我们应走的路,我们正在路上。

第四节　现代教育技术中的历史智慧课堂

▌一、当前历史课堂教育存在弊端

随着信息技术的不断发展,科技带动了各领域间的相互渗透,新技术是促进当今生产力发展的最活跃因素。课堂教育在这一背景下也呼吁着教学模式的变革,也呼吁着教师历史课堂教育的改革。历史课堂教育不是靠教师精彩的语言就可以全部呈现出来的,地图的多元化利用、视频的合理化呈现、材料的归纳化总结,让课堂内容丰富化、学习气氛活跃化、课堂效率高效化,这需要展开充分的研究同时也要充分重视对教和学全过程的深入研究。课堂内容主要通过课件来呈现,而不再是历史书上那些文字的表达,也不是静止的图片和地图,这样的教学形式有利于学生理解。目前存在主要问题如下:

(一)教师教学观念相对落后

新课改已经持续多年,各方面的落实情况尚可,但是随着教材的改版、知识容量的不断增加,有些教师仍然保持原有的教学方式,没有凸显出学生在历史课堂中的主导作用,所以教师很难实现相应的教学目标,从而导致教学的低效。

（二）学生的功利性取向

历史课堂教育的短期目标是为应试教育服务的,直接关系到孩子高中的录取情况。历史在中考中没有语数外物化那么高的分值,学生的重视度还远远不够,认为只要考前突击,死记硬背即可,却忘了文科更多是点滴积累,导致历史课堂教育不被重视。

▍二、智慧教育技术实施举措

（一）动静结合,激发培养兴趣

历史课程与现代教育技术的结合可以激发学生学习兴趣从而实现课程三维目标。历史教育通过现代教育技术可以生动形象,带有趣味性地带动学生进入课堂教学,达到启发诱导的作用,让枯燥的历史变得生动化、有趣化,充满感染力。活泼生动、形象多样化的感性认识,有利于培养学生识记和分析的能力,促进学生积极思考,激发他们创新能力。

（二）交互学习,助力均衡发展

历史课程与现代教育技术的结合能够实现历史的层次学习模式。学生的学习能力发展不平衡,新课改教学呼唤分层次教学和有效教育。初中历史老师在现代教学技术的协助下,可以让学生根据自己的学习层次、需求、兴趣取向有选择地进行学习,发现学生不同层面的潜能,让学生依据自己的实际情况,进行各种有效活动。在当前的教育中,必须突出学生为主导,尤其是在课堂教学中。可以说,教师在备课的时候要站在学生的角度设计和解释问题,教师设计课件的时候一定要围绕一条主线,分层次进行设计,课件的内容可以联系学生的实际,带有趣味性、生动性,把死板的历史知识点在课件中有逻辑性、生动性地展现,让上课的课件成为老师和学生理解重难点的有效辅助手段。

（三）品学兼优,培养家国情怀

历史课程与现代教育技术的结合能有效培养家国情怀的人文素养。根据初中生的发展特点,合理利用多媒体技术对学生进行思想品德渗透,强化历史教学工作,创造优化的德育环境,让学生在课堂学习中产生感情共鸣,以达到培养学生家国情怀这一历史核心素养。

▍三、对比传统与智慧教育的实施效果

（一）课前自觉学习原则

依据教育心理学理论和初中生身心生长水平结合计算机网络的特点及历史教学

的目标,有效开展课前设计,首先一定要立足于学生自主学习的指导,并给予学生明确的学习目标,提供可以选择的学习方法指导、学习资源库、检测综合练习,由学生根据自身实际的学习情况自主选择。

(二)课堂合作学习原则

应用历史教学软件一定要注意教学内容的连贯性,给学生留下足够的空间、时间去思考。例如,在准备人教版编教材初一上册《北魏政治和民族大融合》时,我做了如下几步:本节课分为四个步骤来实现,(1)淝水之战,北方乱局;(2)北魏统一,不断发展;(3)孝文改革,锐意进取;(4)民族融合,大势所趋。四大目录设计好后,再通过多媒体的方式,把四个目录有效结合起来,思路清晰,环环相扣,一目了然,更加突出了本节课的侧重点,解决了"民族融合"这个较学术化的历史名词的解释,与周围熟悉的内容相结合,通俗易懂,言简意赅。

(三)课后反思原则

运用现代教育技术教学既为学生的个性发展提供良好的环境,也为学生的学习氛围创造了更好的空间。因此,围绕一些有争议的问题展开师生间、学生间、小组间以及年级间的讨论与交流更加能激发学生的灵感,资源共享,获得很多创新,让学生在学习道路上的注意力、情感等得到更好塑造。

▌三、微课的实际使用

将微课运用到实际的课堂教学中,教师先呈现微课,让学生观看相关的微视频,通过微视频来自主学习和探究,然后组织学生以小组为单位来对微课中的相关问题进行讨论,在讨论的过程中引导学生进一步思考和探究知识国[1]。学生讨论完成之后,教师要了解学生的讨论成果,让小组将本组的讨论成果展示出来,以此来了解学生对知识的吸收程度和学习情况,并从学生的实际出发来进行针对性的讲解,帮助学生解答疑惑,同时还可以适当地拓展或者补充相关的知识点。

微课是一种新型的教学模式,将其运用到历史的课程教学中具有非常突出的优势,能够有效促进历史教学的有效改革。当前我国的信息技术运用越来越成熟,微课的运用环境也越来越完善,将其运用到教学中能够打破传统教学课堂的制约和束缚,给学生提供更加高效的学习资源和学习方式,让学生结合自己的实际学习需求来合理选择微课并加以学习,满足学生的个性化学习需求,同时也尊重了学生的个体化差异。将微课运用到课堂教学中,教师要制作优质的微课,结合教学内容以及教学目标来设

---

[1] 王少杰,陈红普,张梦婷.浅谈微课在教学中的应用分析与发展研究[J].中国信息技术教育,2015(11):90-92.

计微课,并将其运用到课堂教学中,通过微课来促进学生自主学习和探究,凸显学生的学习主体性,从而全面提升教学质量。

第五节　初中历史智慧课堂教学实践

一、初中历史智慧课堂的特点

智慧课堂,指的是以建构主义学习理论为依据,以"互联网+"的思维方式和大数据、云计算等新一代信息技术打造的智能、高效的课堂。它融入初中历史课程后,把自身独有的特征、优势也带入初中历史课堂,赋予了初中历史教学不一样的特点、内涵。基于智慧课堂的初中历史教学主要基于信息技术和教师的教学行为进行,关注教与学的过程,强调学生的主体地位,不仅要帮助学生掌握教材中的历史知识,还要培养学生良好的思维能力和综合能力。

从整体上看,初中历史智慧课堂呈现出以下特点:第一,依赖于海量的动态学习数据分析进行教学决策。以往的初中历史课堂教学决策主要依赖于教师头脑中的教学经验,而智慧课堂下的初中历史课堂教学主要通过分析海量的动态学习数据得到精准的学生学情,进而得到科学合理的教学决策。动态学习数据的来源十分广泛,可以是学生学习档案库中的数据,也可以是学生个人微信、微博等非正式管理系统中的数据。第二,教学资源载体丰富多样。初中历史智慧课堂以信息技术为基础,不仅有文本信息,还有大量的影视、语音、图片、PPT等各种信息,极大地丰富了历史教学资源。第三,体现学生的学习主体性,促进学生综合素质发展。智慧课堂模式下,师生在初中历史教学中的互动更顺利、轻松,学生能够充分地思考、交流、分享、探究,有一定的学习自主性,自身的思考能力、交流能力、学习能力、创新能力能够得到提升。第四,教学方法灵活多样。有了智慧课堂的融入,初中历史课堂教学方法变得多种多样,教师可以根据具体的教学要求和学生学情灵活应用各种教学策略,打破传统的"灌输式"、单一化教学形式限制,教学效果更好。

二、初中历史智慧课堂教学意义

（一）促进教学理念革新

初中历史课程中有很多的历史人物、历史事件,不容易记忆,也容易混淆,部分学生难以较好地记忆和掌握。而智慧课堂把信息技术带到初中历史课堂上,引领教师更新教学观念,并针对学生之间的差异化学情设计不同类型、难度的课程,帮助学生顺利理解历史知识,了解蕴藏在历史事件背后的奥妙和历史发展规律,进而做到因材施教,践行素质教育。

(二)改变传统的教学模式

从智慧课堂的概念可以明显看出,智慧课堂是不同于传统课堂的一种新型的课堂模式。它以信息技术为基础,以海量的动态学习数据为教学决策依据,以学生为课堂的中心,在初中历史教学中进行应用,极大地改变了传统的历史课堂教学模式。这种改变主要体现在以下两个方面:第一,构建教学情境。教师基于信息技术,利用影视、音频、图画等形式的教学资源创设教学情境,可给予学生多重感官刺激,使学生深刻体验历史中的事件和人物感受,更容易理解历史知识。第二,形成"线上+线下"的教学形式。初中历史课堂因为有了智慧课堂的参与,教学形式发生了一定变化。在智慧课堂上,教师利用信息技术开发、设计教学资源库,随时从资源库调取相应的教学资源,供线上教学之用。课下,教师也可以把教学数据库中的资源分享给学生,供学生课前预习、课后复习,进而形成"线上+线下"的教学形态,实现教师、学生、网络"人人通"的智慧教学。

(三)培养学生的历史思维

培养学生的历史思维是初中历史教学目标之一。初中历史教学引入智慧课堂后,教师基于信息技术巧妙设计课堂教学活动,为学生提供历史飨宴、历史感受、人文陶冶等方面的教学案例,可提高历史教学服务水平,有助于培养学生的历史思维。

三、初中历史智慧课堂教学实践

智慧课堂包括课前、课中、课后三部分,其中任何一部分都不能忽略,不能只关注课中教学,而忽略课前和课后,否则这样的智慧课堂是不完整的。基于这样的考量,初中历史智慧课堂教学实践包括课前学情分析和教学设计、课中教学导入和探究学习、课后复习和微课辅导等。

(一)课前学情分析和教学设计

第一,学情分析。智慧课堂实施依赖于动态学习数据分析,这就决定了学情分析是初中历史智慧课堂教学实施过程中不可缺少的一步。课前,教师通过学生档案库和学生个人的微信、微博等渠道了解学生在历史课程方面学习情况,对学生的历史知识基础、学习水平,以及课堂上没有透彻掌握的历史知识点等动态学习数据进行统筹分析,对学生的学情做到心中有数。

第二,教学设计。在学情分析基础上,教师根据历史课程的教学目标、教学内容等进行教学决策,确定课堂教学方案,设计课堂教学过程和活动,做好课堂教学组织设计工作,以激发学生的智慧①。为做好教学设计工作,教师要注意以下几点:首先,教学方案和活动设计要以教学目标为导向,突出教学重难点,让学生清楚必须掌握什么;其次,要符合学生学情。组织设计教学方案时,教师要把学生需要掌握的知识内容作为教学设计的出发点和落脚点,切实满足学生的学习需求,这样才能充分调动学生的主观能动性,激发学生的智慧。

比如,讲"青铜器与甲骨文"一课时,教师课前搜集整理了关于学生学习情况的动态数据,对学生的历史知识基础、学习能力等有了一定了解。然后教师要依据学情、教情等设计教学方案和教学活动。教师通过教学设计,构建了一个从智慧开启到智慧碰撞再到智慧生长的新型课堂,为实现智慧课堂教学奠定良好基础。

(二)课中教学导入和探究学习

第一,教学导入。历史课堂上,教学导入要生动、有趣,引起学生的激情和自主学习意识,这样才能充分调动学生的主观能动性,使其积极调动自身的一切智慧,学好历史知识。为做到这一点,教师可基于信息技术通过电子交互白板以视频形式呈现与课程内容相关的教学素材,创设生动有趣的教学情境,以调动学生的激情和智慧,使学生积极主动地学习新课内容,顺利完成教学导入。

第二,探究学习。完成新课导入后,教师讲解历史课程内容,组织学生小组合作探究学习。具体而言,教师要根据课程内容提炼课程的重难点,围绕重难点设置小组合作探究的问题,让学生围绕问题发散思维、积极思考、相互交流,把课堂交还给学生。学生通过组内合作探究,多角度、多方面地深入认识问题,通过自身的智慧找到问题答案,进而掌握课程内容,提高自己。

比如,讲"人民解放战争的胜利"一课时,本课程的重难点内容是掌握三大战役的先后顺序、历史背景、历史意义等。笔者围绕三大战役这一教学重难点设置了讨论问题:"解放军与国民党决战的首选战场为什么选定东北战场?辽沈战役中我们的解放军制定了什么作战方针?为什么这样打?"然后引导学生结合自身对教材内容的阅读理解和史料进行小组合作探究,为学生智慧碰撞创造良好条件。学生在合作性、探究性的教学活动中积极主动地思考学习,进而会对问题及其答案形成深入的认识。

(三)课后作业和微课辅导

第一,课后作业。课堂教学结束后,教师要基于信息技术设计一些探究性的课后作业,激发学生思维,让学生在完成作业过程中不仅是写作业,还能在作业启发下进一步思考,实现知识的拓展延伸。比如,讲"安史之乱与唐朝衰亡"一课时,笔者设计了探究性问题——探究唐朝由盛转衰的原因和启示。学生在问题引导下,结合教材内容

---

① 王丽娜.如何在历史课堂中让学生动起来[J]散文百家(下),2016,23(7):208.

和网络上搜集而来的素材,基于个人理解进行了深入的探究分析。在该过程中,学生持续阅读大量史料,发挥个人智慧了解到了更多历史,对唐朝由盛转衰的原因有了深入认识。

第二,微课辅导。除了布置课后作业外,教师还要基于信息技术制作微课,让学生用微课进行课后复习,从而查漏补缺,掌握所有知识点①。为保证微课内容质量,教师可以根据课程的重难点内容,以及学生不易理解掌握的知识点制作不同主题内容的课程,供学生课后学习之用,辅助学生进一步地记忆和掌握历史知识。仍以"安史之乱与唐朝衰亡"为例,笔者发现学生对安史之乱发生的原因和历史影响存在一定的认识误区。对此,笔者把这部分内容制作成微课视频提供给学生,辅导学生继续学习掌握安史之乱发生的原因和历史影响。这样学生利用课后闲暇时间反复观看微课视频,弥补了课堂学习不足,构建了这堂课程的完整知识体系。

智慧课堂的特点优势突出,其在初中历史教学中的应用,能够促进教学理念革新、转变传统的教学形式、培养学生的历史思维,从整体上提高历史教学水平和层次,优化教学现状。因此,初中历史课堂教学可以基于信息技术构建智慧课堂,充分发挥智慧课堂的教学优势,从而实现历史课堂教学发展,紧跟现代教育发展步伐。

---

① 李志华.初中历史课堂如何让学生"动"起来[J]考试与评价.2017.6(10):142.

第十一章　智慧教育在历史教学模式中的应用

历史智慧教育模式的构成要素

一、历史智慧教育目标

教育目标是指所培养的人才应达到的标准,智慧教育下的教育目标必定要体现智慧的特点,也就是把握时代的方向。历史智慧教育目标既要体现智慧,又要体现历史的特点。

《中共中央、国务院关于全面深化教育改革全面推进素质教育的决定》中指出我们的教育要以提高国民的素质作为根本出发点,重点培养学生的创新精神和实践能力,塑造有理想、有纪律、有道德、有文化的社会主义接班人。进入 21 世纪后,随着国际上对教育关注的再次升温,我国的教育更是受到了国家的密切关注,"坚持对教育的创新,深化对教育改革,优化现有的教育结构,合理配置教育教学资源,提高教育教学质量和管理水平,全面加快推进素质教育的发展,造就数以亿计的高素质劳动者、数以千万计的专门人才和一大批拔尖创新人才"。教育部明确提出要"积极发展中小学远程教育,努力推进班班通、堂堂通,让广大中小学生共享优质教育资源"。要坚持教育优先发展,把立德树人作为教育的根本任务,培养德智体美全面发展的社会主义建设者和接班人。全面进行素质教育,深化教育领域综合改革,着力提高教育质量,培养学生的创新精神。《国家中长期教育改革和发展规划纲要》中也提出要深化教育体制改革,更新教育观念,改革人才培养体制,树立多样化人才观念,尊重个人选择,鼓励个性发展。深化教学改革,创新教育教学方法,探索多种培养方式,形成各类人才辈出、拔尖创新人才不断涌现的局面。《教育信息化十年发展规划》在第二部分"发展任务"中明确提出了对教育改革各个方面的规划,来积极推进教育的快速发展,如缩小基础数字鸿沟,促进优质教育资源共享;推动信息技术与高等教育深度融合,创新人才培养模式;创新体制机制,实现教育信息化可持续发展;等等。教育部最新颁发的《教育信息化工作要点》纲要中再次强调,要深入推进信息技术和教育教学深度融合,推进信息技术在教学中的深入普遍应用。

根据这些国家在不同时间对教育方面的多项决议,结合我们的初中历史教学,21世纪的初中历史教育,是要运用智慧的教育环境,对学生进行以下几方面的教育:首先是进行公民教育,包括认同教育、爱国教育、责任教育、民主法治教育、公民环境教育。其次是人文教育,包括培养学生的批判能力、塑造健全人格、正确的价值观和审美教育。最后是个性教育,包括树立个性化的教育观点、倡导发展性教学评价、落实学生主体地位、提供智慧性教学氛围。

二、历史智慧学习环境

黄荣怀教授认为,智慧学习环境是指能够对学习的情境进行感知,对学习者的不同特征进行识别;在学习者学习时,为其提供适合的学习资料以及便利的工具,对学习者的学习过程进行自动记录和对学习者的学习成果能够进行评价,以此来促进学习者进行有效学习的一种学习场所或活动空间。祝智庭教授认为,智慧学习环境首先需要有先进的学习思想、管理思想和教学理论作为指导,其次要有现代化的信息技术、学习工具、学习资源和学习活动作为支撑,能够对记录的学习者的数据进行科学的分析和有深度的数据挖掘,最后要通过对学习者特征的识别,形成最佳的学习任务,帮助学习者做出正确决策,来促进智慧能力和智慧行动的出现。所以说,历史智慧学习环境是一种充分考虑了学习者的个性特征,依据学习者个体不同的历史学习习惯,为学习者提供最适合历史学习内容,以促进学习者对历史有效学习的一种历史智慧空间。历史智慧学习环境主要由历史的学习资源、历史的智能工具、历史的学习社群和历史的教学社群四个要素组成。历史智慧学习环境不存在统一的形式,而是要与学习者的学习方式和历史教师的教学方式相联系。

历史智慧学习环境具有以下基本特征:能够全方位感知历史学习情境、学习者所处的位置;以移动、物联、泛在、无缝等技术为基础,为历史学习者提供随时、随地的学习机会;减少学习者在历史学习过程中的记忆学习成分,增加智慧生成的学习活动;为学习者提供优质的历史学习资源,方便学习者进行多样选择;根据历史学习者的不同学习风格、偏好、需求来提供个性化的建议、服务;对历史学习者在历史学习过程中产生的数据进行记录,方便对学习者的历史学习进行过程性评价和总结性评价;为历史学习者提供多种学习工具,如远程会话、内容操作,来实现深度学习和意义建构;交互界面简洁方便,便于历史学习者快速地认识和操作。

历史智慧学习环境下包含三种学习形态:学校学习、家庭学习、社会学习。

在学校学习方面,历史教师可以通过增强现实技术为学生呈现真实的历史学习场景,使学生有身临其境体验历史学习对象的感觉,提高学生的学习兴趣和动机。历史教师也可以通过系统记录的学生对课程的预习结果,针对学生较难理解的历史知识点进行重点讲解。历史教师还可以利用丰富的历史学习资源,设计多种多样的历史方面的学习活动。

在家庭学习方面,学生可以利用电子教材进行历史课的课前预习,并完成教师布置的作业。在学生完成任务后,系统会针对学生的作业给出反馈结果,对存在问题的地方给出提示和解答,同时还会给出知识点之间的关系结构图。系统还可以对学生的历史作业完成情况进行记录,历史教师可以根据统计数据,有针对性地完成教学和个性化辅导。

在社会学习中,历史智慧学习环境可以感知到学习者所处的环境,根据学习者的学习风格和所处环境,个性化推送与学习者所处环境相关的历史学习资源,还能根据学习者的位置对学习者进行分组,满足学生的协作学习要求,尽量为学习者提供合适的学习路径和学习方法。

三、历史创新型学习方式

(一)数字化学习(E-Learning)

数字化学习指的是通过互联网或者其他数字化内容进行的学习和教学活动,它需要现代信息技术提供的沟通机制和丰富资源,来实现学习。它改变了传统师生关系和教师地位,也改变了教学结构和教育本质。

数字化学习的特点:一是虚拟性。在一定的网络空间中,利用在线的数据库,以荧光屏为主要视觉中心,对信息进行智能处理,是一种虚拟的学习环境。二是网络性。学习者的学习需要借助网络,通过网络获取需要的资源,再对得到的资源进行分析、判断和筛选,最后以探索、发现、展示的方式进行学习。三是丰富性。学习资源来自数字化的教科书、视频资料、图像资料等,具有动态、再创、多样的特点。

(二)泛在学习(U-Learning)

泛在学习是一种不受时间和空间的限制,学习者可以根据自己的习惯,随时、随地地制订学习计划、获得学习帮助、完成学习目标,实现随时随地的学习。泛在学习的特点是4A,即 Anyone、Anytime、Anywhere、Anything。

泛在学习具有三方面的特点,一是学习环境的复合式。泛在学习把无线网络空间和现实空间进行无缝结合,能实现随时随地把现实空间变成学习空间,所以泛在学习是一种实境的、开发的、多维交互的数字化复合学习环境;二是学习手段的感知性。泛在学习是基于现实情境,依靠无限庞大的数据库,借助无线网络,由感知系统主动地为学习者提供个性化的信息、在线或不在线的服务。三是学习资源的泛在性。泛在学习的资源可以是任何的东西,只要是能够学习的。

▍四、历史多元化教育评价

教育评价是根据一定的教育价值观或教育目标,运用可操作的科学手段,通过对信息资料的系统收集和分析整理,对教育活动、教育过程和教育结果进行价值判断,来提高教育质量和教育决策的一个过程。历史智慧教育下的教育评价主要是指对学生的历史学习活动、历史学习过程和历史学习结果进行的价值判断。传统的历史教育评价更多地指向学生的历史学习结果也就是成绩,历史智慧环境下的教育评价是基于大数据和学习分析技术,是一种全面、立体、多元的评价,更加注重创新方式和发展潜力的评价。学习轨迹、学习习惯、学习效率、学习尝试、学习活动参与度、学习努力程度、学习成果创新情况等,都将成为历史学习评价的依据。它更多地指向学生的历史学习过程,是一种过程性评价。

E-assessment 字面的意思是"电子评价"。对其含义的理解分为狭义和广义,狭义的理解是指以计算机为载体的考试形式,如 CBT(计算机考试)、IBT(网络考试)等,广义的理解是指在于评价和考试相关的各个领域中运用到的信息思想和技术,E-assessment 对现代化的历史评价机制有着非常重要的意义,比如,基于计算机网络的历史考试,可以灵活设置考试的视角和地点,并且随时获得考试结果;在对历史进行过程性评价中,利用多媒体技术提供多种形式的试题,增加试题与测试者之间的互动性。

电子学习档案系统(E-portfolios)是 E-assessment 中的一项应用形式,是一种过程性评价。通过数字技术的形式记录和管理学习者学习过程中的成果、目标、评价、反馈、认证等各种信息,实现学习者的自主学习。历史电子学习档案袋思想是为每个学生建立专属档案袋,保存学生在成长过程中所产生的各种材料,以此作为要素进行评价。它是一种面向过程的和全面的历史教育评价。它从多种渠道收集材料,为描述每个学生的学习情况提供了详细的依据,它通过学生的作业、作品、体会、总结、实践成果等来评价学生。E-portfolios 在形式上如同学生和教师之间双向信息交流的"博客",通过网络上的空间,来记录学习过程,反馈评价结果,最终实现对学生的形成性评价。

▍第二节 历史智慧教育的模式

▍一、目标指导下的反馈学习教育模式

该模式主要针对的是历史中程序性知识的学习,所以需要学生在明确的目标指引下,在智慧的学习环境中,通过和同伴之间线上或者线下的互动交流来顺利地完成学

习,并通过反馈环节让学习者了解自身对知识掌握的程度。由于程序性知识是需要被操作和实施的,使得在开始前需要首先确定明确的目标。在学习这类知识时,只要学习者通过任何一个入口,进入学习平台进行历史学习,学习平台都会对进入课程的学习者,首先呈现本节课的具体课程目标,即本课程是要完成什么样的任务,然后会为学习者呈现完成该学习目标需要用到的学习工具,接下来便是学习者自己在平台上根据自己本身具有的经验或者通过搜索一些资料来完成该学习目标。在这个过程中,可以随时和同伴进行交流,同样还可以观看以前学习者的学习成果,来及时修正自己的想法,直到最后完成自己的学习任务,并通过学习平台把学习成果上传。平台会向学习者反馈他自身的学习情况,反馈的内容有学习者在学习过程中表现出来的学习倾向和学习积极性、学习的互动性以及最终的学习作品。平台会根据学习者的这些表现对学习者有一个综合的打分,同时会指出学习者在学习过程中出现的问题,并给出合理化建议,让学习者更好地了解自己、完善自己,以此实现对学生个性化、创造力的培养。

▌二、欣赏体验下的互动学习教育模式

该模式主要针对的是历史中的陈述性知识,对于这类知识,我们通过欣赏、体验、互动的方式来获得。由于陈述性知识是一种静态的知识,在学习时如果仅仅依靠文字描述,或者教育者口头的教授,那么学习者其实很难对这类概念有一个清晰的认识,更不用说很好地理解,并内化为自身的知识。所以,在对这类知识进行学习时,本文认为最好的办法就是进行欣赏、体验式的互动学习。学习者在任何时间、任何地点,通过任意学习平台来进行该类知识的学习时,该平台在学习之前并不提供关于学习内容的任何定义,而是直接为学习者呈现所学内容的场景,并在所学内容结束后,让学习者用自己的语言来概括学习内容的定义是什么,或者让学习者用自己的语言对一种现象、一个人物进行评价。学习平台最后会展示所有学习者对该知识的解释或者定义,同时允许学习者在平台上和其他学习者或者教授者进行分享和交流思想,以此来丰富或者修正自己的想法,达到对知识的深度学习。例如,在学习者学习"元谋人"这个词时,学习平台会在学习者进入学习后,为学习者提供一段视频资料,视频资料中的内容是关于元谋人生活的一些场景,当视频结束后,会有一个问题,就是说说你对元谋人是怎样定义的,学习者需要给出自己认为合理的答案。接着学习平台会在学习者都完成学习任务后,展示所有学习者的答案,并给出足够的时间让学习者彼此之间或者学习者和教授者之间进行分享和交流。通过这样的方式,达到培养学生独立思考、敢于创造的目的。

▌三、个性化匹配自主学习教育模式

该模式与前两个模式考虑的角度不同,该模式主要是从学生个性特征的角度来进行设计。由于考虑到不同学习者在相同学习任务下也会采取自己独特的学习方式来

完成任务,所以我们需要根据学习者的个性特征来为其匹配合适的学习路径。当学习者通过统一的认证入口进入学习平台后,学习平台会首先检测该学习者是不是第一次进入该学习平台。如果是,学习平台会为学习者做一份关于学习者学习特征的调查,来明确该学习者的学习特征;如果不是第一次进入,那么学习平台会自动调出该学习者以前的学习记录,确认学习者的学习风格,目的是为了保证学习者能够以自己最舒适的学习状态高效地去完成学习任务。学习平台在掌握了学习者的学习特征以后,就会依据学习者所选择的学习内容,为学习者提供最适合的学习路径,帮助学习者较好地完成对任务的学习。

第三节　历史智慧教育模式的构建策略

一、加快建设历史教育资源公共平台

历史教育资源公共平台是为了支持历史的学习、教学、管理、评价的智慧化,为各类历史教育服务提供统一入口、统一认证、统一数据等的公共服务平台。我们需要把现在的公共服务平台进行有效连通,实现最大限度的资源共享和现有各级各类教育信息化系统的充分集成,以此来建立一个统一的对外提供访问入口的历史公共服务信息门户平台,还可以结合历史教育的需要开发新的历史智慧教育平台。

二、加强历史网络学习空间建设

以"一生一空间、生生有特色"为目标,大力推动历史"网络学习空间人人通"。要监督和指导各地、各级、各类学校积极利用较为成熟的技术和平台,完成实名制历史网络学习空间的建设与应用,实现90%以上教师和60%以上学生拥有历史网络学习空间。鼓励历史教师使用网络空间进行备课授课、家校互动、网络研修、学习指导等教学活动;鼓励学生使用网络空间进行历史的预习、作业、自测、拓展阅读、网络选修课等学习活动,养成学生自主管理、自主学习、自主服务的良好习惯;鼓励家长使用网络学习空间与学校、教师进行便捷的沟通和互动,及时关注学生学习成长的每一个过程,同时家长要合理引导学生科学使用网络空间;鼓励学校运用网络空间对历史教师进行考核管理、对学生进行历史的综合评价、对历史教学进行综合分析。

三、发展历史新型智慧历史教师

发展历史新型智慧历史教师,最重要的就是要提高历史教师的信息技术应用水平。TPACK 是对教师信息技术应用能力培训的一个主要方式,我们可以通过 TPACK

技术来实现历史教师信息技术应用能力的提升。教师信息技术应用能力的培训是一个完整的体系,包括对信息技术能力、技术支持的学科教学能力和教师专业发展能力的培训。对历史教师信息技术应用能力的培训,需要以信息技术应用能力本身的结构为重心,充分利用各类高校和其他教育教研机构的条件和资源,建立地区级别或者以学校为单位的历史教师信息技术培训体系。要全面推进区域性网络研修工作和历史教师共同体建设,促进教育智慧分享,促进历史教师的智慧成长,实现历史教师信息技术能力水平的均衡发展。

第十二章　智慧历史教师的专业发展

一、智慧历史教师是乐于学习的、用内涵吸引学生目光的教师

苏霍姆林斯基说:"一些优秀教师教育技巧的提高,正是由于他们持之以恒地读书,不断地补充他们知识的大海。"读书学习,是教师思想之源,是教师的智慧之源,所以智慧历史教师必须是会学习的。所谓"智慧历史教师"的提法,不应当只是停留在对教师应当具备何种品质的终极评述之上,而应该是一个动态的过程,即教师能看到自己的专业知识和专业技能处于不断发展中,并试图不断地接受新知识,并付诸实践,再通过反思来改善自己的教学方法。从这个意义来讲,智慧历史教师应当是指"乐于学习的教师"。

乐于学习的教师首先要具备学识魅力。我们都知道:想给学生一杯水,自己首先要有一碗水;后来一碗水不够用了,想要给学生一碗水,老师必须有一桶水;再后来一桶水也不够用了,想要给学生一桶水,老师必须有一桶随时更新的水、流动的水。流水不腐,水不流动很快就会肮脏,知识不更新,很快就将落伍。现在是一个知识激增的时代,教师的知识不及时更新、不随时充电,很快就会落后于时代。

学习的方式方法很多,最常用、最方便的学习方式就是读书。智慧历史教师每天都应该有一些时间用来读书,读古今中外的经典书籍,从而汲取精华、吸纳能量;读现代教育理念、教育学心理学知识,专业提升,创新思想。我们要读和自己专业有关的书籍,因为教师的高度决定了学生的高度,我们必须在自己的专业上做到让学生信服。同时,教师也应该是个杂家,旁征博引、海阔天空,既拓展了课堂、教材知识,又激发起学生的兴趣。

241

此外,作为智慧历史教师,还应该多掌握几门技艺。如果一名教师课教得好,又爱好体育,或者会唱歌、会画画、会吹口琴,学生很快就会贴近你。上语文课时,老师唱着和文章有关的经典歌曲,肯定能收获一片掌声;上数学课的行程问题时,如果老师能用简笔画来画生动有趣的线段图,学生的眼光一定会都被吸引过来;学校地理老师有一手绝活,随手一画就是一个圆圆的地球,每次地理课下课,学生都会去模仿着画,可谁也画不好,于是地理老师在学生心中就是神一般的存在。

当然,智慧历史教师最重要的就是通过学习提高自己的专业化水平,这里就需要进行专业的学习了。培训是很重要的一种方式,比如集中培训、脱产培训、远程培训等。教师培训是促使教师专业快速成长的有力措施,特别是现代教育技术快速发展的阶段,如果我们不通过培训掌握电子白板等现代技术,那么我们肯定会被逐渐淘汰。提高自身专业化水平还有很多方法,比如上公开课、写教育博客、教学反思等。

一节公开课往往倾注了一个学校或一个地区全体教师及相关专业人员的集体智慧。可以说,在公开课的磨砺中成长,可以大大缩短教师的成长周期,是教师专业成长的催化剂,是成就名师不可缺少的磨炼。教育博客是教育工作者的网上家园,是知识管理、行动研究、专业引领、同伴互助的平台,教师专业成长的助推器。它可以帮助我们有效实现同行之间信息资源的共享,借鉴和效仿新鲜的教育教学信息,减少许多重复性的工作,也可以把远隔千里的同行聚在一起,形成互动式即时交流,通过参与回复、讨论,体验他人思想、分享他人经验,使我们在自己的工作圈内无法解决的问题得以顺利解决,使自己的思想观念与知识结构实现跨越式的提升和发展。教学反思是教师专业成长的纠偏仪。任何一个教师,哪怕是一个高明的教师,在其执教的过程中也不可能做到十全十美。审视和分析自己的教学行为、教学决策和教学结果,可以有效地纠正教学观念、教学行为上的偏差,形成自己对教学现象、教学问题的独立思考和创造性见解,提高自我觉察水平和教学监控能力。卡丙尔说过,"认识自我乃是哲学探讨的最高目标",通过反思而使自己进入比较高的精神境界。反思作为可行的思维方式,对于我们提高专业化水平确实是一个有效的方式。因为其中可以记载自己的教育感悟,收获成功的经验和失败的教训,并且逐步找到一种规律性的结论。当然,这种反思方式贵在坚持。如果坚持十年、二十年,效果会大不一样,也就有可能达到教育家的境界。

最后,要想成为一位智慧历史教师,必须肯于放下身段,能够及时发现自身不足,同时也能发现学生或者其他人的优点,向对方学习。"三人行,必有我师。""是故无贵无贱,无长无少,道之所存,师之所存。"也因此有时某些方面学生比老师强,老师也应该向学生学习。智慧历史教师在传授知识过程中,与学生的关系,应该是相互学习、共同进步的状态,只有做到这一点,才有资格做智慧历史教师。

▍二、智慧历史教师是富有爱心的、用智慧帮助学生改变的教师

学生只有"亲其师",才会"信其道"。教师的智慧建立在与学生有良好沟通的前提下才能在学生身上发挥作用,所以爱心是智慧历史教师的首要条件,是做好教师的前提。没有了爱,教育将变成一潭死水,毫无生机和意义。但是正如高尔基所言:"爱孩子,是老母鸡都会的本领,而教育孩子则是件大事。"在教育过程中,老师怀着爱心表扬学生也好,奖励学生也好,这些至多只能给那些后进生一些暂时的鼓励和信心,可能会起到一些作用,但是治标不治本,学生在三分钟热度过后,如果没有其他有效的后续教育手段来帮助其巩固、内化,必然还会恢复老样子。

所以,作为教师,光有爱是远远不够的。教育孩子,不能乱爱,你得会爱,爱更需要方法和技巧。试想,有哪一个家长不爱自己的孩子,可是越是受到溺爱的孩子,越难以管理,成长越容易出现问题。因为这些家长的爱缺少智慧,缺少科学的教育观念和方法。赞可夫说:"不能把教师对儿童的爱,仅仅设想为用慈祥的、关注的态度对待他们。"理智的爱应该是深刻的,不仅关注学生的智力、习惯,更应当关注其情感;不仅关注学生的表面行为,更应当关注其内心所想;不仅关注学生的今天,更应当关注其明天。这种深刻的爱,来自教师深刻的思想和冷静的处理方式。教师应该像淘金者一样有信心、有耐心,只有不为表面砂砾所困扰,慢慢地去除砂砾,懂得去留的技巧,最终才能看见闪光的金子。有爱心、有一颗智慧的爱心,才是一名真正的智慧历史教师。

首先,爱学生不能太狭隘,老师一味地付出爱心,特别是单向地付出爱心是不可取的,爱学生应该是师生之间的一种互动,包含着对学生的理解、尊重和赏识。

理解:老师和学生之间如果只有一个话题——学习和成绩,这不行。老师要先做学生,再当先生。做老师的要试着走进学生的内心。试想,如果孩子不喜欢学习,你就是逼着他学,他也学不好,反过来,难道只有考上大学才是唯一的出路,才是成才? 只要在老师的教育下,孩子们能善良、正直、有责任感,愿意服务社会、帮助他人,这就是好孩子。但是,现实中,家长与孩子之间、师生之间的冲突往往就是因为想法不一样而产生。孩子为什么要说谎,说谎的原因不外乎两条:想得到什么,想逃避什么。很多谎言是逼出来的,让我们试着去理解孩子,站在孩子的角度考虑问题。

尊重:教师没有当众揭穿学生拿了别人东西的行为,而是巧妙地通过策划游戏使孩子把东西物归原主。教师如此费尽心机地在呵护着什么呢? 就是孩子的自尊。就是为了让每一个孩子能够抬起头来健康快乐地成长。

赏识:不吝惜表扬和激励,努力捕捉学生身上的闪光点。也许老师一个会心的微笑、一句信任的鼓励都能成为学生努力学习的动力,激起他们敢于质疑、主动求知的兴趣。特别是对于学困生,更需要设计一些简易的题目,让他们在成功的喜悦中充满信心地学习。每一名学生身上都有闪光点,即使是所谓"差生",他这方面不行,那方面却可能存在优势,捕捉到学生身上的闪光点,这正是转化他们成为优等生的契机。作

为教师,不能光盯着学生的毛病,而应该多看他的优点,从内心喜欢他,他身上的闪光点就会越来越多。组织"给同学找优点"的主题班会,树立"我班无差生"的观念,彻底告别"你怎么什么都不会""你品质太差""笨蛋""没出息"等教师忌语,是建立新型的师生关系,帮助学生满怀信心走向明天的有效方法。

有了理解、尊重和赏识的前提,师生之间的关系就比较和谐了。那么无论在学生的品行上还是学习上,学生对于老师向他付出的爱心都能乐于接受,并且也有互动。当然,这时候如果运用一些技巧性的方法,则能事半功倍。

如四块糖的故事:有一天,校园里一个学生在打另一个学生。陶行知先生匆忙走过去喝住,然后,对打人的学生说:"你下午三点钟到我办公室来!"

下午三点钟,这位学生诚惶诚恐地来到他的办公室,准备接受严厉的惩罚。不料,陶行知竟微笑着迎上前去拉住他的手,亲切地让其坐到自己的身边,并从自己的口袋里掏出一块糖来。

"让你三点到,你就准时到,说明你很守时,这很好,"陶行知说,"这块糖就是对你的奖励。"学生接住糖,满脸疑惑。

这时,陶行知又掏出一块糖。

"我了解过了,是他欺负女同学你才打他的。"陶行知将第二块糖轻轻地递过去说,"这说明你很有正义感,也应该奖励。"

当学生接住第二块糖时,疑惑的脸上开始有了笑容,眼睛里闪烁着一种喜悦的光芒。

陶行知掏出第三块糖。"你很懂得尊重别人!"陶行知接着说,"当时你打架时,我走过去让你住手,你就不打了,这很好嘛,我就喜欢你尊重别人这一点,也应该奖励。"

学生接住第三块糖后,开始不好意思起来。他眼睛里的喜悦,渐渐被自责、后悔和羞愧所代替,面对这样的校长,他不得不垂下自己的头来。

"打人——毕竟是不对的,"学生低垂着头,小声表态说,"校长,我错了,我愿意向他道歉!"

"好!"陶行知立即从衣袋里又掏出第四块糖,高兴地说,"我就知道你是一个知错能改的好学生,更应该奖励!"

对教师而言,热情、热忱、关爱以及学科课程知识等确实很重要,但最关键的是能够成功地完成促进有效教学的相应活动。对于绝大多数教师来说,"智慧"或"机智"不是天生的,只是他们更多地关注了有效教育的原则,以及如何运用这些原则进行有效应对。教师在应用着任何人都可以学会的一条课堂管理原则:维持对课堂活动的注意,应用简单但起作用的干预方式来处理行为问题,并在小问题变成大问题前着手解决。教师的智慧是可以学习、传授的智慧,历史教师的智慧可以被观察,可以去实践。但前提是教师需要心中有爱、掌握教学原则,了解教学的基本规律,然后再付诸行动,并在行动过程中不断修正、提升。

其实,教育智慧里包含很多技巧性的内容,大都是局限于具体情境下具体问题的招式,离开了犹如深厚内功的教育智慧就无法施展。比如,以人为本的理念、多种方案的预设、分类解决的方法、妥协多赢的策略、机智灵活的应对等都能体现教师的教育智慧,是一个教师走向优秀乃至卓越的必然选择。但不变的是智慧历史教师是乐于学习、助人自助的引领者。

第二节　智慧历史教师的素养

一、智慧历史教师拥有用现代信息技术辅助教学的能力

传统的教学方式,教师只能在黑板上通过板书、作图来传递知识,而一些动态的数学知识教学,教师不得不借助口头语言、身体语言将动态画面说"动",而这样抽象的知识学生仍只能够"感受"。这样既浪费了时间,又不能收到好的教学效果。例如三角函数的图像、圆锥曲线、简单几何体等,用多媒体研究问题能够弥补传统教学方式的不足,发挥其特有的优势,如函数图像的平移,可以通过动态演示,学生很容易得出结论。还有圆与圆的位置关系的相互运动以及每种位置关系下圆心距与两圆半径 R、r 之间的数量关系,通过 CAI 的演示,以及旋转几何体的方法等,都让学生能更直观、形象地接受和理解。所以说,在科学技术日益发达的今天,信息技术已经广泛地应用于现代教育教学中,信息技术的应用弥补了传统教学中的短板,吸引了学生的目光,大大提高了课堂效率。

目前,中小学教师教育信息技术应用能力有三个等级之分(初级、中级、高级),其中要具备信息技术能力应用标准(高级)水平的话,就要先具备初、中级能力,还应达到以下要求:

(一)硬件操作技能

①熟练掌握计算机网络架设所需的各类硬件知识;②能对机房及电子备课室计算机等设备进行简单故障排除;③能对学校常用电教设备进行维护和简易故障排查。

(二)软件使用技能

①对计算机操作系统及网络操作系统有较深的了解(会安装、使用、备份与还原操作系统);②熟练使用常用软件对素材进行加工、处理(如利用文字处理软件对信息进行编辑、利用统计软件对信息进行统计分析等);③熟练掌握常用办公软件的操作技巧;④熟练掌握 1~2 种多媒体课件制作工具(如 Power Poinu Flash、几何画板等),能

够制作网络课件;⑤为学校信息化教学资源库建设及各类资源系统软件的架设和WEB发布提供支持等。

(三)信息化教学素养

认识网络教学信息的传递手段,以及教学媒体的类别和功能;能够根据不同信息化教学媒体的特点,设计实现不同教学目标的学习活动与学习模式(如利用网络多媒体技术实现探究性学习、研究型学习与案例学习等学习模式);利用信息技术和网络环境开展教学交流和活动。

当然,不同年龄阶段、不同追求的老师在信息素养的培训提高方面会有不同的自我要求,但是作为一名智慧历史教师,要尽可能地在教育信息技术应用能力上给自己确定更高的要求。

智慧历史教师除了要具备用现代信息技术辅助教学的能力,更重要的是要正确认识"辅助"的作用,不能盲目地一味追求使用多媒体教学,从而违背了一些基本的教学心理科学,使教学过程由"人灌"变成"机灌",严重影响了教师的"教"和学生的"学"。许多教师在进行与多媒体画面无关的内容教学时,仍会将多媒体画面显示于屏幕上,在静态PowerPoint画面角落出现干扰学生注意力的无关"动态"小图形(如不断鸣叫的小鸟、不断转动的笔等)也非常常见,PPT字体的能见度、背景对主体产生干扰、阅读量过大等问题都非常普遍。作为一名智慧历史教师,必须合理选择教学辅助手段,以达到教学效果的最优化,这就须要教师根据教学内容、学生特点、教学条件、教师特长等优选教学辅助手段,这包括学生实验、教师演示实验、多媒体、实物、模型、挂图、板书、手势、类比等。所以说,拥有用现代信息技术辅助教学的能力,并恰当地运用这一能力才是智慧历史教师必备的信息素养。

二、智慧历史教师拥有远程教学的能力

如今老师和学生的沟通不仅仅局限于课堂,师生、家长之间的联系可以通过邮箱、微信、QQ等进行,完全打破了时空上的限制,教师通过移动终端可以及时地给予学生点拨指导。教师在教学上也不仅仅是传递知识,更多的是给予资源链接和方法指导,激发学生兴趣,进行思维的引领。

当下,网络教学模式(包括远程教育网络教学模式)的应用越来越广,许多公司都开展了远程教育,形成了网络教学平台、网络教学系统、网络教学软件、网络教学资源、网络教学视频、网络教学游戏等全新的概念,可以说一部智能手机就是一个课堂。具备现代教育理念和远程教学能力的教师可以随时随地组织学生开展除了学校课堂教学外的教学,使教与学不再局限于课堂,从而使教学形式更多元化。

三、智慧历史教师拥有通过大数据分析完善教学策略的能力

在大数据时代,处理海量的数据是绝大多数个人电脑无法完成的。这些数据需要有强大的计算机系统来处理。云计算就是这样一种通过互联网来让个人用户实现网络计算的系统。

以互联网、云计算等综合技术的成熟为基础,在学生管理数据库中挖掘出有价值的数据,经过过程性和综合性的考量,找到学生各种行为之间的内在联系,考量背后的逻辑关系,并做出恰当的教学决策,这才能被称为大数据。

在课堂教学中,每一节课都可以将多媒体设备、电子书包、无线网络设备构成一个云平台。智慧历史教师需要具备这样的能力:把课堂视频、学生问题、交流反馈等内容用云计算来处理,及时提升教学效果。或者是预设一些课堂检测项目,让学生完成后,再通过云计算来完成判定和统计,并及时反馈到课堂上来,对教学的重难点做出及时的调整,确定更适合学生的教学策略,选择更适合学生现状和难度的题目来对学生进行检测。

就教育而言,最难的就是教育评价,在大数据辅助的反馈系统里可以使教学评价更加科学、及时。如果没有计算机的话那么算法程序的教学也是没有什么意义的。借助多媒体进行算法教学时,可以让学生验证自己的算法语言写得是否正确,鼓励学生自己订正,反复练习,正确后学生会有一种成功的喜悦;还可以举行各种数学知识竞赛、兴趣小组等,培养学生的自觉性、自制力和良好的学习习惯。当然还可以减轻教师重复的教学和辅导,让学生有更多的时间去思考,让教师有更多的时间与学生沟通与交流。

所以,智慧历史教师应充分发挥网络和计算机在数据采集存取、数据智能化分析和处理等方面的优势,开发各种有效工具,逐步形成基于信息化环境的、新颖与科学的教学测量和评价体系,及时调整自己的教学策略,让教学活动更有效,能针对学生个体进行个别化教学。

大数据改变了人类认识和探索世界的方式,使人们更易于认识教育规律,接近教育本真,教育将迎来新的时代。传统教育的教师依靠感觉、直觉,以学生个体以往的经验为基础,形成面向未来的教学决策。虽然经验具有一定优势,但人的感觉存在盲点,直觉的可信度可能存在偏差。这种利用以往应对学生的有效策略来应对新的学生的方法可能已被过度使用。数据驱动决策的潜在优势之一,就是确保客观的标准,而不是将直觉或刻板印象作为教学决策的基础。大数据可以凭借日常对信息的点滴采集,运用严密细致的逻辑推理,客观展现学生的完整形象。教师可以使用学生的数据分析,确认可能推动学生表现的影响因素,然后调整教学以便更好地满足学生的需求。

未来谁能利用数据,并利用数据提供个性化的服务,谁就能在未来的竞争中获得更多主动权。面对大数据时代的到来,我国教育工作者如何把大数据转化成信息、知

识,升华为智慧,进而改进教学,是很大的挑战。我们的学校和教师虽然拥有很多数据,但长期以来学校主要是为教育行政部门提供数据,扮演的是"数据提供者",而非"数据使用者"的角色。教师缺乏有效利用和解释信息以帮助决策制定的思路和方法。教师即使利用数据,也主要是单一的考试成绩。随着当今对问责的强调,考试成绩数据更多地被用于判断学校教学的有效性、管理者和教师的能力。这在某种程度上促使人们越来越感兴趣的是结果,而对不同类型的数据进行深度研究,以发现问题领域并寻求新的解决方案方面无法形成共同动机。为了应对这种挑战,我国教师须思考如何在学校倡导数据文化,建立持久运作的收集、分析数据并将分析结果转换为教学决策和实践的体系,真正发挥大数据在教育发展中的价值。

第三节　智慧历史教师的演绎

　　21世纪是信息的时代,也是教育信息化、数字化的时代。以教育信息化、数字化带动教育现代化,已成为当前国内外教育发展的趋势和潮流。特别是数字技术的发展和运用,在很大程度上决定了或标志着教育信息化发展水平,而且人们也不自觉地以数字化校园的数量和质量,来衡量一个区域和学校的教育信息化的能力和水平。伴随教育改革的深入和计算机科学的发展,带动教育变革的趋势指向教育的全面信息化和智能交互式应用。随之而来,智慧教育映入人们的视线,即通过构建高速互联的网络、优质的数字资源、个性的学习环境,推进信息技术与教育教学深度融合。

　　大数据时代下的教师专业发展呈现出新态势。教师面临着大量从其他渠道收集到的数据。他们必须学会有效地浏览海量数据,诸如诊断性、常模参照标准化的评价数据以及其他与教学计划、教学过程及教学评价有关的数据。随着测试结果数据和学生背景信息逐渐可为学校所用,教师理解并使用数据的能力面临提升的要求。探求数据价值取决于把握数据的人,关键是人的数据智慧。技术本身无法取代人的内在能力。由于教师分析数据能力的单一和局限,即便拥有丰富的数据,也可能无法最大限度地挖掘其价值,并得出有效的结论用以指导教学干预。因此,提升教师的数据智慧,可以最大化地利用数据,避免做出肤浅的教学规划方法和反应,对推进大数据在教育中的应用有着重要意义。大数据时代对教师专业发展提出了新要求。

▎一、智慧历史教师以数字化的学情调查为前提,设定教学目标

　　学情调查由学生在课前完成,目的在于了解学生在学习新知之前与新知相关的概念,教师要找到学生的最近发展区,由此来设定符合学生学情的教学目标。学情调查的形式有很多,可以是练习题或者微视频。

二、智慧历史教师把学生合作交流的成果立体化呈现，以学生为主体

数字化教学可以把学生合作交流后的成果以文字、照片、视频等多种形式上传，在合作交流环节，教师在课堂中扮演的角色是"主持人"，改变了以前教师为主导的传统教学模式。根据教学目标向学生提出更加具体的问题供学生思考，学生在独立思考后以小组的形式与同组的同学分享观点，最后每个小组派代表进行小组展示，教师根据各小组的表现进行打分，小组之间有了比拼，学生的学习热情被激发。对于小组合作，每个小组根据人数分为点评员和汇报员，这样每个学生在课堂中都有相应的任务安排，每个人都有事做，学生课堂参与度高。

三、智慧历史教师把纸质作业数字化，减负提效

对于课后纸质的作业本、练习，教师通过数字化的平台，通过图像扫描、文本识别等方式，实现数字化，并和课堂学能监测的内容一起，形成学生学习过程中完整的错题集。通过信息存储智能处理中心的处理，教师通过教师应用平台，能及时全面了解学生学习的整体情况及个体情况，以便及时调整教学策略；通过学生应用平台便于学生及时查阅，进行多次学习。

参考文献

［1］ 陆卫明,李红著.《论语》智慧与现代文明［M］.北京:高等教育出版社.2019.

［2］ 课程标准的教学解析和实施建议［M］.江苏凤凰教育出版社.2019.

［3］ 周东辉责任编辑;(中国)姜玉莲,杨玉春,胡惠鹏.机器人教育 STEAM 课程活动设计下［M］.北京:北京师范大学出版社.2019.

［4］ 周东辉责任编辑;(中国)杨玉春,姜玉莲,胡惠鹏.机器人教育 STEAM 课程活动设计上［M］.北京:北京师范大学出版社.2019.

［5］ 邓敏华.语文课程标准重点推荐阅读典故故事天津市中小学图书推荐目录彩图版 2016 版［M］.长春:吉林大学出版社.2019.

［6］ 余胜泉等著;朱旭东丛书主编.中国教育改革开放 40 年教育技术卷［M］.北京:北京师范大学出版社.2019.

［7］ 三合智慧研究院,三合智慧商学院著.企业领袖三合智慧［M］.北京:中国经济出版社.2018.

［8］ 苏学锋著.NLP 总裁智慧系统行销力［M］.北京:中国商业出版社.2018.

［9］ 郭霏霏主编;吴滨如,蔡金佩,苏康敏副主编.创新的智慧［M］.北京:北京交通大学出版社.2018.